大 学 问

始 于 问 而 终 于 明

本书是上海市社科规划一般项目（项目编号：2020BZX004）和上海市浦江人才计划（项目编号：2020PJC039）的终期成果

不惧老去
——哲学伦理学视角下的老年关切

张容南　著

广西师范大学出版社
·桂林·

"智慧的探索丛书"编委会

（以汉语拼音为序）

作者简介

　　张容南,华东师范大学哲学系教授、博士生导师,清华大学中外伦理学比较研究中心兼职研究员。研究方向为应用伦理学与政治哲学。已出版学术专著《一种解释学的现代性话语:查尔斯·泰勒论现代性》(2011)和《叙事的自我:我们如何以叙事的方式理解自身》(2020),关注现代性条件下人的自我认同与人格尊严问题。独译及合译了《世俗时代》(2016)、《认同伦理学》(2013)等五部学术著作。在《哲学研究》《哲学动态》《马克思主义与现实》《道德与文明》《自然辩证法研究》等中文核心期刊发文三十余篇,多篇被《人大复印报刊资料》全文转载。承担国家社科基金两项,省部级科研及教学课题多项。入选上海浦江人才计划。

总　序

杨国荣

　　作为把握世界的观念形态,哲学的内在规定体现于智慧的追问或智慧之思。这不仅仅在于"哲学"(philosophy)在词源上与智慧相涉,而且在更实质的意义上缘于以下事实:正是通过智慧的追问或智慧之思,哲学与其他把握世界的形式区分开来。这一意义上的智慧——作为哲学实质内涵的智慧,首先相对于知识而言。如所周知,知识的特点主要是以分门别类的方式把握世界,其典型的形态即是科学。科学属分科之学,中文以"科学"(分科之学)作为"science"的译名,无疑也体现了科学(science)的特征。知识之"分科",意味着以分门别类的方式把握世界:如果具体地考察科学的不同分支,就可以注意到,其共同的特点在于以不同的角度或特定的视域去考察世界的某一方面或领域。自然科学领域中的物理学、化学、生物学、地理学、地质学,等等,侧重于从特定的维度去理解、把握自然对象。社会科学领域中的社会学、政治学、经济学、法学,等等,则主要把握社会领域中的相关事物。无论是自然科学,抑或社会科学,其研究领域和研究对象都界限分明。以上现象表明,在知识的层面,对世界的把握主要以区分、划界的方式展开。

　　然而,在知识从不同的角度对世界分而观之以前,世界首先以统一、整体的形态存在:具体、现实的世界本身是整体的、统一的存在。与这一基本的事实相联系,如欲真实地把握这一世界本身,便不能仅仅限于知识的形态、以彼此相分的方式去考察,而是同时需要跨越知识的界限,从整体、统一的层面加以理解。智慧不同于知识的基本之点,就在于以跨越界限的方式去理解这一世界,其内在旨趣则在于走向具体、真实的存在。可以看到,这一意义上的"智慧"主要与分门别类地理解世界的方式相对。

具体而言,智慧又展开为对世界的理解与对人自身的理解二重向度。关于世界的理解,可以从康德的思考中多少有所了解。康德在哲学上区分把握存在的不同形态,包括感性、知性、理性。他所说的理性有特定的含义,其研究的对象主要表现为理念。理念包括灵魂、世界、上帝,其中的"世界",则被理解为现象的综合统一:在康德那里,现象的总体即构成了世界(world)。①不难注意到,以"世界"为形式的理念,首先是在统一、整体的意义上使用的。对世界的这种理解,与感性和知性的层面上对现象的把握不同,在这一意义上,康德所说的理性,与"智慧"这种理解世界的方式处于同一序列,可以将其视为形上智慧。确实,从哲学的层面上去理解世界,侧重于把握世界的整体、统一形态,后者同时又展开为一个过程,通常所谓统一性原理、发展原理,同时便具体表现为在智慧层面上对世界的把握。

历史地看,尽管"哲学"以及与哲学实质内涵相关的"智慧"等概念在中国相对晚出,但这并不是说,在中国传统的思想中不存在以智慧的方式去把握世界的理论活动与理论形态。这里需要区分特定的概念与实质的思想,特定概念(如"哲学"以及与哲学实质内涵相关的"智慧"等)的晚出并不意味着实质层面的思想和观念也同时付诸阙如。

当然,智慧之思在中国哲学中有其独特的形式,后者具体表现为对"性与天道"的追问。中国古代没有运用"哲学"和"智慧"等概念,但很早便展开了对"性与天道"的追问。从实质的层面看,"性与天道"的追问不同于器物或器技层面的探索,其特点在于以不囿于特定界域的方式把握世界。

"性与天道"的追问是就总体而言,分开来看,"天道"更多地与世界的普遍原理相联系,"性"在狭义上和人性相关,在广义上则关乎人的整个存在,"性与天道",合起来便涉及宇宙人生的一般原理。这一意义上的"性与天道",在实质层面上构成了智慧之思的对象。智慧之思所指向的是宇宙人生的一般原理,关于"性与天道"的追问,同样以宇宙人生的一般原理为其实质内容。

---

① 参见 Kant, *Critique of Pure Reason*, Translated by N. K. Smith, Bedford / St. Martin's Boston, New York, 1965, p.323。

从先秦开始，中国的哲学家已开始对"道"和"技"加以区分，庄子即提出了"技"进于"道"的思想，其中的"技"涉及经验性的知识，"道"则超越于以上层面。与"道""技"之分相关的是"道""器"之别，所谓"形而上者谓之道，形而下者谓之器"，便表明了这一点，其中的"器"主要指具体的器物，属经验的、知识领域的对象，"道"则跨越特定的经验之域，对道的追问相应地也不同于知识性、器物性的探求，作为指向形上之域的思与辨，它在实质上与智慧对世界的理解属同一序列。至中国古典哲学终结时期，哲学家进一步区分器物之学或专门之学与"性道之学"，在龚自珍那里便可看到这一点。器物之学或专门之学以分门别类的方式把握对象，"性道之学"则关注宇宙人生的普遍原理。在器物之学与性道之学的分别之后，是知识与智慧的分野。以上事实表明，中国哲学不仅实际地通过"性与天道"的追问展开智慧之思，而且对这种不同于知识或器物之知的把握世界方式，逐渐形成了理论层面的自觉意识。

可以看到，以有别于知识、技术、器物之学的方式把握世界，构成了智慧之思的实质内容。西方的 philosophy，中国的"性道之学"，在以上方面具有内在的相通性，其共同的特点在于超越分门别类的知识、技术或器物之学，以智慧的方式把握世界。

中国哲学步入近代以后，以"性与天道"为内容的智慧之思，在社会的变迁与思想的激荡中绵延相继，并逐渐形成了不同的哲学进路。这种趋向在中国当代哲学的发展中依然得到了延续，华东师范大学哲学学科的形成和发展过程，便从一个侧面体现了这一点。华东师范大学的哲学学科建立于20世纪50年代初，她的奠基者为冯契先生。冯契先生早年（20世纪30年代）在清华大学哲学系学习，师从金岳霖先生。20世纪30年代的清华大学哲学系以注重理论思考和逻辑分析见长，并由此在中国现代哲学独树一帜，金岳霖先生是这一哲学进路的重要代表。他的《逻辑》体现了当时中国哲学界对现代逻辑的把握，与之相联系的是其严密的逻辑分析方法；他的《论道》展示了对"性道之学"的现代思考，其中包含着对形上智慧的思与辨；他的《知识论》注重知识的分析性考察，但又不限于分析哲学的形式化进路，而是以认识论与本体论的融合为其特点。金岳霖先生在哲学领域的以上探索，可以视为以智慧为指向的"性道之学"在现代的展开，这种探索在冯契先生那里获得了承继和进一步的发展。与金岳霖先生一样，冯契先生毕生从事的，是智慧之思。在半个多世纪的思想跋涉中，冯契先生既历经了西方的智慧之路，又沉潜于中国的智慧长河，而对人类认识史的这种楔入与反省，又伴随着马克思主义的洗礼及对时代问题的关注。从早年的《智慧》到晚年的《智慧说三篇》，冯契先生以始于智慧又终于智慧的长期沉思，既上承了金岳霖先生所代表的近代清华哲学进路，又以新的形态延续了中国传统哲学的智慧历程。

自 20 世纪 50 年代初到华东师范大学任教之后，冯契先生在创建华东师范大学哲学学科的同时，也把清华的哲学风格带到了这所学校，而关注哲学史研究与哲学理论研究的交融，重视逻辑分析，致力于马克思主义哲学、中国哲学与西方哲学的互动，则逐渐构成为华东师范大学哲学学科的独特学术传统。半个多世纪以来，华东师范大学的哲学学科经历了从初建到发展的过程，其间薪火相传，学人代出，学术传统绵绵相续，为海内外学界所瞩目。以智慧为指向，华东师范大学的哲学学科同时具有开放性：在上承自身传统的同时，她也在学术研究方面鼓励富有个性的创造性探究，并为来自不同学术传统的学人提供充分的发展空间。这里体现的是哲学传统中的一本而分殊：“一本”，表现为追寻智慧过程中前后相承的内在学术脉络，“分殊”，则展示了多样化的学术个性。事实上，智慧之思本身总是同时展开为对智慧的个性化探索。

作为哲学丛书，“智慧的探索丛书”收入了华东师范大学哲学学科几代学人的哲学论著，其中既有学科创始人的奠基性文本，也有年轻后人的探索之作，它在显现华东师范大学哲学学科发展历程的同时，也展示了几代学人的智慧之思。这一丛书的出版，无疑有其独特的意义：它不仅仅表现为对华东师范大学哲学传统的回顾和总结，而且更预示着这一传统未来发展的走向。从更广的视域看，华东师范大学哲学学科的衍化，同时又以当代中国哲学的演变为背景，在此意义上，“智慧的探索丛书”也从一个方面折射了当代中国哲学的发展过程。

2014 年 11 月 28 日

序 言

进入 21 世纪以来,在全球范围内,老年人口增长的速度超过了以往任何时代,人口老龄化被认为是人类社会发展的必然趋势。少子老龄化程度不断加深是中国基本的人口国情,中国老年人口规模与老年人口比例将迅猛增长。到 2025 年,我国 60 岁以上的老年人口将突破 3 亿。根据联合国人口司发布的《世界人口展望 2019》,我国的人均预期寿命将从 2020 年的 77.47 岁提高至 2050 年的 82.28 岁,同时 80 岁以上的高龄老人数量将增至 1.15 亿人。针对这一趋势,《中共中央关于制定国民经济和社会发展第十四个五年规划和二〇三五年远景目标的建议》提出,要实施积极应对人口老龄化的国家战略,制定人口长期发展战略。人口老龄化既是一种现实的压力,也是一种要求人类文明开启转型的契机,其中孕育着机遇和挑战。从国家和政府层面,我们要牢固树立健康参与的积极老龄化理念,建立完善以个人自我养老服务为基础、家庭养老服务为依托、社会养老服务为补充、政府养老服务为兜底的养老服务体系。在社会政策层面,这意味着我们需要转变人口发展理念,调整生育政策,建设生育友好型社会,逐步延长退休年龄,以维持社会保险制度的可持续发展。在社会治理层面,这意味着我们需要建设一个对老年人更加友好和更多关怀的社会,加强对老年人群的疾病预防,对社会公共场所进行适老化改造,保护老年人的脆弱性,增强老年人适应社会的能力,推动积极老龄化。在社会文化层面,我们需要进一步营造尊老敬老的伦理氛围,加强代际之间的交流与互助,帮助老年人过上有尊严的老年生活。

老年议题是我们今天必须面对的时代课题。相比老年医学和社会学对老年问题的重视,哲学和伦理学对"老年"问题的关注显得不够。本研究的目标恰是在一定程度上弥补这一不足。该研究认为,老年问题是一个严肃的哲学问题和伦理问题,因为它涉及我们如何过好一生的最后阶段。对"老年"的探究不仅涉及某一个群体,即老年群体遭遇的问题,它首先还是每一个个体的问题,即"我"如何面对"我"的老去。正如世界卫生组织在《关于老龄化与健康的全球报告》中所指出的那样:一个"典型"的老年人并不存在。有些人即便高龄身体还很健康,各项身体机能正常,而另一些人则会因衰老而产生严重后果,包括身体和精神的衰退和残疾。由于生物老化是各种分子和细胞损伤随时间积累的结果,生物年龄(biological age)可能会提供有关个人健康的信息,但目前还没有可靠的生物年龄标志物。年表年龄或实际年龄(chronological age)在许多国家的社会支持系统中起着至关重要的作用,例如划定养老金的年龄门槛。然而,按实际年龄来定义老年也是社会歧视的一个可能特征:退休的人可能会被指责对社会的贡献比劳动的人少,从而被视作社会的负担。[①]此外,看待老年的生物医学视角、社会学视角与哲学和伦理学的视角存在较大差异。前者往往将老年看作一种身体状态或一种特殊的社会身份,后者则将老年视为与童年、成年类似的一个人生阶段。这一阶段有其独特的存在状态和精神生活。在涉及老年问题时,前者占据了今天社会舆论的舞台,这也是有必要从哲学和伦理学视角重新审视老年的原因之所在。本研究认为,除了将老年界定为衰老这种客体化的思路,我们还需探究看待老年的一种内在视角。根据前一种视角,衰老意味着疾病和丧失,它往往带来对老年的负面看法,相反,看待老年的哲学和伦理学视角能够肯定老年生活的独特意义和存在价值。它将指出,关怀伦理和儒家伦理在应对年老带来的伦理困境和伦理风险的问题上,可以做出独特的贡

---

① World Health Organization, "Specific issues in healthy ageing," 2017, pp.13 – 14, https://www. jstor.org/stable/resrep35858.8.

献。它还将尝试探讨在新兴技术条件下,老年人护理出现的新方式及其可能存在的伦理风险,以及超人类主义者以延长人类寿命来延缓衰老可能遭遇的伦理问题。该研究将结合中国特有的文化传统和社会现实针对中国的老龄化现状提供一些伦理建议。

张容南

老吾老，以及人之老；幼吾幼，以及人之幼。天下可运于掌。

——孟子

一个社会怎么对待老年人，揭露了这个社会的原则及其目的。

——西蒙·德·波伏瓦

衰老是人类生命周期中被忽视的一环……虽然我们已经开始审视死亡，但我们直接跳过了死亡之前那段很长的时期，通常称之为"老年"。

——罗伯特·巴特勒
（老年医学创始人）

目　录

第一章　什么是老年

　　什么是老年？多老才算老？这是我们讨论老年遇到的第一个问题。如何界定老年与一个社会的平均预期寿命有直接的关系，也与一个人所处的时代、生活的环境有紧密的关联。如果以一个国家人口的平均预期寿命为标准，那么从一个国家到另一个国家，甚至从一个群体到另一个群体的预期寿命都会有所不同。例如，不同地区的人类预期寿命有显著区别，日本、中国香港和冰岛地区的平均寿命超过 80 岁，但塞拉利昂、赞比亚、斯威士兰等赤道以南国家的人均寿命在今天仍旧只有 40 岁。生活在战火纷飞、资源匮乏的年代与生活在安稳和平、衣食充足的年代，人们的预期寿命也会有很大区别。此外，社会福利政策和医疗保健服务的水平也会影响人口的平均寿命。一个社会向老年人提供什么样的医疗保健服务，老年人在社会中能够获得怎样的生活安排，交通和通信系统对老年人的可及性，社会允许或期望老年人进行哪些工作，以及年轻人如何在公共场所或私人场所对待老年人，都可能影响这个社会中老年人的预期寿命。所以，"老年"有其社会性的维度。不是说对一个人的饮食营养、运动锻炼等习惯做出明智的选择就可以轻易改变或推迟衰老。虽然个人选择会对某些衰老方式产生影响，但大部分衰老过程由遗传因素、社会状况和塑造日常生活的公共政策决定。在很大程度上，一个社会中老年人的平均预期寿命取决于社会力量，取决于这些社会力量能否向其公民提供健康的食物、可能的工作机会、足够的医疗服务以及健康的生活方式。老龄化不是一个同质化的过程,而是一个受环境、资源和社会关系深刻影响的过程。一个人能否活到老年,发挥何种功能,享有什么样的生活质量,是由其可获得的社会资源、社会角色、社会支持的深度和广度所决定的。

年龄在不同时代、不同文化和不同生活环境下具有不同的含义。"国际上对老年人的年龄划分主要基于退休年龄的界定,而在中国传统的家庭领域,'老'主要根据家庭角色来界定。"[①]以退休年龄来界定老年人是工业社会的发明,它将一个人是否具备社会所需的生产力作为界定"老"的分界线,"老年人"是那些不再进入社会生产,以领取退休金来维持生活的人群。这种界定相对消极,它参照的是个体在社会生产中的作用和位置。它将工作置于一个人生活的中心,因此退休也时常涉及生活安排的改变。与之相对,受传统文化影响,中国人眼中的老年人是那些辛苦工作了一辈子,退休在家,帮助子女照顾孙辈,颐养天年的至亲。这种定义老年的方法参照的是一个人在家庭和代际传递中的地位,家庭关系在此占据了重要的比重,因此这种对"老"的界定相对比较积极。樊浩教授指出,在哲学意义上,"老龄"话语中有两条线,即自然线和伦理线。"龄"是生命的自然线,古人由齿识龄,以牙齿作为人和动物的年轮或于世界中在场时间的标识,谓之"年龄"。而"老"是生命的伦理线,在中国话语中,"老"具有丰满甚至神圣的伦理意义,"老师"之"老"体现的是一种伦理上的身份认同,饱含伦理的情怀、诉求和坚守,是一种伦理上的尊敬、肯定。[②]在传统社会中,老年人作为传统、知识和历史的维护者,具有特殊的作用。他们往往维持着一家之长的地位和权威,"老"意味着享有特权和威望,它的正面含义较多。但随着现代社会尤其是信息社会的到来,老年人不再独有对知识和智慧的掌握,他们的地位动摇了,社会的崇老文化开始瓦解。许多老年人由于跟不上信息社会的技术要求,成了社会中的弱势群体,出行、看病都受到影响。此外,由于老年人口被

---

① 李晶:《老年人的生活世界》,商务印书馆,2019 年,第 52 页。
② 樊浩:《老龄文明期待一场酣畅淋漓的伦理革命》,《探索与争鸣》2022 年第 1 期。

视为被抚养人口,增大了社会保障体系的压力以及医疗卫生费用的增长,在人口统计学中老年人口被描绘为一个社会的重负。"老"的意义变得负面了。

人口老龄化有着深刻的人口统计学上的根源。当一个社会的出生率急剧降低,并伴随着老年人死亡率降低的时候,这个社会就变老了,这就是所谓的老龄化。可见,"老龄社会"是人口预期寿命延长和生育率降低导致人口结构发生变化的结果。一个社会中能够从事生产的人口比重下降,需要社会抚养的人口比重升高,就会对社会的正常运转带来一定挑战。此外,消费主义所鼓吹的青春文化,致使在公共领域中可见的都是年轻的身影,衰老的躯体越来越不可见。"衰老"不仅成为"活力"的对立面,也成为"丑陋"的同义词。苏珊·桑塔格在《衰老的双重标准》中曾谈到,随着工业化的世俗社会的到来,青春成了幸福的隐喻。青春的代名词是速度、美丽和生产力,这已经成为定义成就、名望和成功的特征。与之相对,衰老的人体就像一台坏掉的机器或一款过时的软件。①在一些崇尚功利主义的西方社会,年龄变成了道德理论中的一个歧视性因素。老年人进入道德争论的方式是由于他们成了社会和经济的负担,引发了人们对重新分配社会资源或医疗资源的讨论,这种看法使我们讨论规范意义上好的老龄化(good aging)变得愈发困难。值得庆幸的是,中国的传统文化与社会主义和谐社会的伦理要求一直将尊老敬老视为社会的核心价值之一,这让我们从正面思考老年问题有了文化传统和社会制度的依托。

在进入正式的讨论之前,值得一提的是,"衰老"(aging)和"老年"(old age)并不是同义词。"衰老"是人一生中持续进行的一个过程,在生物学上指的是与时间相关的生理过程的恶化,而"老年"是按时间顺序来计算年龄的一个结果,它是被社会建构出来的一个特定阶段。"老年"从来就不是一个单纯的医学概念,而是一个充满文化意涵的社会表达,是个体生命历程中必经的特殊阶段。波伏瓦曾指出,"老年"的内涵并不确定。它一方面被看作是一种生物现象,老年人的身体机能具有某种特殊性,但它也会引发心理

---

① 路易斯·阿伦森:《银发世代》,蒋一琦、张光磊、周哲译,中信出版社,2022年,第162—163页。

上的后果,有些行为被看作是老年人特有的。"老年"更是一种存在的感受,因为它改变了人与时间的关系,因而也改变了人与世界,与其个人历史的关系。从社会学的视角来看,老年阶段与其他年龄阶段一样,是社会分层与标记的需要,老年人的身份是社会强加给他的。[1]老年学科涉及的一个主要悖论是,所有人都会变老,但在人们生命的某一个特定阶段他们被标记为"老年人",在此之后他们的生命被看作是衰退的,需要医学干预。这正是老年学与老年医学在现代社会产生的一个简单背景。

如果"老年"被等同于退化与疾病,那么随之而来的关于衰老的研究就是医学的一部分。有趣的是,尽管老年医学主要关注的是那些患有慢性病、行动不便、大小便失禁、不稳定和失智的老人,但医学中出现了一个新的专科,即"抗衰老"或"再生医学",其重点不在于疾病的治疗,而在于恢复某些传统的体征。它关注的是抗老化,包括更换或再生人类细胞、组织或器官,以恢复或建立正常功能。这与社会崇尚青春文化密不可分。总体来讲,医学对"老年"的界定基本是负面的。

与老年医学聚焦于老去的身体不同,老年社会学要解决的是身体之外的衰老问题。它不再询问"人为何要衰老",而是关注人口老龄化带来的社会后果。例如,国家或政府应如何管理老年人口?提高老年人口的社会福利水平会对经济整体产生何种影响?如何提升生育率以降低人口结构中的老龄比例?因此,确定老年人口的数量和构成成为一国政府的工作重点。这些问题关注的是关于生命过程的社会分层,而不是它的生物学性质。老年医学和老年社会学聚焦于老年群体,其目标在于解决这一群体的健康问题和社会治理问题。与之相对,老年哲学与老年伦理学考察的是老年这一生命阶段对于人的整体生命而言具有何种存在价值和伦理意义,它们不仅将"老年"放入人的生命过程中加以考察,也关注作为个体的老年人将如何面对老年的挑战,活出老年的意义。

在本章中,我将着重论述中西方古代哲学传统对老年的看法和评价。

---

① 西蒙·德·波娃:《论老年》第一部(台版),邱瑞銮译,漫游者文化,2020 年,第 13 页。Simone de Beauvior,中国台湾地区一般译作"西蒙·德·波娃",考虑到中国大陆的习惯译法,我在文中将统一译为"西蒙·德·波伏瓦"。——作者注

波伏瓦批评说,西方社会对老年人的忽视,甚至是无视,源自资本主义制度对人的异化。糟糕的是,一些老年人内化了这种态度,对老去感到羞耻,表现出对衰老的拒绝。那么,中西方社会对待老年人的态度从古至今一直如此吗? 让我们先从古希腊哲学和先秦儒家关于老年问题的看法谈起。随着现代性而兴起的实证科学,不管是老年医学还是老年社会学,对老年的看法越来越占据主导地位。相比之下,思考老年问题的哲学或伦理学视角却日渐式微。这背后有何深层次的原因呢? 我们今天重提看待老年的伦理视角有何意义呢? 这是本章试图回答的问题。

第一节　古罗马哲学家西塞罗论老年问题

翻开西方现代哲学史,对老年问题的研究寥寥无几。这或许与启蒙运动以来对人的抽象化假定有关。为了推翻中世纪神学对人性的宰制和禁锢,启蒙运动假定所有人都具有一种理性能力,他们能够为自身立法,不用接受外在的他律。但这种建立在抽象的人性假定基础上的普遍伦理忽视了生命的各个阶段的特殊性。例如,康德并没有将其无条件的绝对命令指向老年人或年轻人,而是抽象地指向了所有自由的、潜在的理性存在者。他警惕人的理性的有限性,但几乎不关注人的肉身性和脆弱性。与西方近代哲学高度的抽象性不同,西方古代的伦理传统关注人的幸福问题,因为它将好生活视作哲学思考的主题。由于关注人可能获得幸福的条件,因此,西方古代伦理学尊重人类生活的实际状况,以便能够帮助人们对追求何种好生活达成适当的理解。回顾古希腊和古罗马的伦理文化和实践智慧的传统,有助于我们发展一种认真面对衰老的文化。

一、从古典传统中寻找解决老年问题的哲学资源

就像哲学家对任何话题都会产生争论一样,古希腊哲学家对老年的看

法也各不相同。在《理想国》中,柏拉图借助苏格拉底与克法洛斯(Cephalus)的谈话来表明他对老年的态度。苏格拉底喜欢与年老的克法洛斯交谈,因为一个人身体消逝的乐趣越多,他进行交谈的欲望和品位就越大。年老可以降低一个人的身心分散程度。如果一个人性格有序,那么老年就不是大的负担了。苏格拉底问克法洛斯:"您的年纪已经跨进了诗人所谓的'老年之门',究竟晚境是痛苦呢还是怎么样?"在回答苏格拉底的疑问时,克法洛斯谈到了很多常人认为的老年的烦恼,如食欲和性欲的减退,但他认为如何应对这些烦恼取决于人的性格。年老对于心平气和的人不是太大的痛苦。[①]

在柏拉图描绘的这幅画面中,对老年的描绘集中在两个方面。首先,强烈欲望如性欲的减弱带来了自由。这种自由意味着个人不愿意集中精力于不断变化和经常受到损害的物质领域。这种解放促进了思想的生命,这也是哲学家的生命活动。其次,从无休止的欲望中解放出来本身是不够的。老年人必须具有良好的品格,才能欣赏老年并从中受益。如果一个人很好地发展了思想生活,就会充分理解美德,以激励他们在实践中表现良好。柏拉图似乎相信,人在年老时才有洞察力和稳定的思想,老年人是摆脱了世俗欲望干扰的灵魂的伟大解放者,良好的品格是老年生活的福音。

与他的老师不同,亚里士多德并不看好老年。亚里士多德用他的中道理论评估了处于各个年龄段——青年、中年和老年——的价值。根据他的看法,人生的中期最具美德。正是在这个时候,人的性格变得温和。中年人要负责任地采取行动,理性行事,并做他应该做的事。青年人充满激情,行动迅速,但容易行事鲁莽。老年人则不行动,因此他们远离美德。所以,中年是生活的最好阶段,青年其次,而老年则很痛苦。[②]他指出,老年不仅带来了身体上的衰败,而且使受害者变得自私、道德软弱,并恐惧社交。他厌恶老年人,认为老年人代表着人性的衰落,无论是身体上还是精神上的衰落。在他看来,人有限的生命力会随着时间流逝,带走的还有抵御疾病和死亡的能力。身体的状况会波及人的灵魂,影响身体的恶会使整个人都受到波及。

---

① 柏拉图:《理想国》,郭斌和、张竹明译,商务印书馆,1986 年,第 3 页。

② Audrey L. Anton, "Aging in Classicul Philosophy," in *The Palgrave Handbook of The Philosophy of Aging*, ed. by Geoffrey Scarre, London:Palgrave Macmillan, 2016, pp.123 – 125.

老年人因患有疾病而难以进行有美德的活动。尽管理论上存在美好的老年，即身体不衰残、可以缓慢行动的老年，但能够享有美好老年的人只是少数，且依赖于运气。对大多数人而言，老年是可悲的。

在亚里士多德之后，一些哲学流派回归了柏拉图的老年主义，即欲望和身体能力的丧失不是坏事。伊壁鸠鲁对老年人和年轻人一视同仁，他指出，年轻人和老年人都应该不知疲倦地进行哲学思考，只有这样才能达成心灵的宁静，从而获得一种持久的满足感。尽管他们对老年的看法不尽相同，但这些哲学家都同意一个观点，即一个人晚年生活的品质与其品格有着密切的关系。

二、西塞罗论老年

这一看法也延续到古罗马哲学家西塞罗的著作中。西塞罗是古罗马最杰出的政治家和演说家之一。他担任过执政官、元老院元老和总督。西塞罗早年曾在希腊和罗马受到良好的教育，熟练掌握了拉丁文和希腊文，在修辞学、法律和哲学方面颇有研究，这些为他翻译、阐释、分析比较以及传播古希腊哲学提供了必要条件。西塞罗的《论老年》①是西方哲学史中关于老年议题最权威的论著之一。他继承了柏拉图的核心论点，即老年人的幸福取决于品格与美德，而与年龄无关。事实上，西塞罗本人的老年并不顺利，他在政治上失意，与相伴三十年的妻子离婚，之后又失去了自己的女儿。在这样备受打击的暮年中，西塞罗投身于阅读、写作和沉思，完成了这部鼓舞人心的《论老年》。根据波伏瓦的考证，西塞罗写作《论老年》有其政治目的，作为曾经的元老院的一员，他为老年辩护的目的是证明早已失势的元老院应该重建声威。②不幸的是，作为一名忠诚的罗马爱国者，西塞罗在写完《论义务》(De Officiis)后不久就被军事独裁者安东尼暗杀而丧生，他为拯救罗马共和国进行了最后的努力。

在这本论著中，西塞罗重申了斯多葛主义哲学的理念和古希腊思想中

① 西塞罗：《论老年》，徐学庸译，(台湾)联经出版事业股份有限公司，2008 年。
② 西蒙·德·波娃：《论老年》第一部(台版)，第 144 页。

万物皆自然的学说,他指出:世界是和谐的,所有自然的东西都是好的,人应该按照本性生活。按照本性生活,就是按照自然生活,或按照理性生活。当然,这种理性,不是现代人擅长的那种工具理性,而是宇宙理性。对于宇宙理性,人不可能完全测知,但人可以分享这种理性。因此,人应该接受宇宙秩序的安排,接受人的各种角色和命运,包括年老。

在这本论著中,西塞罗虚构了一个对话情境,并假借年事已高的马尔库斯·加图之口来论述老年。这一方面是为了表明已经年过八十的老加图依旧头脑清明,另一方面也是为了驳斥当时人们对老年人的成见。当时很多人认为,老年是一个无奈又可怕的时期。但西塞罗不同意这种看法,他认为,老年并不可悲,那些性格和美德修炼得好的人老年也能过得好;与之相反,那些性情乖戾和缺乏美德的人无论什么年纪,都过不好。"最适宜于老年的武器就是美德的培养和修炼。如果一生中各个时期都坚持不懈地培养和修炼美德——如果一个人不但长寿而且还活得很有意义——那么老年时就会有惊人的收获,这不仅是因为它们必然能使我们安度晚年,而且还因为意识到自己一生并未虚度,并回想起自己的许多善行,就会感到无比欣慰。"①西塞罗指出,当时的希腊人之所以认为老年不幸福有四个理由:第一,它使我们不能从事积极的工作;第二,它使身体衰弱;第三,它几乎剥夺了我们所有感官上的快乐;第四,它的下一步就是死亡。②西塞罗对这四种批评逐一进行分析,他指出,第一项批评有一定道理,但不是担忧老年的正确理由;第二项批评无伤大雅;第三项批评恰恰错失了老年的优势;第四项批评则在老年与死亡之间建立了错误的必然联系。

关于第一项,老年使我们不能从事积极的工作。在这里,西塞罗主要是指那种对老年人无法积极地、活跃地、主动地参与到生活或公共事务之中的指责。西塞罗认为,我们需要对"积极的工作"进行一个区分:其一,积极的体力工作;其二,积极的脑力工作。就前者而言,这是一个事实判断,老年人确实不再能够从事年轻人所从事的活动,如搬运重物;但就后者而言,这并

① 西塞罗:《论老年 论友谊 论责任》,徐奕春译,商务印书馆,2020年,第7页。
② 同上书,第10页。

非一个事实判断,老年人依然能从事积极的脑力工作。而在这两者之中,后者更加重要。因而,老年人不但能够从事积极的工作,而且还能更有利于从事重要的积极工作。"他虽然不干年轻人所干的那些事情,但他的作用却要比年轻人大得多,重要得多。完成人生伟大的事业靠的不是体力、活动,或身体的灵活性,而是深思熟虑、性格、意见的表达。关于这些品质和能力,老年人不但没有丧失,而且益发增强了。"[1]因此,年老,或者更准确地说,由年老所带来的心智卓越,反而使得他们更有利地参与到更重要的活动之中。相应地,假如老年人因无法从事这样的活动而不幸福,原因也并不在于年老,而在于缺乏理智的卓越或美德。在《论义务》中,西塞罗进一步指出,不同年龄阶段的人承担的义务是不同的,因为合适的义务是适合不同性格、不同环境和不同年龄者的义务。"年轻人的义务乃是遵从年长者并接近其中的最优秀者和最有经验者,以便从他们的忠告和指导中得到益处。"[2]年轻人缺乏经验,需要借助老年人的阅历来充实和指导自己。"相反,年长者似乎应该减少体力劳动而增加智力活动。他们应当努力用自己的主见和阅历尽量服务于自己的朋友,服务于青年,尤其服务于国家。"[3]

　　关于第二项,老年使人身体衰弱,西塞罗的回答并不一致。一方面,身体力量根本不适合老年人。另一方面,西塞罗认为,如果一个人生活得好,一生可以保持体力。他暗示说,只要一个人的道德品格在变老之前完好无损,他就可以享受晚年。但在这里,西塞罗得出了柏拉图和亚里士多德都不敢大胆暗示的因果关系——我们只能通过实践美德来控制身体健康。当然,节制可以使我们免于某些行为引起的疾病,例如,节制可以防止一个人经常喝酒而让肝脏受到损害。然而,就算有德行,也有可能由于它而遭受身体上的痛苦。例如,一个勇敢的士兵很可能因多年的训练和战斗而患有关节炎。有时,西塞罗似乎认为,年纪大的人可以做出更好的道德决定,从而产生更好的结果。例如,他指出,实际上,悲惨的老年是他们自己的恶习和自己的过错造成的。但他又认为,我们在生活的任何阶段都可能会遇到的

---

[1]　西塞罗:《论老年　论友谊　论责任》,第11页。
[2]　西塞罗:《论义务》,张竹明、龙莉译,译林出版社,2015年,第50页。
[3]　同上书,第51页。

困难:"本身不知道如何过一种愉快而幸福的生活的人,无论什么年纪都会觉得活得很累。但是,那些从内部寻求一切愉悦的人绝不会认为那些因自然规律而不可避免的事物是邪恶的。"①在这里,西塞罗以真正的斯多葛式的方式指出,老年是人生的自然过程,聪明的人是不会抱怨老年的到来的。对于老年人来讲,真正的幸福不是源于外界环境,而在于内在的道德品格。我们的品格与美德才是我们安度晚年的法宝。最后,西塞罗指出,人的生命历程自有其规律,我们应该在每一个阶段享受这个阶段带给我们的优势。因此"童年的稚弱、青年的激情、中年的稳健、老年的睿智——都有某种自然优势,人们应当适合时宜地享有这种优势"②。而且,一个总是在学习和工作中讨生活的人,是不会察觉自己老之将至的。因此,他是在不知不觉中渐渐衰老的。他的生命不是突然崩溃,而只是慢慢寂灭。

指责老年的第三个理由是它缺乏感官上的快乐。这是在《理想国》中经常讨论的问题,有人认为老年人享受不到太多的欢愉,尤其是性欢愉。但柏拉图认为,强烈欲望的减弱反倒会带来自由。这种自由意味着个人不愿意集中精力于不断变化和经常受到损害的物质领域。这种解放促进了思想的生命,即哲学家的生命。其次,从无休止的欲望中解放出来本身是不够的。老年人必须具有良好的品格,才能欣赏这种解脱并从中受益。如果一个人很好地发展了思想生活,就会充分理解美德,以激励他们在实践中表现良好。可以说西塞罗完全接受了柏拉图的这一看法。他指出,许多享乐,尤其是肉体享乐,带来的麻烦可能比其价值更大。老年人不再陷入激情与淫乱,这正是他最令人羡慕的特质。他进一步指出,感官上的快乐不是人们应当追求的。因为,当我们受欲念支配时,就不可能做到自我克制;在感官上的快乐占绝对统治地位的领域里,美德是没有立足之地的。③例如,我经常想吃巧克力蛋糕。实际上,如果我每次想要巧克力蛋糕时都一定要吃到巧克力蛋糕,那么我的健康就会受到影响。由于追求快乐使我们从追求理智和美德(即高级的追求)上分心,当我们受到这些诱惑时,通过审慎克服这些诱惑

---

① 西塞罗:《论老年　论友谊　论责任》,第 5 页。
② 同上书,第 18 页。
③ 同上书,第 21 页。

是非常困难的。因此,在欲望减退的老年,我们反而更容易去追求高级的满足。一个人在经历了年轻时的激情和野心的折腾后,如果能在老年陷入沉思,享受超然的生活,在西塞罗看来这才是幸福。

最后,关于老年使人临近死亡这种说法,西塞罗完全否认了这一主张,因为死亡可能夺走任何年龄的人的生命。实际上,那些尚未年老就垂死的人比那些年老的人离死亡更近。另一个重大区别是,老年人可以享受这样的事实,即他着长寿而又充满成就的生活。同样,只要他有品德。毕竟,年轻人希望长寿,而老年人已经实现了这一愿望的目标。老年人可以由此摆脱生活无意义的忧虑,因为他们有充分的相反证据。西塞罗阐明了他对死后的看法。在他看来,死亡只会带来两种可能:要么灵魂彻底毁灭,要么灵魂进入永生的境界。如果是前者,我们无所谓;如果是后者,我们则求之不得。西塞罗相信,死亡之后灵魂只有两种情况:一是毁灭,二是保存。就前者而言,毁灭意味着"无",也就意味着既没有快乐也没有痛苦,因而是无所谓的;就后者而言,灵魂的持存反而使死亡成了一种值得欲求的事情。因此,死亡并不可怕。只要人的生命有限度,那么人必然会离开这个俗世,到时能够存留的只有人通过美德和正义的行为为自己赢得的声誉。人们不应该惧怕老年,因为从生到死是生命的自然过程,就像成熟的苹果会自行坠地一样,从老年步入死亡也是生命成熟后的自然现象。老年人对自己短暂的余生既不应当过分贪恋,也不应当无故放弃。老年没有固定的界限,只要一个人能担负起生命的责任,将生死置之度外,他就是在恰当地利用老年。

能以这种明智的态度来对待老年,注重自身品行的修炼,西塞罗认为,一个人就不会认为老年难以忍受,而是能够幸福地安度老年,准备好面对人生的谢幕。通过他的论证,西塞罗将由自然状态的衰老所带来的痛苦,还原成了每个人由于缺乏内在品格与智慧而带来的痛苦。换言之,衰老是不可避免的,我们对它无能为力,但品格与智慧取决于我们自身,因而是可以改变和完善的。那么,避免这种痛苦或不幸的方法也就变得十分清晰了,即培养自我的智慧与美德。西塞罗以其亲身经历告诉我们,生活是一种艺术。老年的平静和智慧是在时间历程中实现的。我们可以通过对灵魂的修炼来达到这一状态,因此老年和死亡都不是可悲之事,相反,它们是我们必经的生命历程。我们不能改变这一历程,但我们可以选择以何种态度来与之相遇,而哲学提供的就是这种训练。苏格拉底在柏拉图的《斐多》中暗示死亡可能是件令人愉快的事,因为他可能与过去的伟大灵魂相遇。同样,西塞罗在他的论文中暗示了来世愉快的可能性。

三、西塞罗给予的启示

古希腊哲人通过灵魂的修炼来对抗时间的侵蚀和死亡的威胁,他们相信,肉体虽然很难不因时间而毁坏,但人的灵魂可以通过修炼而获得不朽。正是秉持灵魂不灭的信念,苏格拉底宁愿饮鸩就义,也不愿苟且偷生。对他来说,身体是会死的,有多种形式的,但灵魂是神圣的、不朽的,统一的、不可分解的。身体只是灵魂的暂时居所,灵魂只有通过遵循理性以及与之相伴,才能获得对欲望的豁免。柏拉图在《斐多》中暗示,哲学家的生命是一个漫长的死亡准备,这涉及逐渐摆脱一切肉体的事物。灵魂是永恒的,它原本在天上,是因为坠入人间,和我们的身体结合,才失去了记忆。我们的灵魂越是陷入身体的欲望中,对生前的记忆就越少。因此,哲学要做的是让灵魂不断摆脱身体的影响,从而净化自身。通过思辨的实践,哲学家越来越不关注身体的艰辛,而将精力集中在心灵的生活上。通过理智的攀升,我们可以进入理念世界——形式正是存在于那个地方。我们出生前也在那里,而现在我们要通过努力,才能在死后回到同样的境界。因此,学习哲学就是练习死亡,是我们在活着的时候,训练自己实现灵与肉的分离,并为最终的死亡做好准备,还灵魂以纯净无瑕的本质。

苏格拉底和柏拉图对待死亡的理性态度在某种程度上影响到了古罗马哲学家西塞罗,因此他并不将衰老和死亡看作是不幸。除非自己的早年生活被浪费或者是不完整的,老年才被视为一段痛苦的时光。如果一个人在生命的早期阶段是有德行的,那么关于老年的抱怨似乎不再适用。此外,作为斯多葛派的哲学家,西塞罗认为,在人与自然之间存在某种先定的和谐,人凭借其理性可以了解自然的神圣秩序。但这一过程需得到道德良知和经验的指引,这样人们才能意识到对共和国以及对人类共同体应负的义务。

年轻人应该遵从年长者并接近其中的最优秀者和最有经验者,以便从他们的忠告和指导中得到益处。年长者应该减少体力劳动而增加智力活动。他们应该努力用自己的主见和阅历服务于朋友,服务于青年,尤其是服务于国家。[1]那些为国供职的人以及老年人是最好的典范,他们普遍认为是自然本身在引导自己,但事实上这也源于他们服从自然法而获得的美德。因此,成为有美德之人,过正派的生活,就不会对衰老和死亡感到恐惧。西塞罗辉煌却又充满悲剧色彩的一生就是这种伦理精神最好的注脚。当然,西塞罗对老年生活确有美化之嫌,老年生活的品质并不完全取决于人的品格和美德,它还取决于一个社会如何对待老年人,能为老年生活创造何种条件。由于受到斯多葛派哲学的影响,西塞罗强调人具有理性的自足,所以这些外部因素不是他思考的重点,他更加关注过一种美好生活所需的内在条件,即人的灵魂状态。对西塞罗来说,幸福之人就是凭借理性的天赋而摆脱了欲望和恐惧的人。一个人只有专注于理性和意志,才能驱散对死亡的恐惧。我们今天思考老年问题,不可忽视老年生活的外部条件,也不应忽略应对老年所需的内在品质。虽然灵魂不朽这一观念今天可能不再被人们所相信,但古希腊和古罗马哲人看待衰老和死亡的那种理性态度是值得借鉴的。作为人,我们无法改变的是人生必有一死的限度,甚至我们也很难改变我们的处境,但我们可以选择以何种方式和态度去面对衰老和死亡。坦然和理智的态度不仅可以减轻我们对死亡的恐惧,也能够凸显人之为人的高贵与尊严。

第二节　先秦儒学视角下的老年生活

西塞罗号召人们通过美德来克服衰老带来的弊端,基于灵魂与肉体的二分,这一倡议似乎说得通,因为灵魂可以在时间中加以锻造,而肉体的衰亡是人类无法避免之事。诉诸德性来克服衰老的思路,在先秦儒学那里可

---

① 　西塞罗:《论义务》,第50—51页。

以得到响应。在《论语》中，孔子谈到，"吾十有五而志于学，三十而立，四十而不惑，五十而知天命，六十而耳顺，七十而从心所欲，不逾矩"①。孔子在此展示的是随着年龄的增长和阅历的增多，他的生命内部生发的一系列重要的转化：从立志为学的少年，到人格挺立的中年，从面对生命的困惑到知天之所命，从物我、人我、内外的贯通到天人之间的通达，最终抵达圣人之境。虽然并非每个人都能达到孔子的精神境界，但他向我们展示了一种可能性，即年龄并不是决定一个人道德水平、生活境界的阻碍因素，如果我们恰当地利用生命的机缘来做修身的功夫，那么我们有可能在晚年达至心灵自由的幸福状态。接下来，我将从两个方面来阐述儒家视野下老年生活的理想面貌。先秦儒学不仅给出了古代社会的伦理治理原则即孝亲尊老，儒家先哲还以身示范给出了应对老年的伦理智慧。重温这些古典的智慧对于今天我们倡导积极养老、幸福养老具有一定的启发意义。

一、应对老年的社会伦理方略：孝亲尊老

1. 儒家对于孝道的思考

儒学的显著特点是发展了一种安顿生命的道德形而上学，这种形而上学将人的性命的主动权置于个体内在的道德潜能之上，以修身来改造有限的生物学生命，获得精神性的完善，因此儒家对老年的思考是内在于对生命的关注之中的。儒家不仅关心人如何通过修身安然地度过一生，也关注老年人这个特殊的社会群体。这体现在儒家所提倡的孝亲敬老的社会风尚中：儒家将孝视为君子必须力行之事，并鼓励此种良善的孝悌风气，这是儒家文化与西方文化显著的不同之处。对儒家来说，把对家人的爱和尊重延伸到其他地方，不仅是个人生活中的良好道德实践，也是善治的关键。孟子将"老吾老，以及人之老；幼吾幼，以及人之幼"②作为儒家的社会理想。《礼记·礼运》中还描绘了理想社会的样态："大道之行也，天下为公。选贤与

---

① 朱熹集注：《论语》，金良年导读，胡真集评，上海古籍出版社，2007年，第10页。
② 同上书，第9页。

能,讲信修睦。故人不独亲其亲,不独子其子,使老有所终,壮有所用,幼有所长,矜、寡、孤、独、废疾者皆有所养,男有分,女有归。"①儒家理想中大道实行的时代,天下为人民公有。民众推选有德行有才能的人为领导,彼此之间讲求诚信、和睦相处。所以民众不只把自己的亲人当作亲人,不只把自己的子女当作子女,而使老年人可以安度晚年,使壮年可以发挥所能,使幼年人能健康地成长,鳏寡孤独和残疾有病的人,都可以得到社会的照顾。男子都有职业,女子都能适时而嫁。在儒家的大同理想中,老年人群体作为社会的弱势群体不仅会得到自己家人的关爱,也会受到社会中其他人的照顾。与资本主义制度下老年人的处境不同,他们的意义和价值不是作为现代社会中的抽象个体,依据生产力来衡量的。相反,作为组成传统社会中家庭秩序的必要组成部分,老年人的存活有其重要的伦理意义。②

儒家伦理发展了一种建基在仁爱基础上的家庭文化,"君子之道,造端乎夫妇;及其至也,察乎天地"③。这种家庭文化强调每个家庭成员都应该追求家庭的繁荣和延续。它与西方近代以来发展出的道德个人主义形成了鲜明对比,因为它认为家庭的利益不可简化为每个家庭成员的利益。作为一个伦理共同体,家庭的完整、延续和繁荣构成了家庭成员需要通过美德努力促进家庭利益的基本组成部分。按照儒家的人类学观察,父母爱自己的孩子是自然的,甚至在非人类动物中也属本能。孩子对父母的爱同样是自然的,但相比父母对孩子的爱,孩子对父母的"孝"需要做出一定的努力。"孝"在人性中有根基,这种自然的本源之爱必须先作为道德根基加以珍惜,首先在家庭中培养,然后才能以关怀和仁慈的方式指导其他的人际关系和社会交往。因此,在儒家的存在论中,人最好的生存方式是存在于"家"之中,每

---

① 贾德永译注:《礼记·孝经译注》,上海三联书店,2013年,第120页。

② 在儒家的形上学中,老年人这一群体被认为更接近天道,因而更值得尊敬。西方基督教传统对老年人的看法也有相似之处。据研究者考察,西方社会也经历了对老年人态度的转变。在基督教发展早期,修道院经常会为年老体弱的人提供食物、住处和照料。这些友好的服务是现代医院和医疗机构的起源及雏形,不过它们在功能上更接近现代护理院。在宗教统治的年代,老年人被认为具有精神层面的价值,他们被认为更接近上帝,所以他们的处境相对较好。但当权力由教会移交给世俗国家后,老年人的精神价值不复存在,他们转而变成一种社会问题。参见路易斯·阿伦森《银发世代》,第212页。

③ 朱熹集注:《中庸》,第40页。

一个人都会经历生命的轮回,从做人子女到做人父母,从年幼到年长,安顿这种生命秩序最好的方式就是确立一种"仁"的道德。"君子务本,本立而道生。孝弟也者,其为仁之本与?"①先秦儒家将孝悌视为修身之本,因为我们首先需要在家庭中学会与父母兄弟相处,从孝悌的德性出发,我们才能在更广阔的社会语境中去实践"仁"的不同要求。先秦儒家从"亲亲"这一最基本的情感出发,由"亲亲"而"孝悌",由"孝悌"而"仁义",开发出中国文化面向未来的"生生"的生存论结构。在这一结构中,"孝"是连接世代的"家"之核心德性,体现了"亲亲人伦"的价值观念,是中国文化传统中伦理体系的基础。由于"孝"既是一种私德——对私人的德性要求,同时也是一种公德——公共的道德要求,所以在这种伦理文化中,老年人的处境是相对比较好的,他们不会被视为无用之人,更不会被视为社会的负担,相反,他们作为社会经验和智慧的传承者,作为家族荣誉和利益的守护者,作为个人德性的养成者和示范者,受到了社会的尊重和家人的爱护。

2. 儒家对于养老制度的思考

儒家不仅在家庭伦理层面倡导孝道,它同样发展了善待老年群体的社会制度构想。儒家关于养老制度的思考最早在《礼记》中有所体现。《礼记·祭义》中谈到,"虞、夏、殷、周,天下之盛王也,未有遗年者,年之贵乎天下久矣,次乎事亲也"②。这段话透露出在中国远古时期,年长之人即老人就被天下看重,其重要性仅次于侍奉父母。《礼记》还谈到了先王的治理原则,"先王之所以治天下者五:贵有德,贵贵,贵老,敬长,慈幼。此五者也,先王之所以定天下也"③。先王用来治理天下的原则有五条:尊重有德的人,尊重地位高贵的人,尊重老年人,敬重年长的人,爱护孩子,此五条是先王能够安定天下的原因。其中,有德之人贴近天道,地位高贵的人靠近国君,老年人近似自己的父母,年长的人近似自己的兄长,孩子近乎子女,所以,安顿好了这些人,先王就能理顺社会秩序,安定天下。按照儒家的理想,国君不仅要按此原则治理社会,而且国君本人作为整个社会的道德表率,应当率先垂

---

① 朱熹集注:《论语》,第2页。
② 贾德永译注:《礼记·孝经译注》,第236页。
③ 同上书,第211页。

范，确立敬心，教育人民尊敬长者，这样才能使人民恭顺。教育人民孝敬父母，这样人民才会服从命令。"孝以事亲，顺以听命，错诸天下，无所不行。"①孝亲尊老，作为治理社会的伦理原则，是施行天下的通用法宝。

据《礼记》中记载，早在夏、商、周时期就有不同的养老礼仪，那时就已经将敬老上升到国家制度层面。《礼记·王制》中这样记载："凡养老：有虞氏以燕礼，夏后氏以飨礼，殷人以食礼，周人修而兼用之……五十异粻，六十宿肉，七十贰膳，八十常珍，九十饮食不离寝，膳饮从于游可也。"有虞氏用燕礼，夏后氏用飨礼，殷人用食礼，这些礼的具体内容我们并不太清楚，但是每个时期都有各自不同的养老礼仪，这是毋庸置疑的。《礼记》中还记载了对老年的分期和规定。《礼记·曲礼》云："人生十年曰幼，学；二十曰弱，冠；三十曰壮，有室；四十曰强，而仕；五十曰艾，服官政；六十曰耆，指使；七十曰老，而传；八十九十曰耄，七年曰悼。悼与耄，虽有罪，不加刑焉。百年曰期，颐。"②人生十岁叫作幼年，这个时候人应该学习；二十岁成年可以加冠；三十岁可以娶妻；四十岁可以做官；五十岁，经验充足后可参与国家政事。六十岁叫作"耆"，这时候可以指使别人做事。七十岁叫作"老"，这时候应该把家事交给儿孙掌管了。八九十岁叫作"耄"，这个年纪的老人即使做错了事也可不被判刑。可见，先秦儒学的年龄分层理论以五十岁为老年期的开端，五十岁为艾年、六十岁为耆年、七十岁为老年、八十与九十岁为耄年、百岁为期年，即六十岁为初老期、七十岁为中老期、八十以上为老老期。随着人的年龄变化，他所承担的社会角色和义务会发生变化，社会对待他的方式也要相应发生变化。

与老年期生理状况的转变相关的是饮食起居方面的变化。五十岁人的身体机能开始衰退，饮食需要与壮年不同；六十岁在饮食上需常补充肉食；七十岁需时时准备较好的饮食，且需穿着保暖的衣物；八十岁的老者依赖他人照料衣食，需随时准备珍馐及衣物；九十岁的老者，需多餐饮食，故随时需要有人提供食物，此时即便旁人照顾周全，但由于老人的身体机能严重衰

---

① 贾德永译注：《礼记·孝经译注》，第 212 页。

② 同上书，第 9 页。

退,血气仍有所不足。作为儿子的,在侍奉父母上,要做到"冬温而夏清,昏定而晨省,在丑夷不争"①。除了讨论老年期的生理变化,《礼记》还探讨了与年龄相关的社会角色的变化。《礼记·曲礼》指出,家族、家庭的决策及执行,完全交付子孙,安心养老。就普通人而言,五十岁不参与耕种、筑城等劳役工作,六十岁不参与军事活动,七十岁不处理接待宾客之事,八十岁不参与丧、祭之事。至于有贵族身份的士、卿、大夫,五十岁仍可做官,但到了七十岁则需退休,至于八十、九十岁则不再上朝,君王若有事征询,需亲自造访。可见,老年人作为宗法社会等级统治的化身,享有崇高的社会地位和象征性的伦理意义。

由《礼记》表明,先秦儒学并不缺乏与西方老年学相近的年龄分层理论和社会角色理论。但与之不同的是,先秦儒学既正视老年期生理、心理的变化,提出士、卿、大夫七十致仕,也珍视老者的品德与学养,重视他们的社会贡献。对于长者的尊重,不仅是家庭内部的一种伦理要求,体现为子女对父母的敬养或对父母权威的尊重,也是对整个社会的一种伦理规制,体现在社会所流行的风气中。这种尊老贵老的意识从身居高位的天子一直延续到普通的老百姓。《礼记》里提到:"夫为人子者,出必告,反必面;所游必有常,所习必有业;恒言不称老。年长以倍,则父事之。十年以长,则兄事之。五年以长,则肩随之。群居五人,则长者必异席。"②子女的言行和修习都要尊重长辈的意愿,不可让父母忧虑。怎样对待比自己年长的其他长者,都有详细的规定。凡是为长者清扫席前,礼规是一定要用扫帚遮住簸箕,扫的时候用长袖挡着扫过的地方,以免灰尘飞向长者。为长者铺设座席或卧席,要请示朝什么方向。陪长者饮酒,看见长者把酒端进来,晚辈要赶紧起立,走到放酒樽的地方,拜后双手接杯。当长者举杯还没有喝尽酒时,晚辈不敢喝酒。即便是国君乘车出行路遇老人时,也要"君子式黄发"③,俯首致意。考虑到年长者的身体需求,"五十始衰,六十非肉不饱,七十非帛不暖,八十非人不暖,九十虽人而不暖矣"④。年长者还应受到优待,"五十异粻,六十宿肉,七

① 贾德永译注:《礼记·孝经译注》,第11页。
② 同上书,第12页。
③ 同上书,第48页。
④ 同上书,第110页。

十贰膳,八十常珍,九十饮食不离寝,膳饮从于游可也"①。

儒家倡导我们对待老年群体的态度值得被继承和发扬。学习儒家的敬老思想不在于刻板地照搬古代社会相关的仪式礼节,而在于依据现代社会的特点重视老年人的需求,尊重他们的意愿,让其融入社会,而非因年老被边缘化。例如,年纪越长,社会对他的礼数要求就越少,因为老年人的行动能力在下降。现在很多公共空间没有充分考虑到老年人的出行需求,对他们的要求不是变少,反倒变多(如要求线上预约、线上审核等),这与儒家敬老的精神是不符的。有人指出,"父母在,不远游"的要求在当今社会难以实现。但"不远游"的核心精神是对父母的关心照顾。虽然核心家庭在消解,代际差别在加大,但我们依然可以通过社会保障制度的改革和养老体系的健全来鼓励年轻人照顾父母。借鉴新加坡的住房政策,如果选择与父母同住,或是购买距离父母家一公里以内的住房,会得到现金的奖励,同时,还会获得优先选择房屋的机会。如果一个家庭赡养了父母,可以获得退税的奖励。如果申请者是三代同堂家庭,将被优先安排居住。这些做法将孝的精神贯注于养老制度的制定和推广上,让家庭养老变得可行。②此外,经济发达地区可大力推行社区日间看护中心和长者食堂等便民措施,让有条件的家庭可将年迈的双亲留在身边照顾。对于儒家来说,"孝"不仅是一种美德,也是一种文化实践,这种文化实践的传承需要社会制度的依托。儒家认为我们应该尊重老年人的贡献与成就,包括尊重他们的智慧,这一看法并未过时。大多数老年人都有对生活的重要领悟,我们应该给予其应有的尊重。这种尊重要求我们站在老年人的立场考虑他们的需求,倾听他们的意见,要求我们在社会的公共生活和技术创新中为他们留出位置,让他们被看见,而不是被忽视。创造条件帮助老年人进入公共空间,参与公共生活,发挥他们的余热,不仅有助于个体在老年生活中获得意义,也有助于社会的和谐稳定。

---

① 　贾德永译注:《礼记·孝经译注》,第110页。

② 　参见《干春松谈钱理群进养老院:许多传统孝道理念已不适合当下》,原载《北京晨报》,搜狐网转载网址:https://www.sohu.com/a/23962024_115402。

二、应对老年的个人伦理策略

如果说尊重长者(包括尊重长者的经验智慧),让长者安享晚年,展现的是儒家的社会理想,这一社会理想充分地尊重不同年龄阶段人的需求差异,提出了针对不同年龄群体的社会治理策略,那么可贵的是,儒家传统还从主体视角提供了一种应对老年的个人伦理策略,这主要是通过儒家传统中的典范人物来体现的。儒家传统中的德性要素强调修身的重要性,儒家的圣贤即是值得大众学习的道德榜样。阅读《论语》,我们可以从孔子身上看到这些伦理智慧的展现。它主要表现为以下几个方面。

1. 终身修学、成己成人

孔子将衰老理解为一个自然的过程,但认为人不应随年纪的老去而放任堕落,相反,人之可贵恰恰在于随着岁月流逝而不断丰富的品德修养。孔子曾批评故交原壤"幼而不孙弟,长而无述焉,老而不死,是为贼"①。一向仁厚的孔子见他昔日的好友原壤伸两足箕踞的失礼仪态,于是有了这般深切的责备之语。在他看来,如果一个人在年轻时不打好品德基础,努力修身,到了老年则无法获得与其年龄相匹配的尊严。孔子好学、勤学、乐学,"发愤忘食,乐以忘忧,不知老之将至云尔"②。他诲人不倦,帮助他人成就自我。他担忧的是,"德之不修,学之不讲,闻义不能徙,不善不能改,是吾忧也"③。孔子好学、好讲学一方面是为了自己修身为君子,同样也是为了帮助其他人实现这一道德理想。这是"己欲立则立人,己欲达则达人"的表现,即使自己的身心得以安顿,实现义命,也帮助他人达成这样的理想。孔子作为有德之人代表着老去的一种好的可能性:衰老虽然会令我们的身体机能衰退,但人的生命的品质绝不仅仅取决于肉体的感知,还取决于我们应对生活的伦理智慧的积累。活到老年之人对人生中的种种艰辛和运气,都深有体会。漫长的人生经历,包括求学、工作、爱情、婚姻、挫折、疾病和死亡的悲痛,以及

---

① 朱熹集注:《论语》,第149页。
② 同上书,第65页。
③ 同上书,第60页。

应对这些经历所付出的心力,为许多人提供了获得智慧的良好基础。在这些经验的积淀下,老年人能更清晰地意识到自己经历了什么,从而能更平和地面对生命中的得失。对于老年人来说,接纳变老的自己,源于来自生活阅历的勇气,智慧就是懂得如何调用内在的美德去应对生命中的种种挑战。

2. 不求功名利禄、凡事反求诸己

孔子周游列国,以天下兴亡为己任,但在功名利禄方面,却抱持淡然处之的态度,凡事反求诸己,"不患人之不己知,患其不能也"①。这种"不患无位,患所以立;不患莫己知,求为可知也"②的处世态度,体现了孔子不汲汲于功名,淡泊而泰然的人生态度。这种态度对于应对老年生活是非常有利的。一些老年人在退休失去往日的职位后,往往郁郁寡欢,失去了生活的热情。但孔子告诫我们,学是为己之学,所以活也应该是为己而活。这不是说好的生活是以自我为中心的,而是说只有反求诸己,我们才不会陷入患得患失的心态中,追求生命的外在利益,而忽视它的内在利益。一位台湾学者在探讨成功老去的案例后指出,那些成功老去的案例具有的共同特质是"清淡、无欲、无争、无我、无私、愉快、关心、善心、好动"③,这样的人格往往走出了以自我为中心的狭窄关注,显示了关切他人、关切万物的利他主义特征,并以此驱动生命,令个体生命从狭隘的自我利益关注走向了更开阔的"与万物为一体",从而提升了生命的境界,摆脱了生物学生命的限制。

3. 正视生命限度,面对老去不忧不惧

对于老年这一人生中必经的阶段,孔子显示出一种面对衰老不忧不惧的态度。这表现为顺应天命,接受上天对每个人寿命长短的安排,包括贤肖、人世际遇、贫富贵贱等命运,皆坦然面对。孔子清楚他所担负的使命之艰难,他说:"道之将行也与? 命也;道之将废也与? 命也。"④事业能否成功,有赖于充足的条件配合,而不是个别人所能够左右的。但条件不配合怎么办? 认命亦不认命。平静地接受结果而不怨天尤人,是认命;知其不可而为

①　朱熹集注:《论语》,第 144 页。
②　同上书,第 33 页。
③　郭为藩:《论语中的老年生活哲学》,《国际儒学研究》第十七辑,2010 年,第 357 页。
④　朱熹集注:《论语》,第 146 页。

之,是不认命。先秦儒学相信天道与人道之间的贯通,强调天道的实现要依赖于人道。孔子说"人能弘道,非道弘人"①,意思是道的兴起和发展都离不开人。虽然人的命会受到运气的影响,但孔子认为,君子应该知道他的天命是什么,并勇敢地承担起这一命运的重负。"士不可以不弘毅,任重而道远。仁以为己任,不亦重乎? 死而后已,不亦远乎?"②君子要以"仁"为己任,以行仁作为自己的使命,所以重大。不仅自己行仁,还要向社会推广仁道,让大众一起行仁。为了肩负起这一重任,君子就要自觉本心、好学修德,以实现天命。对儒家来讲,修身的道德实践应是君子终身的道德使命:孔、孟都认为人需正视存在的命限,并致力于实践人的道德性命。只有这样,君子在面对老年时,才能做到不忧不惧,坦然面对。

虽然在儒家的经典著作中找不出一本专门探讨老年的著作,但"人应该如何生活""人如何成仁"这些问题意识贯穿于儒家思想的漫长发展史中。在以儒家伦理为主导的思想影响下,中国古代社会逐渐形成了以家庭孝亲、社会尊长和国家敬老这三种形式并行的养老体系。儒家伦理关于应对老年的社会伦理方略和个人伦理策略对当下的中国社会仍然有启发意义。随着中国社会老龄化程度的加深,个体寿命的延长,如何应对老年,利用其优势,迎接其挑战,将成为大多数人面临的人生问题。孔子以其毕生的经历和修炼启迪我们:唯有关注生命的内在精神成长,才能抵御外在生命的消逝。就这一点而言,中西古典思想有共通之处:它们都将老年生活的品质与人的品格修养的程度相关联,体现出对人的内在生命的重视。相比斯多葛学派,儒家对人性和社会的理解更现实,它不仅提出了应对老年的个人伦理策略,还在其社会理想中包含了对老年福祉的特殊考虑。因此,它不仅倡导以个人美德来应对衰老的挑战,也关注到在养老助老问题上社会和国家不可推脱的责任和义务。这是我们今天思考老年问题要特别注意的:从社会的宏观政策视角,我们需要重新思考对老年的划定,结合社会的实际需求,建立一套灵活的、差别化的退休制度,一种将老年群体容纳在内的终身学习体系,

---

① 朱熹集注:《论语》,第 158 页。
② 同上书,第 74 页。

以及一套适应中国老年人现实需求的养老制度，让老年人做到老有所为，老有所学，老有所养。孝亲尊老的社会伦理原则并未过时，但由于社会结构和家庭关系的变迁，我们需要顺应新时代的步伐，重新思考"孝亲"的形式和"尊老"的含义。

第三节　西蒙·德·波伏瓦论老年

与中西方古典哲学传统相比，西方哲学传统在进入现代以后，对"老年"的关注几乎消失了。在《论老年》一开篇，波伏瓦质问整个西方文化传统，为什么很少有人关注老年？她的回答是，老年是一个被人忽视的人生阶段。很多社会都宣传要尊重老年人，但事实上老年人很少被认真对待。他们的存在与需求常常被忽视，年轻人不会想起老年人，而老年人对任何人来说都提不起兴趣。《论老年》一书发表于 1970 年，它被看作是波伏瓦晚年最感人至深的作品。在此书中，波伏瓦试图揭露有关老年人的"沉默阴谋"，因为西方社会错误地将老年视为一种可耻的秘密，不值得提及。为此，波伏瓦对民族学、文学、历史和当代数据进行了广泛的调查——包括官方的统计数据，这些考察的目的在于揭示不同历史时期和不同文化传统对待老年的态度。作为一名存在主义的哲学家，波伏瓦对老年的深刻剖析也包括她个人对衰老经历的主观描述，她发展了一种关于衰老的存在主义现象学，这可能是《论老年》一书最值得关注的地方。在西方现代哲学史中，波伏瓦也许是第一个将老年问题独立于对死亡的关注，并将老年视为无法还原的存在问题的哲学家。

一、认识老年的外在视角：对衰老的恐惧

波伏瓦首先指出，衰老是一个自然过程，一种不可避免和不可逆转的现象。但与西塞罗认为"凡是自然的，都被认为是好的"这一乐观信念相反，波

伏瓦认为,当人们主观体验衰老时,衰老给人带来的蜕变是令人恐惧的。与青少年期的变化不同,衰老带来的变化是可怕的,因为自然的衰老通常被解释为衰退。在波伏瓦的眼中,"老年"只能作为一个整体来理解:它不仅是一个生物学事实,还是一个文化事实。①它在两个意义上是可变的:第一,不同的人对它的体验不同。波伏瓦观察到,即便是同年龄的人之间也存在很大差异。年代学和生物学年龄并不总是一致的。每个人对衰老的体验也是不同的,有的人对年龄变化很敏感,有的人则很迟钝。第二,无论某人的实际年龄是否以预期的方式追赶上他们,个人总会受到社会对他的实践态度和意识形态的影响,即社会中的其他人如何对待他会影响他的主观感受。因此,波伏瓦认为我们可以从两个角度来看待衰老:"所有的人类处境,都能从外在性来观察,也就是它显现于他人面前的样貌,以及从内在性来观察,意即个体如何承担并超越自己的处境。对他人来说,老年是知识研究的对象;对自己来说,它是亲身经历的现实经验。"②

　　波伏瓦对衰老的研究带有鲜明的政治性,因为她提出了老年人如何在当下的西方社会中过自己的生活的问题。在她看来,衰老更多是一个受文化塑造的事实,我们应该更关注衰老的社会性而非生物性。这使得个人同一性(identity)的问题变得复杂,因为它会以两种方式提出这个问题,即衰老使得"我"对于自己来说"我是谁",以及对于他人来说"我是谁"。对于波伏瓦来说,年龄实现的过程具有特别重要的意义。例如,凝视镜子向我们展示了与我们期待自己的形象所不同的形象,甚至可能是我们拒绝接受的丑陋形象。与此同时,她也表明,为了"看到"我们自身的衰老,有许多经验可以作为我们衰老的证据。在此,她坚决反对生物还原论,该理论认为身体特征应被视为衰老的主要根据。波伏瓦试图说明,我们是先有了衰老的概念,才能将某些身体变化解释为这种高度复杂的衰老过程的表现。换句话说,这个辩证过程包含了大量的预先理解,然后嵌入我们所谓的"个人"经验中。因此,波伏瓦将衰老比喻为"一束意向性光线",就像一束光线一样指向一个缺席的

---

① 西蒙·德·波娃:《论老年》第一部(台版),第 18 页。
② 同上书,第 14 页。

对象,这个缺席的对象就是"我",那个年纪大了,对自己不再有把握的人。

波伏瓦所说的看待衰老的外在视角即一种客体视角,将老年人归于一个特定的群体或社会类别。从外在的观点来看,老年人是次等人(subhuman)。退休后的老年人需要依靠国家的养老金才能生活。对一些人来说,离开工作岗位就如海明威所说的最糟糕的死亡,一个人"失去了构成他生命中心的、使他成为他自己的东西"。虽然并非每个人都认为职业身份构成了其自我认同,但依赖养老金的生活令他们十分沮丧。这种认为自己不再有用的日子是缺乏生气、令人难过的。社会号称是人类基于互利而建立的合作体系,它是由各个部分成员组成的整体,虽然人作为个体是分开的,但他们因相互关系的需要而团结在一起。但这种现代社会的想象对于老年人是不适用的。"老年人什么都不做。他被定义为存在,而不是行动。时间将他带往一个终局——死亡,但死亡并非他自己的目的,也没有被设立为存在的愿景。"①因此,老年人被社会中的劳动者视为"外来生物",他让人产生反感,被人遗忘在外。由于人老后不再为社会创造生产性的价值,老年人可能会被社会边缘化,这使得其需求不再能获得满足。波伏瓦反复强调说,社会创造的神话与它实际遵循的习俗之间通常有很大的差距。虽然许多社会声称他们尊重老年人,但实际并非如此。老年人作为非生产性的存在者,常被视为一个社会的负担。资本主义经济建立在利润之上,人只有在可以创造利润时才被当作是有价值的。当他不再创造利润时,他就被社会抛弃了。

就算能否创造利润不是评估一个人价值的唯一手段,老年依然可以使一个人贬值。这种贬值既表现在文化象征意义上,也体现在社会交往价值中,虽然男性和女性的衰老体验并不相同。老年男性可能为不再对社会有用而感到沮丧,女性的衰老体验则更加复杂,甚至可以说是喜忧参半的。波伏瓦在《第二性》中写道:"女人的历史——由于女人还封闭在她的女性职能中——相比男人的历史更加取决于生理上的命运;这个命运的发展曲线,比男人的曲线更受到阻碍,更断断续续。"②她用了很多篇幅描写老年人的性特

---

① 西蒙·德·波娃:《论老年》第一部(台版),第288页。
② 西蒙娜·德·波伏瓦:《第二性》,郑克鲁译,上海译文出版社,2015年,第761页。

征(sexuality)——青春期、性欲启蒙和绝经，每一个过渡都给女性带来生理和心理上的危机。男人是不断地衰老的，但因为绝经，女性似乎突然失去了她的女性特点。这凸显出女性的"第二性"：因为在男人看来，女人活着的目的是成为男性欲望的对象，而当她变老变丑时，她就失去了社会分配给她的位置：她变成了一种令人厌恶甚至令人恐惧的怪物。性别化的身体是个人处境的一部分，从女人承认变老的那一天开始，她的处境就改变了。这种改变虽然让人感到不快，但对女性自身来说反倒是一种解脱。她免去了社会施加给她的义务，不再关心节食和美容，也不必再为孩子而生活，衰老令她的形体产生变化，却意外地给她带来了自由。当社会赋予女性的性隐喻被消除后，女性变得孤独而衰败，但也正是在孤独老去的过程中，她再次得以拥有自己纯粹的身体。波伏瓦一针见血地指出："父权制给予一切女人的职能受奴役的面貌，女人只有在失去一切有效性时才摆脱奴役地位。"①她似乎暗示，女性比男性有更多的机会思考老年的意义，因为她们通常比男性寿命更长，习惯通过与他人建立联系来赋予生活意义，而不依赖工作获得社会地位。男性在老年不再承担任何社会职能，女性则继续从家务中获得满足感，同时不必像在生育时期那样为这些活动承担过多的负担。她十分擅长刻画由衰老所带来的存在状态的改变，这种改变尤其反映为我们内在的自我感知与外部世界对我们的认知之间存在的巨大差异。她说，"我们内在的他者"变老了，导致"我"对自身的体验与他人所看到的"我"之间存在令人不安的差异。在局内人看来，"我"还是那个"我"，但在局外人看来，"我"已经被降级了。老年人的处境在某种程度上和孩子的处境是类似的：成年人也不和孩子建立相互性。对待老年人和对待孩子的态度通常是类似的，他们都不被看作是理性的行动者，因此其意见也不被重视。但不同之处在于，由于孩子是未来的劳动力，所以社会投资在他身上，以保障他的未来，而站在社会的角度，老年人不过是被判缓刑的死者。②所以，老年比童年可悲，孩子被看作是有潜能的，而老年只是通往死亡的等待期。

① 西蒙娜·德·波伏瓦：《第二性》，第770页。
② 西蒙·德·波娃：《论老年》第一部（台版），第289页。

波伏瓦的《论老年》分为上下两部分。第一部分处理的是外在的观点，第二部分处理的是内在的观点。在第一部分，波伏瓦探讨了老年与生物学的关系，对待老年人的民族学证据，各历史时期社会中的老年，以及今日社会中的老年。在她看来，老化是一种复杂的变化，医学上将其定义为"人体组织的负面变化"①。这种变化使得疾病更容易找上门来，加速人的老化和死亡。但即便如此，每一个人并非以同样的速度老化，每个人对衰老的内在体验也是不一样的。波伏瓦遗憾地指出："作为社会一个范畴的老年人，却从来没有介入世界的运行。只要他仍保有活动力，他就能融入群体，而且和群体没有区别，也就是说，他是个男性成年人……一旦他失去活动力，他就属于'他者'，比女人更彻底地成了纯粹的物。女人对社会是必要的，老年人则毫无用处：他再也没有交换价值，既不能再生殖，也不能再生产，纯粹只是社会的负担。"②在一些资本主义国家，老年人被称为"无用的人"、"失败者"或"纯消费者"。部分老年人也认同这些负面的身份标签，将自身看作社会的负担。可以看到，"外在的观点"会对人施加一种社会监禁。从外部宣告一部分人（老年人）是无用的，在资源不足时放弃对他们的供养，在历史上很多社会——无论是农耕社会还是游牧社会——都出现过。波伏瓦考察了人类历史上不同时期老年人的地位：由于政治、宗教、习俗等原因某些社会的老年人可以享受一定的社会地位，但不同阶级的老年人晚年生活的差异很大，大部分老年人的处境仍然不乐观。老年人作为社会中被边缘化的群体遭到社会主流群体的厌恶，这种厌恶表达了对我们自身死亡的厌恶，它鼓励我们拒绝我们的脆弱性，并以此拒绝我们自己的动物身体。为了逃避这种令人不安的内部冲突，同时加强对我们死亡的否认，我们向外投射这种厌恶，从而将被边缘化的老年人作为厌恶的对象。"老年"除了可能引发人类对自身动物性的厌恶，也由于陷入有用或无用的对立而进一步遭到歧视。进入资本主义社会后，老年人的处境并未好转，因为资本主义社会将"劳动"视为人的价值所在，将不再劳动的人视为"废物"，这导致了老年人悲惨的处境。正如

---

① 　西蒙·德·波娃：《论老年》第一部（台版），第30页。
② 　同上书，第105页。

"养老"这个词所暗示的那样,"老年人"就是那些不再适合进行经济生产的人,需要社会抚养的人。年龄歧视与资本主义密切相关,因为只有当生产力是衡量所有事物的标准时,潜在的"生产力"较低的老年人才会成为问题。

二、认识老年的内在视角:衰老的存在体验

如果说波伏瓦对老年的外在视角的刻画指向了对资本主义制度的批判,那么她关于老年的内在视角的描绘则体现了更深刻的哲学追问,即对衰老的意义结构的反思。波伏瓦描述的衰老引发的存在体验的变化奠基于其存在主义的哲学思考之上。她关于衰老的存在主义现象学涉及人类生活的三个基本本体论结构:时间性(temporality)、人际关系中的物化(objectification)和与之相关的身体维度。首先,衰老最初作为个人变形(metamorphosis)出现在我们的面前;其次,这种变形涉及人习惯性的自我物化;最后,衰老不仅影响我们未来的视野,同样影响所有的时间记录,并最终影响生活时间的整个结构。

从存在体验上来讲,波伏瓦认为,变老的现象不是由任何渐进的恶化或缓慢的改变组成,而是由突发事件或一系列此类事件组成。更准确地说,衰老在经验上不是一个渐进的过程,而是一种出乎意料的发生,某一刻,我们突然意识到自己老了,这让我们大吃一惊。因此,在《论老年》的第二部分中,波伏瓦提供了一种与我们从生命和自然的经验科学中所知道的完全不同的衰老解释。衰老的人体并不等同于退化的动物有机体或植物生命。人类衰老现象有其自身的意义结构。在此,波伏瓦采取了与第一部分中社会科学方法不同的哲学方法。在社会科学的研究视角中,人主要是作为集体中的个体来加以研究的。而在此,波伏瓦从第一人称视角来解释衰老:她询问,这种变化是如何呈现或给予经历它的人的。其他人并没有被排除在这种类型的研究之外,但他们仅作为共同构成者参与意义的构成,而非直接决定我们每个人对自身老年的体验。作为共同构成者,其他人无法从外部决定我们。

在其重要的伦理学著作《模糊性的道德》一书中,波伏瓦引用了蒙田的

观点。蒙田指出,我们一生的不断劳作,就是建造死亡。动植物也会经历死亡,但只有人类知道并思考这种悲剧性的矛盾。一个新的悖论由此进入了人的命运。人这个"理性的动物""思考的芦苇",虽然摆脱了自然条件的束缚,但是还没有从中彻底解放出来。他仍然是他所意识到的这个世界的一部分。他一方面声称自己是任何外部力量都无法掌控的纯粹内在性,另一方面他也将自己体验为被其他事物的黑暗重量碾压着的存在。每时每刻,他都可以抓住自身生存的永恒真理;然而,在不复存在的过去和尚未到来的未来之间,他所在的这个瞬间却什么都不是。①所谓"模糊性"指的就是存在者的这种存在状态:一个存在者一方面是有意识的选择主体,一个能动的行动者,另一方面也是一个被感知的对象,任由其无法控制的力量摆布。所有人类都具有这种既是主体又是客体的模糊性。波伏瓦指出,以前的哲学家和他们提出的伦理学都是通过否定来接近这个悖论的。他们试图通过将人简化为心灵、内在性或永恒,或通过肯定感性世界、外在性和短暂性,来肯定这种关系的另一半。黑格尔以和解的精神来处理这一困境:自然本身可以通过其精神化来保存和改造。但所有这些哲学策略在她看来都是懦弱的行为。我们不应试图逃避人类处境的复杂性,而应该正视人类存在的真相。存在主义能够将自己定义为一种"模糊性的哲学"。这种"模糊性的哲学"把人类存在的否定性结构作为首要的结构,它关注的首先不是美德、智慧、欢乐这些好的面向,而是邪恶、失败、腐朽这些坏的可能性。作为人类状况的一个方面,我们不仅要面对不可避免的失败,而且要完全否定我们的存在。这就是死亡的必然性和终结性。作为死亡的前奏,衰老的危机加剧了我们存在的这种必要的模糊性,这是一个先验的事实,即我们一方面通过自身独特的观点和感知直接给予自己,另一方面通过他人的眼光这一中介的视角不断给予自己。这种双重给予性加剧了我们内在的确定性和客观知识之间的认知张力。②如此理解,衰老是从一种存在状况到另一种存在状况的过渡,这两者都涉及本体论和认识论的二元性:一方面,我们直接认识自己;但由

---

① 西蒙娜·德·波伏瓦:《模糊性的道德》,张新木译,上海译文出版社,2013 年,第 2 页。

② Simone de Beauvoir, *The Ethics of Ambiguity*, Citadel Press, 1949, p.1.

于我们与他人的关系,我们也通过主体间的中介了解我们自己。这种复杂的结构会随着年龄的增长而发生变化。

这种变化首先发生在我们的身体上。波伏瓦用了一种令人费解的说法来说明老去,她说,是"我自身中的他者"变老了,在"我"身上变老的方面是给予他人并主要为他们存在的方面。这种解释似乎是说,变老只是迎合社会加之于"我"的老年身份;但波伏瓦又说,他者就是"我"自己。这是由于"我"的具身性(embodiment)以双重维度给予"我":"我"既是别人眼中的他者,也是"我"眼中的自己,且两者不可分。虽然"我"对自身衰老的体验与外界对"我"的指认并不一定同步,但"我"常常屈服于外界对"我"的规定,让自己成为他者。"我"相信别人说"我"老了,所以不再尝试新的可能;或者"我"通过各种方式来阻止自己"变老",不让外界认为"我"老。

衰老除了给我们的身体带来变化,也使得我们经验的时间视野发生变化。人们通常会认为,老去意味着过去的增长和未来的缩水,但在波伏瓦看来,老去对过去和未来的改变是相似的,都是消极的:曾经开放的未来现在封闭了,曾经轻盈的过去现在变得沉重了。老年人陷入两种时间困境中:一个受限的未来和一个僵化的过去。受到萨特的影响,波伏瓦指出,衰老带来了未来视野的封闭:对于孩子来说,未来是没有限制的;对于青年人来说,未来是充满各种可能性的无限的疆域;对于中年人来说,未来是一个接一个不确定的任务;但对于老年人来说,未来失去了它的延展性,生命变得有限,且他的每时每刻都受到那个最终的确定性(即死亡)的制约。未来的封闭也会影响到过去,因为随着我们未来的计划缩减,我们也难以与过去取得联络。为了追寻我们的过去,我们需要通过未来的计划将它与现实捆绑,但衰老和死亡使得我们生活的叙事结构崩塌了,我们的过去也就在生命的最后阶段崩溃了。例如,一个爱好跑步的人以每年参加马拉松比赛作为标记自己生活历程的事件,但身体的老化令他无法将跑马拉松延续下去,那么,他就无法通过跑马拉松将过去的经历延展到未来,他的过去成了回忆,变得模糊不清和日渐沉重。在波伏瓦的第一人称视角下,过去不是按长度延伸,而是发生了质的变化。它变得沉重,失去了灵活性并屈从于默默无闻。沉重的比喻比长度的比喻更精准地描述了衰老的体验:没有开放的未来的支持,活生生的现在无法承受过去巨大的重量。因此，当未来的地平线即将关闭时，生活的整个时间结构都会颤抖。

波伏瓦对老年的悲观描述与她对女性气质的刻画是分不开的。在《第二性》中，波伏瓦反复询问的问题是，究竟什么是女人？她的著名表述是，一个女人不是生来就是女人，而是变成了女人。女人作为男人的他者而存在，这意味着，男性被视为人类的标准，而女性被看作有缺陷的或不完整的男性。做一个女人严格来说不是一个人可以选择的事，但作为一个女性却不得不遭受由这一性别身份带来的种种限制。通过将女性限制在低于男性的他者的角色，现代社会可以阻止女性进入那些男性活动的范畴。因此，波伏瓦想要表明，作为女性这一事实限制了女性的自由。这种限制也进一步体现在年龄对两性的影响上。在她看来，男人是不断衰老的，而女人则由于绝经突然丧失了女性特点。老年妇女不再被视作女性，因为她已经失去了那些成为女性的特质，青春的身体、生育的能力、被男性欲望的可能性等。因此衰老对于女性而言尤其残酷，它像是生物学死亡之前的社会性死亡，尽管这种死亡在一定程度上令女性从其社会角色的束缚中解脱出来。波伏瓦在《论老年》中谈论的主题在很多方面都与《第二性》相呼应。例如，她在《第二性》中宣称，女性被男性推入了他者的角色。男性将自己视为规范，并通过将女性定义为男性所不具备的一切来构建自己的身份。在《论老年》中，波伏瓦指出，老年人也被推入了他者的角色中。在这两部作品中，她都在质问，我们应该如何理解本体论自由（ontological freedom）与社会边缘化（social marginalization）之间的关系。波伏瓦认为女人是他者，老年人也是他者，甚至老年人的他者性（otherness）更强。女人和老年人的边缘化在经济不平等、就业排斥以及被贬低的象征（representations）体系中是显而易见的。她用"性"和"年龄"来论证说，不存在单纯的生物学事实，生物学事实总是与历史的、社会的、心理的事实糅合在一起发挥作用的。例如，从因衰老而无法攀爬或遭受生理期经痛的经历中，人们无法将这些生理状况与老年人和女性的他者性区分开。在此意义上，波伏瓦指出，我们的身体（经验）总是社会的。如果女性是一种处境，那么老年也是一种处境，是一种受限的、不自由的处境。所有这些因素的综合，导致她生发出"老年人"在西方社会中的悲观论调。

三、存在主义视角下的自由探寻

作为 20 世纪四五十年代出现的一种哲学思潮,存在主义认为人类的存在没有预先确定的意义。我们每个人都可以自由地来选择我们在世界上的行动。每个人都肩负着在世界上寻找、揭示和创造意义的重任。作为存在主义的哲学家,波伏瓦十分重视我们的本体论自由(内在的观点)与社会自由(外在的观点)之间的深刻张力,因为这一张力在老年人那里体现得尤为明显。她提出了一个哲学框架,根据这个框架,人们可以说,道德或实践自由对本体论自由的冲击是可能的。她不停地追问,我们本体意义上的自由是如何被社会不平等所改变的。如果一个人的肉身变化所带来的社会地位的变化导致她体验世界的方式是"不能",那么,她本体论的自由地位就被改变了。社会不平等导致了一部分人的社会不自由,并产生出处处受限的身体,从而影响了人的本体论自由。但她相信,人既是自由的、超越的存在,又是处境中的存在,人应该不断超越处境的限制,彰显自身作为自由存在者的价值与尊严。波伏瓦写道,对人来说,存在意味着存在于时间中。随着岁月的流逝,我们的未来越来越短,我们的过去却越来越沉重。在衰老的过程中,"过去的重负"会让人放慢脚步,甚至会让人陷入一种停滞不前的状态;摆脱过去并向前迈进变得更加困难。年轻时,我们做着梦并着手将它付诸实践;年老则让我们意识到我们所追逐的梦终究是镜中月、水中花。我们的年纪越大,实践-惰性的重担就越是压在我们身上。[①]但波伏瓦并没有得出结论说,一切都是虚空。如果是这样,除了等待死亡之外我们别无他法。虽然她并不认为生活包含任何被设定的目的,但这并不意味着它不能致力于某种主动选择的目的。这些目的包括对人类有益的追求,人与人之间也可能存在完全真实的关系。只要我们祛除了幻象,就会发现最真实的仍然是我们彼此之间那种天然的关联。在她看来,唯一可以令我们摆脱老年生活无意义的途径,就是继续追求使我们的生活有意义的目标——致力于为个人

---

① 西蒙·德·波娃:《论老年》第二部(台版),邱瑞銮译,漫游者文化,2020 年,第 125 页。

的或集体的事业做出创造性的贡献。无论年轻还是年老,我们都面临着类似的任务,即调用我们的内在资源,为我们的生活创造意义,并与他人建立真诚的联系。存在主义者所追求的,正是从存在的虚无中创造生活的意义。

　　从波伏瓦这里,我们能隐约看到萨特的存在主义思想对她产生的影响。萨特认为,人的主体性是虚无,是自由,是诸多可能性的集合,而不是任何一个现成的东西。所谓"存在先于本质",意思是不存在任何先定的、一成不变的本质。人要通过不断的选择和行动来回答"我是谁",这才是自由。这种选择和责任是绝对的,因此我们面临的负担是沉重的。萨特同时看到,作为自为的存在,人永远寄居于身体内并通过身体加以表达。身体定义了"我"存在的中心;只有成为一个身体,才有可能拥有视角、存在和个性。我们的身体具有二重性,即身体既是世界之中的对象,又是由意识所直接经历的东西。"我"的身体是"我"在朝向世界的意念中超越和超过的东西。"我"永远通过"我"的身体来感知世界并与世界产生关联。因此,身体既是自由的基础,也可能成为"我"追求自由的牢笼。萨特的这一思想不仅影响了梅洛·庞蒂,也深深影响了波伏瓦。波伏瓦也认为,身体的状况影响着我们对世界的体验。但她同时指出,身体并非自然,身体是被社会建构的,因此我们的身体经验也存在社会性的一部分。当社会赋予肉身负面的含义大过其正面的含义时,身体就可能成为人追求自由的禁锢。衰老是一个自然过程,但其被赋予的社会含义造成了老年群体的身份认同危机。在衰老被"污名化"的社会语境下,老年人遭受贬低和蔑视的体验,使其身体成为被监控和规训的对象,无法对衰老这一人生阶段泰然自若。老年人要想拥有身体的自主和更好的存在体验,就需要从被他人"凝视"的身体中解放出来,成为自我反抗的主体。即便年老,人也依然可以追寻自由,选择反抗外界对自身的"污名化"。波伏瓦一方面从存在主义吸取养分倡导人的自由,另一方面则批判由社会陈规造成的种种不自由。否定人的可能性,给他人造成受限的处境,在她看来是不道德的。波伏瓦关心在此情况下人们相互之间应负有何种道德责任。她指出,老年是一种"正常的异常"(normal abnormality),任何活得足够久的人都必然会体验它。我们总是旁观他人变老和死亡,并试图将自己从生与死的进程中剥离出去,但终究没有人可以逃脱老去和死亡的宿命。那么,一个社会应当如何对待老人呢? 答案很简单:他总是必须被当作人来对待,也就是说,被当作一个自由的主体来对待。我们相互之间也肩负着尊重这一伦理责任。

第四节　理解老年问题的伦理视角缘何式微

波伏瓦提示我们,在西方文明史上,除了古希腊的西塞罗,几千年来再无其他人专注探讨老年主题,对老年的思考只散见于各专门学科著作上,或点缀在文学作品的字里行间。西方社会只关注死亡,不讨论老年。在他们的眼里,死亡将生命转化为命运,具有悲剧美感,老年则只是对生命的滑稽模仿。由于老年是不受欢迎的人生阶段,它代表着衰老、消亡、退化等消极的状态,因此"老年"难以成为西方哲学关注的主题。这种忽视和轻视老年的倾向也体现在西方伦理学的传统中。

在《道德运气》的第一章,伯纳德·威廉斯(Bernard Williams)对西方道德哲学的主流传统发起了抨击。他批评功利主义和康德主义对道德的抽象理解无法容纳品格和个人关系的重要性,认为这种理解错失了道德哲学的真问题,即"我应当如何生活"的问题。在他看来,这一古代伦理学的核心关注被现代的道德哲学家们所遗忘,他们转移了道德哲学的关注点,即从关注"什么是好的生活"转向了"什么是行动的正确准则"。在这一转向中,功利主义者走得比较远,它发展出一种理解道德行为的非个人视角,在这一视角下,一个行动由谁来做,如何做都不是最要紧的,最要紧的是创造出客观意义上最好的事态。在这一转向的影响下,西方道德哲学的重心已经从关注"什么样的生活是值得过的","为了过上这种生活,我应该成为什么样的人"转向了"我应当如何行动以使我的行动准则能被大家认可"或者"我应当如何行动以创造出最好的事态"这样的考虑。

威廉斯敏锐地捕捉到了伦理学视野的古今之变,这一变化集中体现为:在现代社会,古典伦理学关于好生活的理解让位于规范伦理学关于行为规范性的追求;古典的德性伦理学让位于与资本主义工业化生产相适应的功利主义。功利主义是解决以工商业为主导的世俗社会的幸福而产生的伦理学运动,对效用最大化的追求使得功利主义把价值赋予事态,而忽视了个人的道德完整性和个人对生活意义的追求。受到功利主义的影响,理解好生活或人生意义的内在视角被评价人的有用性的外在视角所取代。每个人生活的独特性和特殊性被抹去了,他的人生价值或意义主要根据这个社会所认可的那种通用标尺——通常是收入或社会地位这类指标——来加以衡量。在功利主义的视角下,衰老是一个可悲的过程,因为步入老年意味着丧失生产力,意味着无法为社会创造财富。老年人是缺乏价值的,因为他们过多地消耗了医疗资源和社会财富,却无法为社会增加新的价值或效用。功利主义的积聚性冷漠在人际间进行功利比较和计算,无法容纳古典伦理学理解好生活的内在视角,因此,从功利主义来审视老去的意义几乎全是负面的。

　　除了功利主义,占据西方伦理学主流传统的另一支,即契约论的传统,也很难处理老年生活所面临的伦理问题。传统的契约论理论家都假定,签订契约的主体是能力上大致平等、能够进行富有成效的生产活动的男性。他们区别于无生产力的女性、儿童和老人,尽管订约各方可能会考虑到这些人的利益。由于社会契约假定签订契约的是理性、独立、平等的个体,即个体不会处于任何他人的控制之下,或者不对称地依赖任何其他人,这就意味着儿童、老人,甚至某些不参与社会生产的成年女性无法被包含在内。女哲学家玛莎·努斯鲍姆指出,这一理论没有为那些生命中的大多数时间或整个生命与其他人相比在生产力贡献上极端不平等的人,或那些生活在严重不对称的依赖状况中的人留有空间。契约论假定签约各方能力的大致平等,是为了证明他们的合作是公平的和互利互惠的,但它没有考虑到某些依赖性的群体和支配性的群体之间能力与权力的不对称,以及由这些不对等的人类关系所产生的伦理问题。[①]

　　与功利主义和契约论伦理学相比,德性伦理学对老年人的看法相对更

---

　　① 玛莎·努斯鲍姆:《正义的前沿》,陈文娟、谢惠媛、朱慧玲译,中国人民大学出版社,2016年,第23页。

加友好,这是因为德性伦理学关注德性与好生活的内在关系。例如,斯多葛派的哲学家西塞罗认为,衰老是不可避免的,我们对它无能为力,唯一避免这种痛苦或不幸的方法是培养自我的智慧与美德。儒家伦理中的德性论也持有类似的看法。儒家伦理认为,一个人尽管难以避免身体的老化和衰退,但他可以在时间中通过积极的自修而获得一种内在生命的丰厚与精神的自由。一个有德性的老者比起缺乏经验的年轻人在应对生命的各种挑战时会更加得心应手。他会比犹豫不决的年轻人更坚定地投入自己所认定的事业中,对自己的生活感到更加满足。德性伦理学号召我们关注使一个人的生活值得过的内部要素而非外部物品,这使得老年这一人生的特殊阶段也有可能凭借德性的创获和经验的积累而富有意义。但若过度重视德性这一内在要素,忽视好生活所需的外部条件,也会带来一些隐忧。例如,并非所有老年人都享有很高的德性,或者,随着他们身体机能的衰退,他们发挥其德性的空间和可能性变得越来越小,那么,这样的老年生活还值得过吗?

为了回应老年阶段所特有的脆弱性,我们走向了关怀伦理学。关怀伦理学所设想的道德主体不是完全独立、自足的理性存在者;相反,关怀伦理认为人既是独立的,也是依赖的,既拥有理性,也是情感的动物。我们所有人在生活中的不同时期都处于依赖和脆弱的状态,这是成为人类的重要事实。随着年龄的增长,这种可能性会逐步变成现实。无论我们多么努力地照顾自己,我们的身体都会衰老,因此,我们需要受到他人的照顾。良好的照护使得一个社会可以正常运转。如果没有人照顾我们,那么谁都不可能存活。关怀所切中的正是我们每个人存活与繁荣最真实的需求。由于关怀要在关系中或通过关系建立,所以它是在两个人或更多人之间发生的事情。女性主义者认为,母亲和孩子之间的互动很好地表征了关怀的样貌。关怀关系也存在于教师与学生、医生与患者,甚至人类与动物等多种不对等的伦理关系中。关怀令我们专注于他人、信任他人、从他人的立场理解情况,以一种关怀意图作为适当的动机,对被关怀者的需要从情感上保持敏感,在此基础上提供关怀,并在关系中参照被关怀者的回应调整我们的关怀实践。因此,它不是一项随随便便的活动。它需要关怀者有能力,有专注力,有情感的投入,以及对被关怀者需求的敏感性,并且对滥用权力的可能性保持谨慎。在关怀伦理学的视角下,老年群体因其特殊性而尤其值得关怀和关注。老年群体的脆弱性是多方面的,既有疾病的困扰和身体机能的退化,活跃的人际关系和互动的减少,又有随着信息社会的到来对智能技术和网络社交的不适应。这既需要政府和社会关注到老年人群的特殊需求,为他们提供所需的社会支持,也需要家庭成员为老年人提供面对面的、个性化的关怀与帮助。关怀的目的不是否认老年人的自主性,而是为其施展自主性创造条件,让他们能够有尊严地享受老年生活。

我认为,将德性伦理学与关怀伦理学相结合,会为我们提供一个思考老年问题最佳的理论框架。其中,前者专注于老年人的自修以及这种自修为其生活做出的伦理贡献,后者则侧重于思考如何为老年人过上有尊严的、幸福的老年生活创造伦理条件。只有两者相结合,老年人才有希望实现其美好生活的愿望,因为好生活的实现既需要内在的伦理美德的奠基,也需要外在的伦理条件的加持。在中国的文化语境中,将德性的追求与关怀的诉求结合得最好的是儒家伦理学,儒家伦理学一方面强调通过修身养性来获得内在生命的丰厚与品性的高洁,另一方面它又倡导以"孝亲尊老"来回应老年阶段的依赖性和脆弱性。对于儒家而言,人可以"从自身的脆弱性当中感受到他人的脆弱性,从而根据人同此心、心同此理的原则,推己及人,关心关怀他人,为他者承担道德责任"[1]。此外,儒家所提出的"学"(积极自修)与"孝"(孝亲尊老)可以有效地帮助我们应对年老所面临的伦理困境。它提供了一种理解老年的伦理视角,根据这一视角,人是一个有待完成的存在者,老年可能通向伦理生活的成熟阶段。对于儒家来讲,伦理道德与人生一同成长,在人生的不同阶段,人的德行也表现出不同的状态。老年人一方面可以凭借德性对生活意义的贡献而享有尊严,另一方面在整个社会的关怀和家庭成员的照顾下他们可以获得充分的尊重,从而过上了伦理意义上的好生活。因此,我们有理由认为,相比西方主流的伦理学理论,儒家伦理学为我们思考老年问题提供了一个更好的理论框架。

---

① 吴先伍:《儒家伦理中的脆弱性问题——以孔子答宰我问"三年之丧"为例》,《华东师范大学学报》(哲学社会科学版)2022年第3期。

第二章　老年的体验

　　"老"是一种什么样的感受呢？莎士比亚在《皆大欢喜》中有一段台词刻画了人生的整个过程：人生就像一出戏。"最初是婴孩，在保姆的怀中啼哭呕吐。然后是学童……第六个时期变成了精瘦的龙钟老叟，鼻子上架着眼镜，腰边悬着钱袋……终结这段古怪历史的最后一场，是孩提时代的再现，全然的遗忘，没有牙齿，没有眼睛，没有口味，没有一切。"电影《困在时间里的父亲》中安东尼·霍普金斯饰演的父亲就经历了这样的轮回。女儿因为新的生活计划要搬去巴黎，随着他的阿尔茨海默病变得越来越严重，他最终被女儿送入有专人护理的养老院。在陌生的环境中，安东尼呼唤着女儿，却被告知他和女儿早已分隔两地。他颤颤巍巍地走着，一边哭一边喊着，"我要找妈妈，我要离开这里"。他已经忘记了自己的年龄，忘记了自己何时被送入养老院。阿尔茨海默病让他逐渐丧失了记忆，他的时空经验是错乱的，他剩下的只是生命开初那种对安全感的渴望，妈妈就是他安全感的来源。一个人在生命的尾声所呈现出的样态竟然和生命的开初如此相似。片尾的镜头对准了窗外郁郁葱葱的树，正好应了安东尼的那一句"我的树叶都掉光了"。要知道，每一位老态龙钟的父亲都曾年轻过，像窗外的树这般充满活力，但无奈都会老去，像掉光树叶的枯枝，失去自我，不复存在。

　　葛文德医生在《最好的告别》中描述了衰老给人们带来的负面体验。

"高龄老人告诉我,他们最害怕的并不是死亡,而是那之前的种种状况——丧失听力、记忆力,失去最好的朋友和固有的生活方式。"[①]在现代医疗条件下,凭着良好的生活习惯和自律控制,人们可以在很长一段时间内掌控自己的生活。但是,身体机能的衰退是一个不可逆的过程,当机能的退化与身体的病症累积到一个点时,我们就没有能力独自应付生活的日常要求了。这就是衰老,它会让人产生一种不安的无力感或失控感。它使得我们的生活质量降低,生命缓慢艰难地挪向终点,人们不得不面对来自死亡的威胁。年老只会给人们带来负面的体验吗?并不尽然。89 岁高龄的英国哲学家罗素参与了呼吁核裁军的游行,杨绛先生在 92 岁时写出了感怀人生的《我们仨》,日本漫画家宫崎骏在 83 岁时还拍摄出漫画电影《你想活出怎样的人生》。很多人大半辈子忙忙碌碌,心里只有父母、伴侣和孩子,从未真正考虑过自己,反倒是在变老后,有机会去做自己想做的事。著名的摩西奶奶在 70 多岁时,丈夫去世,孩子长大成人,于是她终于有机会完成内心的愿望,开始画画。在她人生的最后十年里,她的一些画作市场售价高达 10 万美元,还有画廊为她举办了个人画展。这些例子表明,年龄并不构成我们积极生活的障碍,人们有望在老年享有相当高水准的物质和精神生活。随着社会的进步,生活水平的提高,人们健康意识的增强,越来越多的老年人有可能在晚年获得更好的生活质量,从而有机会去追求更有价值的人生。当然,由于社会的分化和个体的差异,不是所有的老年人都能拥有这种机会,低龄老年人和高龄老年人面对的挑战也并不相同。

在本章中,我将从心理学、哲学等不同学科视角来探讨老年的体验。对于我们这些尚未老去的旁观者,只有对老年的体验略有了解,才能试着理解身边的老年人,知道他们生活的处境,懂得他们的担忧,了解他们的需求。由于"老"是每个人的宿命,老年人是未来的"我们",所以善待老年人就是善待我们每一个人,尊重老年人就是无论其能力如何始终将其视为目的来对待。让老年人拥有幸福的晚年,后来人就有可期的未来。

---

①　阿图·葛文德:《最好的告别:关于衰老与死亡,你必须知道的常识》,彭小华译,浙江人民出版社,2015 年,第 52 页。

第一节　心理学视角下老年的体验

当我们将一个人描述为"老年"时,通常是指该人已经到达一个较高的生活阶段,而且他的健康或能力正在下降。衰老不仅是年龄的问题,还意味着人不可避免地开始走下坡路,直至死亡。现代工业社会通过退休制度来划定老年,但这种外在的界定不能准确反映不同个体变老的速度和表现。尽管如此,从生物学的视角来看,老龄化是一个不可逆转的过程,它包含了所有器官变化的过程。人每天变老的迹象微乎其微,但这种退行性的过程是循序渐进且不中断的。人类器官的累积性变化是特定器官的功能逐渐衰退所造成的。很多老年病人的病情及其护理结果主要并不取决于其创伤和感染,而是更容易受到随着年龄增长出现的那些身体隐患的影响。也就是说,与年龄相关的症状与慢性病共同积累的影响更大。当这些症状和体内各个器官的普遍退化结合到一起时,这些年老体衰的病人就容易在遇到感染、癌症,甚至是轻微的摔伤时,变得脆弱不堪。现在,医学越来越多使用"虚弱"这个词来描述这种状况。

虽然衰老及其带来的衰退是大部分老人将会经历的事情,但一些哲学家认为,描述这种经历最可靠的办法不是从外部通过各种指征来刻画,而是从内部去"体验"这种衰退。波伏瓦曾经描述过疾病对老年生活带来的不利影响。她回忆了萨特的母亲被风湿症折磨的经历,并写道:"即使老人逆来顺受地承受,这些病痛仍然横亘在他和世界之间。这些病痛是他为自己大部分活动所该付出的代价,因此他不能听凭自己随性行事,不能听从自己一时的冲动,也就是说他会先问问自己后果会如何,他被迫做出选择。"[1]这是老年人与青壮年的一个主要区别,老年人容易遭受疾病的折磨,他们的身体机能下降,导致他们行动受限,这令他们想要维持以往的生活方式变得困

---

[1]　西蒙·德·波娃:《论老年》第二部(台版),第35页。

难。他们不得不做出取舍,为了满足一些活动需求,他们必须忍受疼痛。例如,为了享受美好的一天而散步,他们就得忍受回家后的双腿酸痛。洗澡更衣,则可能受到关节炎的折磨,而且需要旁人的帮助。为了尽可能地依靠自己,他们只能无奈放弃一些活动,或者使用助听器、假牙、眼镜、拐杖、轮椅等辅助工具。积极乐观的老人会调整自己的心态,通过辅助机械或护理者的帮助,继续参与到与世界的互动中;而悲观无助者则可能走向自我封闭,拒绝接受他人的帮助,通过自我放弃而迅速老化。

衰老和疾病让一个人感受世界的方式发生了巨大的变化。在美剧《柯明斯基理论》中,桑迪去探访他生病的老友诺曼。诺曼说:"每天早上我醒来第一件事情就是想,今天我身体的哪部分又出问题了?"为了安慰他,桑迪坦白了自己的隐私:"有时候,我笑得太厉害,会放一点屁出来。"诺曼不屑地看了他一眼,说:"你还年轻。等你到我这把年纪试试,我打个喷嚏都能听到髋部的咔嚓声,感觉有什么异物松掉了。""是啊,我们都是一艘正在缓缓沉没的大船上的乘客。""你的船还挺慢。"诺曼说,"我的船像是泰坦尼克的船尾正在往上翘。"两位老人看似幽默的对话背后是对衰老深刻又无奈的亲身体验。"老"会给人带来何种感受?身体的分崩离析、失去所爱和梦想,并可能受到来自文化的各种疏离与排斥。"老"意味着你开始努力保持过去的自己,却徒劳地发现自己无法再拥有曾经为你提供自我意识的外表和活动了。在昨夜的梦中,你还是那个心怀梦想侃侃而谈的少年,可在今早的镜子里,你的脸上已布满了皱纹。衰老带给人的恐惧不光在于生理的不适逐渐增多,还在于你无法抹去时间在你身体上留下的痕迹,比如昨日干净的脸庞今天忽然长出黄斑,更在于"自我厌恶"情感的出现,你开始怀疑自己存在的意义,甚至思考是否应该趁着自己还能选择,尽早走向死亡。变老是个漫长而隐秘的过程,一个人步入老年与其说是突然转变,不如说是悄然跨过了一系列模糊的门槛,而这种转变往往是由局外人首先注意到的。当院子里的小孩开始叫你爷爷奶奶,而不是叔叔阿姨时,这种来自他人的提醒,就像当头一棒,让你猛然惊觉。你发现和年轻人之间隔着的已不仅仅是岁月,而是全然不同地看待世界的方式。你感到,你在过去生活中所认同和遵从的价值观,在当前社会已经不再占据主导地位。在这种情况下,你要么将新的经验整合进你的同一性，要么你不得不承认自己过去的经验已经失效。

一、埃里克森的生命周期理论

大多数的文学和影视作品喜欢从"丧失"这一视角来描绘老年，但在心理学的视角下，尤其是在生活史视角下，老年只是人生的一个阶段，有其独特的优势和劣势，也有其需要面对的挑战。我们不应将老年视为个人生活的一个孤立阶段。相反，它是生命历程的一部分，意味着嵌入社会制度和历史的一系列与年龄相关的转变，如果没有其社会和历史背景，我们就很难理解老龄化的过程。老年人不会"自然地"经历生命的"自然"阶段，而是其生命历程的积极推动者。以同一性研究闻名的心理学家埃里克·埃里克森及其研究团队在关于老年的研究中写道，随着寿命的延长，"从现在开始，老年期就必须是有规划的，即成熟的中年人必须开始意识到并一直明白，前面还有很长的生命之路要走。如果老年人能以某种方式圆满地、按顺序地体验生命前期的几个阶段，那么他们就可能形成贯穿一生的积极参与，对于寿命很长的老人来说，余生就取决于这些积极参与"①。换言之，一个人只有顺利地完成了不同生活阶段的任务，将其生活史贯穿于其生命周期中，他才有可能在老年形成存在主义所说的那种整合感，从而获得不朽。埃里克森的生命周期理论将老年作为一个独特的阶段单列出来，正是在这个阶段，人的生命走向了完成和终结。他指出："正是在人生最后的这个阶段，个体的生命周期得以完成自身完整性的融合，最终将成熟的希望、意志、目的、能力、忠实、爱和关怀整合为一种综合意义上的智慧。在某种程度上，个体在一生的经历之后预见到老年的最终结局，他们体验到'虚无'的存在性恐惧；与此同时，随着时间的推移，他们也全身心投入将行为和局限、选择和拒绝、基本的优势和劣势不断进行整合的过程，也就是'我'在世界上的意义的过程。"②

埃里克森以生命的心理社会阶段表来说明在人生的不同心理社会阶

---

① 埃里克·埃里克森、琼·埃里克森、海伦·克福尼克：《整合与完满：埃里克森论老年》，王大华、刘彩梅译，中国人民大学出版社，2021年，第2页。

② 同上书，第35页。

段,通常会出现两种看似相互对立的发展倾向,即和谐的和异常的倾向。他指出,积极参与的程度取决于二者之间的平衡状态。①老年人能否恰当地努力以处理整合与绝望之间的张力,在很大程度上取决于他们在早期的心理社会张力中取得的符合年龄的平衡状态,也取决于当下他们如何对业已形成的各种基本力量所具有的全部可塑性和韧性进行再次的合成。②一个人想要在老年期获得智慧,需要在他人生的每一个阶段对这两种相异的倾向进行整合,力图达成平衡,使得整个生命周期浑然一体。这种看法将老年的成功与其在早期的生命阶段进行的整合联系起来评估,从而支持一种生命周期的连续性理论。

值得注意的是,埃里克森的生命周期理论并不是一种简单的生物学观点。虽然他深受弗洛伊德的影响,强调自我发展的动力有其生物学根源,但他对人的同一性的理解是社会化的。他十分重视自我与环境、个人与社会之间的相互作用和依存关系。在埃里克森的同一性理论中,人的进化虽然体现出自我发展的先天时间表,但在解决每一生命阶段的特定任务时,又受到社会环境对自我的要求产生的影响。当然,埃里克森在其理论中较少谈到不同社会制度对不同年龄段的人解决其同一性危机施加的影响,这体现出其理论视角的局限性。

二、埃里克森论老年

老年是埃里克森生命周期理论中的最后一个阶段,只有在这个阶段,前七个阶段的果实才逐渐真正成熟。整合(integrity)这个词没有明确的定义,但有其特性。"首先,这是一种情绪上的整合,是自我倾向于秩序和意义应有的保证,体现为对过去经历的忠诚,和对现在主导权的放任。其次,这是个体对自己唯一生命周期的接受,同时,也接受了有些人对自己而言是有重要意义且不可替代的,他们继续保持着对儿女的关心与爱护,却不过度依赖

---

① 埃里克·埃里克森、琼·埃里克森、海伦·克福尼克:《整合与完满:埃里克森论老年》,第 17 页。
② 同上书,第 22 页。

表1　生命的心理社会阶段①

老年期							整合 vs 绝望 （智慧）
成年期						繁殖 vs 自我贯注 （关怀）	
青春期					亲密 vs 孤独 （爱）		
青少 年期				认同 vs 混乱 （忠实）			
学龄期			勤奋 vs 自卑 （能力）				
游戏期		主动 vs 内疚 （目的）					
童年 早期	自主 vs 羞愧 （意志）						
婴儿期	基本信任 vs 基本不信任 （希望）						

他们，他们想让儿女陪在身边，却也明白子女也有自己的生活。因此，也可以说，整合意味着父母新的爱的方式。最后，自我整合完成的人依然时刻准备着保卫生命的尊严免受一切经济和身体上的威胁，因为他知道，一个人的生命不过是一个生命周期与一小段历史的巧遇，仅此而已。若个体顺利度

① 埃里克·埃里克森、琼·埃里克森、海伦·克福尼克：《整合与完满：埃里克森论老年》，第19页。

过前期各阶段,回顾过往,心中满是充实与完善感。他们也无惧死亡,在向人间告别时会觉得此生无憾。相反,若是在过去生活遭遇过挫折与困难,而今处于人生的终点,再开始已为时过晚且精力也有限,回忆过往,不过是满目遗憾,倍感失望与荒凉。"①

　　在埃里克森看来,人在老年期主要受到两种经验的塑造:一种是整合感,即持久性的综合;一种是绝望感,即恐惧和无助。整合感带给人一种和谐倾向,它通过克服绝望感来获得智慧。"智慧是直面死亡,对生命本身的超然关怀。虽然身体和心理功能在衰退,但智慧仍然存在并不断学习如何将经验整合并传递出去。"②老年期是一个对人生进行回顾的过程。这个阶段的个体通常已经退休,他一方面反思他所过的生活,另一方面为不可避免的死亡做准备。当人接近死亡时,他面临着对其整个生命的评估以及对其人生的接受。老年期与其他生命阶段最大的不同之处在于,死亡在逼近。一方面,死亡的逼近让老年人感到绝望,让他对未来感到忧虑。为了尽量与死亡的终极命运相妥协,他意识到自己正尽一切可能忽视它的存在。另一方面,老年人也在这个阶段积极促进与命运的和解。他可能会在心态上变得更开放,乐享不同的看法和观念。他也可能从其同伴的衰老中获得安慰,接受自己的老去,并在余下的时光中去做一些自己想做的事情。他还有可能在子孙后代的生命中得到慰藉,将其视作自身未来的延续。这些努力对埃里克森来说都是老年人整合其生命经验获得人生意义感的尝试。"老年期的任务不单单包括维持有意义的人际参与和活动参与来重申生命的价值,即,强调心理社会的力量,也包括慢慢接纳死亡终会来临这个不争的事实。"③对于老年人来说,葬礼从一个不寻常的事件转变为一个有规律的和可预测的事件,参加与之相关的仪式成为他生活中的寻常之事。这不禁会令他担忧,"下一个是否会轮到我"。年轻人通常不会花太多时间去思考死亡,而到了年老的时候,很多人发现自己身边的朋友一个接一个离世。因此,一个人到了老年就免不了生出"时间不多了"的唠叨。虽然变老并不一定意味

①　牛海群、郭本禹:《埃里克森对自我心理学的贡献》,《南京晓庄学院学报》2021 年第 3 期。
②　埃里克·埃里克森、琼·埃里克森、海伦·克福尼克:《整合与完满:埃里克森论老年》,第 20 页。
③　同上书,第 41 页。

着一个人的健康状况恶化,但它带来了一个可识别的衰老过程,一个不可逆转地走向死亡的过程。

对于普通的老年人来说,如何在生命的最后阶段继续完善自我、发展人格、适应环境,具有极大的现实意义。其核心任务就是要解决好自我整合与绝望的矛盾,在面对可能使自己感到绝望的压力和丧失时,必须成功地协调和整合多种系统,汇聚多侧面的信息来调整自己的行为与情绪,保持统一性、成就感,肯定自我的意义并由此发展出一套灵活、开放和运用自如的处事原则,在顺应自然的同时也保有自我个性的特点。① 一方面,获得整合感的人的特点是自我接纳和宽容他人,并对自己的生活感到满意。这些人在他们的生活中找到了意义,觉得他们已经实现了重要的目标,并在死前获得了平静。对某些人来说,整合可以被体验为超越,对另一些人来说则是生存危机的解决。另一方面,没有获得整合感的人会陷入绝望,这些人感到他们无法实现自己的人生目标,感到生活不公平,并且害怕死亡。他们缺乏对自己一生中发生的事件的接受,并可能被诊断出患有抑郁症状。如果这场危机得到积极解决,他们就能获得智慧。埃里克森认为,智慧是通过生活中的经验和成就获得的,并有助于个人同一性的维持。

由于生活中各种事件带来的不确定性,整合感与绝望感这两种倾向的争斗在老年期将一直存在。一个尽力照顾孙辈、积极参与社区活动的老年人,可能会因为儿子的意外离世而一蹶不振。当然,他(她)有可能在家人和朋友的帮助下度过这一艰难的时刻,将抚养孙子成年、帮助儿子实现心愿作为活下去的动力,从而克服绝望感,重新将其经历整合。埃里克森的研究意义在于发现,自我同一性是个体在特定社会环境中进行的自我整合,通过与他人的相互作用形成坚定且连续的自我意识,并能在社会中感到支持和认可,也能感觉到自己对于他人是有重要意义的存在,从而能够达到其自我期望与认同。老年期的独特任务在于促成生命的完成和意义的整合。正因如此,老年人比年轻人更喜欢对其一生进行总结,他们喜欢对人讲述其生活故事,并希望自己讲述的是一个圆满的故事,其自我同一性体现为一种叙事的

---

① 刘碧英:《老年人心理特点与心理保健》,《中国临床心理学杂志》2005 年第 3 期。

同一性。所谓叙事的同一性,指的是我们通过发展一种(大多数情况下是隐晦的)叙事性的自传而成为自我,这个自传就是我们体验世界的镜头。人们感觉他们的现在源自特定的过去并指向特定的未来。这种自传体的反思既是对其人生的回顾,也是对其生活的评价,它的目的在于创造一些关于一个人的生活有意义的叙述,以尽可能地在当下达到一种完整性。对许多人来说,这种将我们存在的不同部分叙事地统一为一个单一自我的能力,似乎是成为一个行动者的先决条件——一个能够跨越时间管理自己生命进程的人。

心理学家使用"生活反思"(Life-reflection)或"自传体反思"(biographical reflection)这些概念来表达人的自传推理和叙事加工。"生活反思"需要进行复杂的社会认知加工,要从经历和记忆中抽取意义,以便与生活中的其他片段整合成自己的主题。生活反思有许多功能,比如对不同的经历进行分类,从生活事件中抽取出特定的主题或启示,以及利用记忆或回忆来调节动机或心境等。处于不同年龄段的人,其生活反思的频率和内容有所不同,对于青春期到30岁之间的青年人来说,其生活反思主要与同一性的形成和其危机的解决有关。而随着人步入老年,逐渐逼近死亡,生活回顾将占据生活反思的主导地位。这就是为何我们从老年人那里能更多地听到他对其过往经历的回忆的原因。这种回忆可以让往昔温暖的场景再现,可以肯定既往经历的意义,从而将其一生的经历整合为一个圆满的故事。"老年人的任务,是通过在过去的几十年、当下的生活以及不确定的未来中寻找自我的意义,以达到认同感与认同感混乱之间的平衡。"[①]通过回忆,老年人可以想起他(她)年轻时生活的画面,他在事业上努力拼搏而终获成功,或者她为了照顾孩子忙前忙后的样子,那些生机勃勃的画面显示了生命的活力。生活回顾是一个自我反省的过程,在这个过程中,个人会评估过去的经历。如果对这些经历的评估是积极的,他将更积极地面对即将到来的死亡;如果生活回顾得到的评价比较消极,人可能会由于诸多遗憾而对死亡感到恐惧,这可能导致个人无法解决埃里克森所说的同一性最后的危机。

---

① 埃里克·埃里克森、琼·埃里克森、海伦·克福尼克:《整合与完满:埃里克森论老年》,第87页。

三、老年期的整合与意义的寻求

与波伏瓦一样，埃里克森也意识到，"个体在一生中都会努力在他人眼中的自己和更内在的自我认知之间获取平衡"[1]。换言之，审视老年存在内在和外在的双重视角。但与波伏瓦的不同之处在于，埃里克森并不认为这两种视角必然存在尖锐的对立，相反，他认为没有任何内在的视角不藏匿着来自他人的看法，这意味着我们生命中那些重要的他者会参与到我们自我认同的构建中。这也是为何当这些重要的他者离开我们时，我们会感到生命的一部分丧失了。对于老年人来说，亲密配偶的离世是巨大悲痛的来源之一，这种亲密关系的解除不仅令一个人失去了可以倚靠的伴侣，危及他的个人完整性，也令其生命的意义来源进一步萎缩，行动的规范性理由变少。一位积极乐观的女士发现，她之所以能够应对丈夫的离世，在于她继续保持了对人和世界的兴趣，并不断结识新人，与他们一起放声大笑。还有一位女士希望在别人眼中是具有幽默感的，因为这种品质是被她的丈夫激发出来的。即便现在她的丈夫已经离世，她仍然想要保持这种品质，以证明他们婚姻带来的积极影响成功留存在她的生活中。很多老年人清楚地意识到，生命在不可避免地消逝，我们无法退回到曾经错过的人生道路，也无法挽回我们失去的亲人，我们只能将自己能够把握的那部分牢牢握在手中，按照自己所遵从的价值观去生活。

与我们接下来要看到的存在主义哲学一样，埃里克森的生命周期理论开始触及生命最后一部分的存在意义。根据其理论，变老是生命必经的一段历程，以明智的方式度过老年期有助于实现人的自我整合。老年代表了具有特定品质的人生阶段，而不仅仅是成年生活的黯淡和过时版本。因此，我们有理由认为，埃里克森的理论为古老的宗教问题——如何避免对衰老和死亡的恐惧——提供了新的世俗版本的答案。正如埃里克森所说，老年在现代性中的意义已经发生了变化：它的中心任务不再是为永生或灵魂不

---

[1]　埃里克·埃里克森、琼·埃里克森、海伦·克福尼克：《整合与完满：埃里克森论老年》，第89页。

朽做准备,而是为了发展一种平衡的、自洽的人生叙事,求得俗世中意义的整合。此外,老年不再是一个人的命运被动经历的,而是作为一种反思性的自我传记工程主动加以构建的产物。这也吻合安东尼·吉登斯等社会理论家对现代性身份认同的刻画。

总体而言,埃里克森的生命周期理论为我们从心理学视角理解老年提供了一个积极的版本。如果你认为埃里克森对老年的心理学解剖还不能让人洞悉老年的全部真相,那么接下来我们将不得不求助于哲学了。哲学家对老年的思考与对死亡的分析密切相关,他们追问,人应该被看作是走向死亡的存在还是反对死亡的存在?我们是为死亡而生,还是为在世界上开创新事物而生?衰老将不可避免地带来对生活欲望的减弱,这是令人痛苦的生命意志的减弱,还是让我们摆脱无止境的欲望对我们的折磨,从而获得心灵自由的契机?对这些令人费解的问题,古今中外不同的哲学家给出了不同的回答,这背后隐藏着看待老年的不同态度。在这些解答中,重视内在体验的现象学和存在主义的思考尤其发人深省,我们将描述现象学-存在主义视角下老年的体验,以追问"本真性"这一现代伦理理想对于老年人是否依然可得。

第二节 现象学-存在主义视角下老年的体验

存在主义兴起于 20 世纪上半叶,源出于现象学,又是对现象学的超越。正如波伏瓦在《模糊性的道德》中所说,这两种哲学方法有天然的亲和性:存在主义让人将自己的存在意志"放在括号内",这样就唤起了他对真实状况的意识。[1]在存在主义者看来,生存是一种纯粹的偶然性,换言之,人没有与生俱来要实现的目的。恰恰是我们自己为命运赋予意义。我们只能在不确定性和风险之中承担我们的行为;而自由的本质恰恰就在于此。萨特在《存

---

[1] 西蒙娜·德·波伏瓦:《模糊性的道德》,第 10 页。

在与虚无》中也写道:"在人那里,实存(存在)与本质的关系不同于在世间事物那里的存在与本质的关系。人的自由先于人的本质并且使人的本质成为可能,人的存在的本质悬置在人的自由之中。因此我们称为自由的东西是不可能区别于'人的实在'之存在的。人并不是首先存在以便后来成为自由的,人的存在和他'是自由的'这两者之间没有区别。"①由于存在意味着存在于时间之中,因此人的自由与时间有重要的联系:作为意识的主体,人可以从内部感知其存在。只有通过时间,行动的目标才得以确定,自由才能获得。因此,对儿童来说,只要他还不能在过去中认识自己,就无法在未来预想自我,其生命的联结尚未建立,行动就难以具有指向性。同样,对于老年人来说,如果他无法将过去的目标延展至未来,那么他的过去和未来就可能一道崩塌。"老年"是一个时间性的概念,也是一种存在状态,它意味着一个人所剩下的时间不多,也意味着一个人存在的时间结构发生了改变。

一、现象学-存在主义视角下的老年体验

根据现象学的看法,人类经验有一个时间性的结构,这一结构尤其具有未来指向性。随着一个人目标或兴趣的改变,世界向他呈现的方式会有所不同。一个热衷于消费的年轻人在转变为一个环保主义者后,对于其环境中到处充斥的塑料垃圾会感到极为不适。对于有着不同关切的人来说,同一个事物对于他们的意义也有所不同。例如,一块岩石对于地质学家、建筑工人和一个刚刚被它磕到脚的人来说,意义是不同的,这是由于他们对于岩石的关切是不同的。由于人类是在世的存在者,因此人类对于意义的寻求总是与他和这个世界关联的方式相关。人类在世界中存在的方式被现象学家称为"在世存在"(being-in-the-world)。海德格尔认为人们"在世存在"可能有两种不同的方式:本真的(authentic)存在或非本真的(inauthentic)存在。他指出,要获得本真的存在需要人直面死亡,依据死亡这一确定的可能性重

---

① 让-保罗·萨特:《存在与虚无》,陈宣良等译,生活·读书·新知三联书店,2007年,第53—54页。

构我们的视野,据此我们得以获知什么是真正重要的,什么是不重要的。死亡作为一种可能性是确知的,但何时何地死亡是不确定的。一种好的可能性是先行到死,看到沉沦于日常的操劳和操持,并重新激起了直面生活的热情,在向死存在中获得本真生存的可能性。如果现象学家对人类存在的时间性结构的刻画是合理的,那么老年阶段对于人生就有特别的意义。因为随着年龄的增大,死亡的可能性临近,人们越是有可能被逼出本真性,反思自己已经逝去的人生,激发对生命意义的思考。

　　在现象学的讨论中,不乏对死亡问题的深入思考,如海德格尔对"向死而生"的精辟阐述。这些研究表明,现象学已经将焦点从死亡是什么(它的客观特征和标准)转向死亡是如何赋予我们的(死亡的主观体验)。因此,现象学所关注的问题不是死亡是什么,而是死亡对我们来说意味着什么。尽管有大量关于死亡问题的现象学文献,但与衰老密切相关的现象学文献却相对稀缺。马克斯·舍勒是第一个将衰老问题提上现象学议程的人。在他死后出版的一篇论文《死亡与生存》(Tod und Fortleben)中,舍勒指出,我们对整个生命有一种模糊但非常明确的感觉。过去、现在和未来的每一次时间延伸都有其范围。这些范围的总和构成了一个人生命的总范围。在我们的生命过程中发生的事情是,这些范围根据生命走向死亡的总体方向被重新分配。[①]随着年龄的增长,我们过去的范围不断扩大,而我们未来的范围每天都在缩小。然而,现在的范围越来越被压缩在过去的增长范围和未来的缩小范围之间。这导致了一个众所周知的效果,即人们以一种越来越短暂的方式体验现在,过去却随着新的一天的到来而变得沉重,而未来越来越取决于我们的行动和生活选择。我们内部经验的时间性也宣告了我们的有限性:我们的过去起源于我们的出生,我们的未来被死亡所限制。这种限制为我们的生命带来了质感:我们的过去在不断增多,而未来在不断减少。意识到我们的有限性和必死性为我们的生命划定了一个限度,据此我们需要为生活做出筹划,确定哪些事情对我们来说是有意义的,值得我们为此花费时

---

　　① Max Scheler, "Tod und Fortleben," in *Schriften aus dem Nachlass.* Band I, publish by De neue Geist Verlag, Berlin, 1933, pp.19-22.

间。我们通过做事而投身这个世界，与其他人发生关联，而我们如何做事也影响到我们与自己以及与他人的关系。一方面我们被过去所做之事限定，另一方面又因我们未来所做之事而保持开放，我们永远有机会改写我们是谁，除非死亡将我们的生命终止。基于人类存在的叙事同一性，我们一直在书写或改写我们的人生故事。即便年华老去，这个过程也不会停止。

在舍勒之后，从现象学视角对老年给予深刻反思的哲学家是波伏瓦。波伏瓦的现象学是从存在主义的视角出发的。存在主义的视角向我们揭示了老年人是如何从内部体验时间以及存在于这个世界的。在此视角下，每个人都被抛入这个世界，人与其他事物的不同在于，人凭借其主体性可以持续创造自己的定义。所谓人类的境遇，就是不断通过行动创造自身，从有第一缕意识开始一直到死亡将生命终结。在大多数存在主义者的笔下，人的境遇虽是被动的，但人的存在是主动的，"我"经历存在、选择存在，这先于"我"可以做的任何关于"我"自己的描述。存在主义体现了一种反叛精神，反抗任何外在力量对"我"的约束，致力于获得"我"的内在自由。"自由"意味着"我"可以自我定义、自我选择，"我是谁"取决于"我"自己，而非任何对"我"的外部规定。由于重视自由，存在主义尤为关注对人的自由造成限制的那些要素。波伏瓦关于衰老的存在主义的反思就侧重于描述老年的生活体验中被限制和被界定的被动方面。

在《论老年》中，波伏瓦投入了大量精力来探讨年老将如何改变一个人与时间的关系。时间一直是困扰哲学家的难题。存在主义现象学家专注于他们所谓的时间性或时间流逝的生活经验，而不是时钟测量的时间和物理学推测的时间。波伏瓦向我们展示了不同年龄段的人对时间的体验有何不同。对儿童来说，他们感觉时间总是过得很快。儿童对时间毫无感觉，既不会衡量，也不会预测。他迷失在一个没有开始也没有结束的流变中。这个敞开的世界对他来说到处都是新奇的，世界在他身上产生的印象很清新，很鲜明。它是一系列新的体验，未来可能发生的事情的前景会激发起人强烈的情感。人总是按照时间内容的丰富性来衡量时间的长度，因此，童年的时间显得比较长。人之所以对童年的记忆比较模糊，一方面由于儿童的记忆力较弱，另一方面则因为童年的记忆总是分散的、缺乏明确的指向。成年人的世界则与之不同。随着身体增强，注意力变强，外部空间相对紧缩，物件变小，成年人所感受到的世界是井然有序的。他们运用手表、日历等来了解时间、把握时间、控制行程，试图使得外部世界对其呈现出他们所想象的样子。他们的记忆力变得更精确，对每日的路程也有所控制，这一切带来了惯例感和稳定感，但同时也使得事物带给他们的新鲜感大大减弱。而随着年龄的老去，能让我们感到惊讶的事物变得越来越少，由时间带来的新事物也大大减少了。由于不适应新事物，一些老年人开始怀旧。他们因为身体原因不再能够像孩子和年轻人那样积极地探索世界，越来越被局限在固定的空间中，接受一日又一日的时间惯例。每天早上几点起床，几点用餐，中午几点午睡，晚饭几点，熄灯几点，都是差不多的。如果需要按时服药，则需要对时间的把握更精确。

在分析这种时间感的差异时，波伏瓦指出，老年人之所以与儿童以及青年人对时间的感受不同，原因在于他们发现了时间的有限性。在人生命之初，总觉得他生命的可能性是无穷无尽的。但随着年华逝去，人生趋于定型后，可能性变得越来越小。或者，更准确地说，要推倒一切重来的代价变得越来越大。想一想《月亮与六便士》里的那个抛弃稳定生活执意投身于艺术创作的中年人，若是他已到老年，他还会做出那样的选择吗？只有当未来足够长时，我们才敢挥霍生命，尝试不同的可能性。但对老年人来说，他知道他的人生即将完结，不可能再重来一遍，未来也不再有指望，他的预期寿命有限，因此他很难再做长期的打算，或起而征服未知的领域。他的生活热情开始衰减，变得越发无聊。波伏瓦认为，人类的实在受到双重有限性的影响：一是生命中的偶然随机性，一是"为己"的本体结构。人类的实在性表现为一种有限性，即"我"通过选择把"我"自己塑造为有限的。老年人不得不接受这种双重有限性的限定：他的日子即将走到尽头，而且他逃不开自己。①

波伏瓦对老年的存在体验的描述显得颇为悲观。从盛年到老年，人对未来的预期会发生改变，这一改变与未来的品质变化有关。与25岁的人相比，65岁的人不只是多出40岁，他的未来是肉眼可见的衰老和疾病缠身。

① 西蒙·德·波娃：《论老年》第二部（台版），第130—131页。

相反,25 岁的人生才刚刚开始,未来就像一盒美味的什锦巧克力,随便拾起一颗都将会有丰富的滋味和甜蜜的憧憬。波伏瓦借用夏多布里昂的话说道:"过去当我在梦想时,我的青春就在我的眼前;我可以跨着大步往我寻找的未知之物走去。现在我只要一跨步,就会碰触到界石。"①有限的未来、僵化的过去,这似乎是老年人普遍面临的处境。老化就像是一个创伤,宣告了主体黯淡的未来。但换一个视角来看,恰是因为余生有限,老年人会比年轻人更能真切地感受到时间。年轻人把身体投入外部空间中,通过积极地占有外部世界而体会生命,丰富的存在体验冲淡了时间感;相反,随着人逐渐变老,对外部空间的占有缩小,生命向内靠拢,人对时间的体验会更明显,生命越发存在于他能感知到的、已经度过的时间中,而非寓于未来的可能性中,这也许可以令他真正拥有时间。美国电影《遗愿清单》就假想了这样一个故事:两位患癌的 80 岁老人,走到生命的尽头,才发现自己的人生有如此多的遗憾。他们意识到自己浪费了太多时间在不值得的事情上,所以在最后几个月,他们携手制定了一张遗愿清单,挨个去实现那些外人看来疯狂的梦想。除了追梦,他们更在意的是能否在余生与家人的关系缓和。在生命的末期,他们不仅发现了真实的"我",也意识到与"我"相关的"他者"的重要。生命的意义在于为自己和他人带来正面的价值,既让自己感到满足,也让别人获得快乐。前者关系到人的自我认同,后者关系到他人对"我"的认同。

二、对老年生活的叙事性反思

在存在主义现象学思想的启发下,我们可以着手分析老年生活的内部视角所激发的反思性体验。查尔斯·泰勒曾指出,如果将认同问题看作对"我是谁"的回答,那么答案一定是叙事性的。叙事的过程本身就是一个反思重构的过程,通过这个过程,行为者将其生活理解为一种朝向善的叙事探求。②安东尼·吉登斯则指出,一个人想要在日常生活中与他人互动,就必须

---

① 西蒙·德·波娃:《论老年》第二部(台版),第 131 页。
② 张容南:《叙事的自我:我们如何以叙事的方式理解自身》,华东师范大学出版社,2020 年,第 34 页。

不断吸纳外部世界中的事件,挑选其中的某些归入"我"正在进行的"故事"中。"我"正是通过不断地对这些事件的伦理评价来建构"我"之认同的。所以,书写"我"的故事并不是对所发生事件进行编年史式的写作,而是"对过去的校正式干预",它要求我们摆脱过去事件的不利影响,并向未来自我的各种可能性敞开。这有利于人们形成个人生命历史的连贯感和意义感。①

在现代性的条件下,现代人的自我认同相比传统社会中的人体现出更强的反思性和建构性;去传统化的过程导致现代个体将自我认同理解为一种反身性的筹划。我们不再被动地继承传统对我们的身份定义,而是积极地塑造、反思和监控自我,在我们的生活中创作我们的自传体叙事。②这种反思性的叙事建构贯穿我们的一生,并在人的老年期体现出一些新的特点。现象学家戴维·卡尔(David Carr)对这种叙事建构的内在视角提供了一个生动的比喻。卡尔对比了一把椅子的老化与一个人的老去:我们一开始使用的椅子会慢慢老化,并带有裂口或划痕等老化迹象。当它快要坏掉时,它会变得越来越脆弱,越来越无法令坐在它上面的人感到舒适。人的身上也会留下他们经历过的事情给他们打下的烙印。身体遭遇的事故和它的习惯会留下其标记,最终削弱了大多数人的身体机能。这些变化,就像椅子的变化一样,对外部观察者是可见的。但人与椅子不同,人会从内部经历这些变化。也就是说,人不仅累积了过去的痕迹,他们还能意识到这些痕迹是痕迹,并知道它们来自何处。他们能够感知其能力的下降,并意识到能力衰退对未来的可能性产生的影响。③换言之,椅子与人的区别在于椅子没有自我意识:它无法意识到那些源于过去的事件对它产生的影响。人与物不同,人可以意识到发生在他身上的事情,这些事情虽源于过去,但却指向未来的行动。换言之,正是人的自我意识赋予人一种时间感,它使得我们不仅存在于当下,而且处于过去—现在—未来相互穿透的时间结构中。从这种观点来

---

① 安东尼·吉登斯:《现代性与自我认同:晚期现代中的自我与社会》,夏璐译,中国人民大学出版社,2016 年,第 68 页。

② 同上书,第 72—76 页。

③ David Carr, "The Stories of Our Lives：Aging and Narrative," in *The Palgrave Handbook of the Philosophy of Aging*, Geoffrey Scarre ed., Palgrave Macmillan 2016, pp.171‑172.

看,人体验生命的过程取决于一个不断变化的视角或观察点,我们可以从中观察过去和未来。随着我们观察视角的不同,过去与未来也会呈现出不同的面貌。从叙事的角度来看待老去,这意味着将其视作一个自我塑造和自我解释的创造性过程。一个人从生到死的寿命长短也许保持不变,但不断变化的视角赋予了我们重新看待生命的可能性。老去一方面意味着实现变更计划的时间越来越少,但另一方面,随着我们接近生命的终点,我们也更多地开放了重新解释生命意义的空间。

自传体反思是一种积极的重新评估,我们不断地创作或重新创作我们生活中的故事。受制于经历和个性,不同的个体重估自身的程度和频率并不相同,但现代性的生活场景总会在某些时刻迫使我们进行这样的自我反思。这种自传体反思可能带来不同的结果,一种不好的结果是自我欺骗。在小说《长日留痕》中,男主人公史蒂文森是一位男管家,他将一生奉献给达灵顿府,他的目标就是最好地运用他的能力来履行他的职责。由于他的主人达灵顿勋爵活跃于公众历史舞台,他就将达灵顿勋爵的公共行为看作赋予其生命意义的主要内容。为了全心全意地服务于他的主人,实现自己成为伟大管家的理想和抱负,史蒂文森牺牲了父子间的亲情,没有去给病重的父亲送终,坚守在管家的岗位上。他压抑着自己的爱情,明明对肯顿小姐有感情,却羞于表达,装作毫不在乎、公事公办的样子,看着肯顿小姐离开而结婚,却在之后的 20 年里一直将那段回忆封存于心。多年后,他接到了肯顿小姐的书信,坚定地相信肯顿小姐的婚姻已经破裂,错误地认为她想回到达灵顿府,并因此踏上了驾车旅行并拜访肯顿小姐的旅程。当史蒂文森先生前去拜访已婚的肯顿小姐,在谈话中得知她曾经有过与他一起生活的想法时,他的胸中涌起难以抑制的悲伤。史蒂文森直到此刻才意识到他错失了一个不可挽回的机会,为其人生带来了毁灭性的后果。得知肯顿小姐现在生活幸福,与自己的丈夫拥有美好的感情之后,他为自己感到遗憾。史蒂文斯的遗憾很有趣,因为这不仅关乎他在 20 年前应该注意到或应该做的事情,还关乎失去与肯顿小姐一起度过的 20 年。这是一种无法弥补的遗憾。达灵顿勋爵在"二战"中因被德国纳粹利用而声名狼藉,这再次衬托出为之奉献终身的史蒂文森有多么可悲。史蒂文森可悲的一生显示出错误的决定对人的生活福祉造成的影响,也展示了我们对生活的理解如何受制于自身变化的视角。史蒂文森对肯顿小姐来信的误判揭示了老年人回忆的不准确性,以及沉溺于第一人称视角的危险性。从存在主义的视角来看,老年所带来的一种时间性结构体现出过去和未来的不对称,老年人有更多的过去和更少的未来,这使得他们的生活体验中有一大部分是回忆。不同性格的老年人对过去的态度有所不同。雄心勃勃的老年人试图通过获取新的体验来淡化过去。但更多的老年人对过去有一种怀旧般的美好想象。他们关注年轻时的自我,忽略年老带来的变化,以此方式来坚持自己过去的身份认同。然而,老年人对过去的记忆既可能是快乐的来源,也可能是挫败的源头。史蒂文森知道自己错失了什么,但为了掩饰自己的余生将是一片虚无的光景,他只好再次欺骗自己,将投入一份无意义的工作视为活下去的理由。

从积极的方面来看,自传体反思也可能促进自我发现。小说《一个人的朝圣》刻画了一位老人自我发现的历程。60 岁的哈雷德收到了往昔同事的来信,得知同事身患绝症的消息。哈雷德原本只想寄封信给她,告诉她自己很难过,希望她能尽快康复,但他觉得这样做对她不会有任何的帮助,她的病情不会好转,于是他决定前去探望她。哈雷德一生平庸,没有任何拿得出手的成绩,所以退休的时候没有任何仪式。突然从熟悉的环境中脱离,他的内心格外空虚,加上他和妻子的感情变得日益疏离,更让他觉得无处可躲。因此,离开家对他来说像是一个逃离这种处境的出口。老年人的生活安排一旦确定,可以预见未来与过去几乎相同。旅行是少数可以为他们的生活带来新鲜感的事情之一。哈雷德的探视之旅成了这样一个契机,一个促使他做出自我转变的机会。在前去探望同事的途中,哈雷德开始了对其人生的回顾与反思。他的人生经历就像电影一样在脑海里回放。他有很多遗憾,对很多人心怀愧疚,他的父母没有给他一个有爱的生活环境,导致他在结婚以后,根本不懂得怎样去表达爱。他不懂得如何与妻子沟通,不懂得如何教育儿子,以至于用错误的方式伤害了儿子,导致儿子负气自杀。儿子的离世让他和妻子从此有了隔阂,这个疙瘩直到晚年依然无法解开。这些事,是他平常不曾反思过的,通过这次远行,一步一步地走在路上,他才意识到自己这一生竟有如此多的遗憾和悔恨。他在不断的反思中实现了自我救赎,也明白人到晚年最好的活法,无非是忠于自我,和内在的自我和解。正如埃里克森所说,人到晚年仍在促进生活经验的整合,"对很多老年人来说,晚年生活给予了他们一次机会,可以借此完成自己年轻时想做却没有时间做的事,可以继续享受那些一直乐在其中的事,或许还可以借机弥补年轻时留下的误解和遗憾"①。这种让今天与昨天握手言和的过程,是让人的一生得以与压力和挑战共生的方式。

　　在叙事同一性的形成过程中,人们会不断基于新的经历的涌入而持续进行叙事整合。我们的生活故事并不是一劳永逸的,而是不断地被修改和重写,每次都是从不同的时间角度出发。老年人与年轻人可能对生命中发生的事件有不同的看法,同样的事件,比如事业或爱情上的挫折,对 40 岁的人来说可能是一场悲剧,而对于经历了该事件后续发展的 80 岁的人来说,则可能是一种幸福。老年人进行叙事整合或生活反思的强度和频率会高于年轻人,因为其人生走向趋于固定,人生故事趋于完成。叙事整合并不一定是用有序代替混乱。有时,人们可能用一种新的叙事代替旧的叙事,例如忏悔等情况。叙事整合既可能导向自我发现,也可能导向自我欺骗。所谓自我欺骗,即存在着明显可获得的支持相反信念的证据或事实,却不顾这些证据或事实进行叙事建构。尽管自我欺骗有时会帮助我们获得暂时的良好感觉,但它难以让我们获得积极的自我形象和自我价值感。与之相反,自我发现是重新审视过去的经验,发现过去被我们忽略的事实、经验和面向,换一种角度来阐释这些事实、经验之间的联系,以获得一种更积极的自我理解,这种自我理解有时会帮助我们获得积极的自我形象并改善重要的人际关系,有时则让我们有勇气正视那些负面的经历并从中吸取教训。在上文两个例子中,当史蒂文森先生意识到自己的人生浪费在无意义的目标上时,他选择了继续欺骗自己,以掩饰人生的失败与荒芜;哈雷德的生活虽然也支离破碎,但他通过晚年的远行承认了自己的过失,致力于修补重要的关系,这让他在所剩不多的生命中实现了与自我的和解。

---

① 埃里克·埃里克森、琼·埃里克森、海伦·克福尼克:《整合与完满:埃里克森论老年》,第 41 页。

三、存在主义视角下的本真性理想

从存在主义的视角来看,人的生命虽然受制于种种有限性,但如果我们能够以勇气、开放的心态和充满活力的态度来面对甚至拥抱存在的脆弱性和焦虑,就可能获得自尊与意义。如果存在的脆弱性可以以一种有意义的方式融入我们的生活,那么直面这种脆弱性就不必被视为是可悲的、令人恐惧的晚年生活情景。相反,正视由死亡带来的存在的焦虑要求社会支持人们重新获得有意义的生活体验,关注他们在逆境中的生活潜力与生命意志。这意味着破除针对老年的刻板印象和年龄歧视,改变将老年与衰退相联系的文化叙事,创造条件鼓励老年人积极参与社会生活和道德实践,以帮助更多老年人在晚年实现生命的整合与意义的创造。"老年"不应被视为一个有问题的人生阶段,而应该被视为人生连续性周期中的一个阶段。如埃里克森所揭示的,能否活出有意义的老年不仅取决于我们在该阶段的行动和选择,也取决于我们如何将老年与人生的其他阶段顺畅地连接。存在主义者认为,"本真性"意味着个体努力活出他"最本己的存在",而非永久地成为所是的某物。真实之人承认自由的重负并愿意为之承担责任。真实是对自我诚实,是对自欺的克服。个体应该将自身从自欺中摆脱出来,寻找本真的生活方式,即便年老,这依然是人之为人的伦理责任。衰老并不会阻碍一个人精神性的自我发展,晚年生活具有触及一个人更深层的、最本真的自我的特定潜力。如果老年人能以一种有意义的方式与其有限性和脆弱性联系起来,他也许能更真实地面对自己的欲望与信念。当然,这需要伦理意义上的诚实。

第三节　老去的规范性困境、伦理危机与超越性危机

试想一下,一个老年人的生活与一个年轻人的生活有何不同? 老年人不需要定闹钟、早起去上班,但同时他可能失去工作所赋予他的效能感;老

年人不需要送孩子去上学,因为孩子已经长大离家,但孩子不在左右反倒令他常常挂念;年轻时的好友有的住进了养老院,有的搬去与孩子同住,有的可能已经离世,他身边可以聊天的好友越来越少。老年人获得了闲暇,却感到了孤独;获得了自由,却可能无所事事;有了积蓄,却可能不再有长途旅行的精力。在本节中,我们一起来回答与老年一同到来的三个问题:老年带来的规范性困境追问我们,"人老了,还可以出于什么理由而行动?"老年产生的伦理危机则追问我们,"我是谁? 我为何要这样生活?"最后,老年所面对的超越性危机质问我们,"如果我的死亡对这个世界毫无影响,这是否意味着我的存活也毫无意义?"

一、老去的规范性困境

想象一名老年人参加过葬礼后的感受,"一个好朋友的葬礼过后,我们怀着一种新的痛楚,很清楚又有一条路已经对我们封闭了。现在同行的伙伴又少了一人,名单天天都在缩减。当配偶去世,填补不了的空洞更大。现在谁还关心我们? 谁真的需要我们在这里? 毫无疑问,被留在后面的那个人的生命,已经遭到无法扭转的改变了——而且,似乎已经完结了"①。老年人必须面对由于生命中他者的死亡而失去重要关系带来的痛苦。我们珍视的人离世,会造成我们与自己的过去的一部分经验断裂,我们与其分享的回忆现在只剩下我一人在守护了。年龄越大,一个人越有可能不断地经历其身边的人离世。波伏瓦指出,年纪比我们大的人死去,带走的是我们的过去。更让老年人伤心的是比他们年轻的人死去,因为他们将其未来系在这些年轻的人身上,子女之死、孙子之死,是他们人生中留下的一个巨大废墟:它使得所有为这个人所做的牺牲、努力,以及寄托在他身上的希望,都荒谬地成为徒劳。②老年与死亡的关系之所以密切,不仅是由于"我"的死亡看似迫在眉睫,也是由于身边的逝者不断提醒"我",下一个可能就会轮到"我"。

---

① 琼·齐谛斯特:《老得好优雅》,康勒译,上海三联书店,2013 年,第 95 页。
② 西蒙·德·波娃:《论老年》第一部(台版),第 116—117 页。

在一篇论文中,哲学家萨缪尔·谢弗勒(Samuel Scheffler)指出,老去在某种意义上可以被看作一种规范现象,因为老去面临着重要的人际关系的丧失。随着我们生命中重要之人的一一离世,我们为之行动的理由将发生巨大的改变。他指出,当那些活生生的关系随着关系中一方的死亡而被迫终结时,这种关系就不再是活跃的关系,而成了"存档的关系"(archived relationships)。如果一个人有幸活得足够长,那么他生命中很多重要的关系都会成为存档的关系。谢弗勒规定说,这一时刻来临时,我们就将这些人称为老人。而老去指的就是一个人重要的关系越来越多地成为存档的关系的过程。[①]由于老去意味着越来越多的重要关系被归档,以前由这些关系产生的行动理由就变得越来越少。老年人不再有理由与去世的朋友共度时光,向他们寻求建议,与他们一起制订计划。他们为之忙碌、操心的人际关系越来越少,他们的生活也愈渐失去活力。我们对世界的体验和解释需要通过与重要的他者交流才能获得意义——我们获得一个连贯的人生叙事也需要他们的参与,因此,老去面临的一个问题就是如何消除或避免这种迫在眉睫的规范性的真空。

为了避免老去带来的规范性困境——由人际关系变少带来的行动理由的减少与生活意义的缺失,通常有两种应对方法:一是去发展新的个人计划,二是去建立新的人际关系。但对于后一种方法,谢弗勒提出了一些质疑。假想一个老人太快地发展新的关系来取代旧的关系,那么人们会怀疑他究竟有多么珍视那段旧的关系。这段关系如果真切地影响到他的生命,甚至植入他的认同,那么他几乎不可能太快地接受新的关系的进入。这与一个计划失败而转向另一个新计划不同,人们往往认为后者是富有进取精神和创新精神的表现。换言之,如果我们真的珍视一段关系,那么即便这段关系被归档,它仍有可能继续为我们的行动提供规范性的理由,例如按照逝者期望的方式去生活。另外,发展新的关系是要花力气、费劲的,甚至可能会受伤。不管是发展新的友谊还是爱情都需要很多时间的投入,增进了解。所以,何必找麻烦呢?但沉溺于过去也会带来一种新的风险,即"我"拒绝与

---

① Samuel Scheffler, "Aging as a normative phenomenon," in *Journal of the American Philosophical Association*, 2016, 2(4):507.

世界产生新的关联和活跃的互动。走向极致的话，"我"就可能退出世界，去过一种衰退的生活（reduced life）。①谢弗勒的讨论带有很强的西方文化背景，在个体主义的文化传统下，退出对于老去而言是一种极大的可能性。对老人而言，退出不仅可能是空间意义上的，即"我"能够自由出入而不受伤害的活动范围变小，而且有可能是心理层面的，"我"感到无力再去参与有意义的人生计划，或建立有价值的人际关系。许多老年人感到不安的不仅是身体机能的衰老，还有这种无能的感觉，一种退出世界的孤寂感。

二、老年生活的伦理危机

　　谢弗勒的观察指出了老年所面对的独特的规范性困境：与疾病和身体机能的衰退一起到来的，或者说让老年人感到不安的，是人际关系的锐减和伦理生活的单调化。这令老年人越来越不清楚，"我"应该为什么而行动，什么样的行动能给"我"的生活带来意义和满足感？现代性带来的高度流动性产生了一个陌生人社会。居住结构离散、缺乏守望相助的社区文化，让现代人在心灵上感到了孤独。一些老年人退休后帮助子女照顾孙辈，离开了自己的故乡和熟悉的朋友，成了"老漂族"，人际疏离和价值观失落的问题相应而生。除了随子女漂在外乡的老年人，也不乏很多留守故乡，与子女分隔两地的老年人，他们的晚年生活面临缺少亲人陪伴的困境。中国的伦理文化尤为重视亲情，大部分中国老年人心目中的幸福晚年，主要就是身体健康、子女孝顺、家庭和睦。②反过来，疾病缠身、丧偶、子女不孝等是导致老年生活不幸的主要因素。老年必然意味着丧失，丧失机能，丧失记忆，丧失伴侣，丧失多年的好友，因此，从子辈那里获得伦理支持就变得尤为重要。李晶通过研究发现，对绝大部分中国的老年人而言，子女仍然是他们感到是否幸福的主要因素。如果老人在需要时无法从家庭和子女处获得生活支持和心理安慰，必然因身心无所依持而陷入绝望和痛苦。③然而，现代家庭结构的变迁令

---

① Samuel Scheffler, "Aging as a normative phenomenon," in *Journal of the American Philosophical Association*, 2016, 2(4):515.

② 李晶:《老年人的生活世界》，第 236 页。

③ 同上书，第 236—237 页。

许多老年人失去了传统社会中家庭权威的地位，不管老年人是否选择追随子女生活，其晚年福祉都受到子女意愿的极大影响。例如，对老年人自杀的实证研究表明，子女的不管不顾令其精神困顿、无助，以及看不到希望的生活，是酿成老年人自杀悲剧的根源。①

人在步入老年后更加关注伦理关系与伦理生活，与其自我认同在该阶段产生的变化有关。与人生的其他阶段相比，老年的独特性在于它令人生趋向于完成和终结。生命是一条奔流不息的河流，从出生那一刻起我们就一步步走向衰老与死亡，生老病死的进程不可逆转。陷入疾病的高龄老人常常给我们的印象是行动不便、依赖别人、孤立而悲观，缺乏社会贡献，被高速发展的社会抛在身后，留在一个过时的世界里。但每过十年，就有更多的人能活得更久。独居老人变得越来越多。人们在退休之后还有漫长的人生要度过。"工业社会所确立的基本生存模式令人生被明确切分为学习期、工作期和退休期三个部分，在这样的模式之下，进入退休期之后，自我支点存在一个坍塌期及重建期。"②退休是人达到一定年龄后，将工作与发展的机会让位于其他生命群体的一种制度安排。如何在退休后确立自我价值，成为老年人普遍面临的一个自我认同难题。随着社会经济水平和医疗福利水平的提高，老年人健康自理的时间变长，无法自理的时间变短。在中国的一些较发达城市，老年期的前半段可以享受到早年无法获得的闲暇，并开启诸多新的可能。尽管如此，由于疾病与衰老的高度关联性，以及老去后人际关系锐减的可能性，老年生活依然充满了诸多的变数与困难。接下来我将从疾病、陪伴的需求以及对自我价值感的评估这三方面来探讨老年人可能陷入自我认同危机的成因。

首先是疾病。疾病是一个深刻的、可能改变生活轨迹的事件。如果变老是一个渐进的过程，那么疾病是存在上的断裂。众所周知，我们每个人都会有一个未来不再到来的时刻。没关系，只要那个时刻不是迫在眉睫。然而，当死亡的威胁或与绝症的对抗发生时，未来就会涌向人们的意识，提醒人们个人的历史是有终点的。未来的有限性令患有严重疾病的人不得不停

---

① 严飞：《穿透：像社会学家一样思考》，上海三联书店，2020 年，第 126 页。

② 顾骏：《寿命困境：长寿、尊严与希望》，《伦理学术》2018 年第 1 期。

下来评估生活的现状并考虑今后的生活安排。这通常会导致对现有价值观和目标的调整。疾病对老年人的影响是多方面的，它不仅意味着身体的损伤和疼痛，还可能伴随着凄凉、绝望的情感。影响老年人的长期慢性疾病可能让人陷入生不如死的悲观情绪中，这不仅意味着躯体功能的丧失，或快乐的逝去，而且意味着一个人失去了对自己的身体、处境乃至人生的控制权。如果老年人的家人能将其患疾视作为家庭操劳的结果，并带着感恩和尊重的情感悉心照料，将会极大地缓解患病老年人的悲观情绪，让其充满生的希望。一些因患有重疾而失能的老年人由于受到了亲人的体贴照料，所以生活的幸福感仍然很高。即便是一些患有阿尔茨海默病的失智老人，如《照护》中凯博文教授的妻子琼·克莱曼，其生命缓慢地走向终点，在亲人和专业护理者的照顾下，也享有了相当长时段有品质的生命。对于这些老年人来说，疾病限制了他们的活动空间，改变了他们的生存体验，这一切都是令人沮丧的。丧失能动性将严重影响一个人对生活的自信心和自尊感。这样的生活是否还值得过在很大程度上不再取决于主体的自主决定，而依赖于生活中亲密他者的善意。一些实证研究发现，重病卧床之人的幸福感来自伴侣、子女以及专业人士的悉心照料，这些体现人性之美、亲情之重的关怀，托起了他们对生活的渴望，令其活下去的信念得以维持。

　　其次是陪伴的需求。科学证据显示，老年人的社会孤立和孤独将导致死亡率增加并带来其他不利的健康风险，包括罹患认知症、再入院风险和跌倒风险增加。研究表明，家人的陪伴对老年人的身心健康至关重要，单身和独居是患阿尔茨海默病的一个重要的风险因素，然而老年人并没有特定的陪伴权，他们只能依赖于家人的陪伴。老年人的生活世界不同于孩子或青年人的生活世界。孩子的世界是不断扩展的，随着能力的增强，孩子可以自由探索的空间会变得越来越大。青年人的生活世界是丰富多彩的，各种机会向他涌来，他可以去各种地方，结识不同的人，了解越来越大的世界。与之相对，很多老年人的世界是不断缩小的，退休意味着离开工作场所和昔日的同事，子女长大成人意味着孩子从家里搬离，由于独立生活变得越来越吃力而搬进养老院则意味着与从前的生活彻底告别。在纪录片《人生第一次》的"养老篇"中，一位优雅的上海老人戴华听从女儿的建议搬去了一家高级养老院。戴华的老伴已经离世,虽然有两个女儿的照顾与陪伴,但考虑到女儿们有自己的家庭要照顾,为了不让她们过于操心自己,戴华选择了去养老院。搬去养老院一方面可以得到医护人员的护理,另一方面有较为稳定的社交网络。在搬去养老院之前,戴华做了两件事:第一件事是烫头发,给自己营造一个良好的外在形象,以迎接新的生活;第二件事是与社区合唱团的成员告别,通过最后一次指挥合唱,留给老邻居好朋友一个深刻的印象,为自己业余的合唱团事业画上圆满的句号。离开自己的家,戴华没有带过多的东西,除了必需的衣物和生活用品,戴华选择的是一本相册。这本相册记录的是戴华与家人朋友的合影,上面有她一生的剪影,也是她认为在生命的最后一站少数几件不能舍弃的东西。戴华有着与其年龄相符的透彻,她尊重生命的自然过程,面对老去淡然优雅。人这一生很像乘坐一趟单向列车,父母陪我们前半段,孩子和伴侣陪伴我们后半段,朋友在不同的站点上车,陪我们看一程的风景,但自始至终没有谁能陪伴我们一生。尽管如此,人之所以需要陪伴,是因为我们需要他人来确证我们存活的价值和意义。这种需求对于老年人来说更为强烈,他们对自尊的需求随着身体机能的衰退反而会上升,他们更需要别人肯定他们存活的价值。

最后是老年人对自我价值感的评估。政治理论家福山注意到,"几乎到目前为止的人类历史,人们的生活和认同不是与生育紧紧捆绑在一起,就是为了赚取支持自己与家庭的资源。赚钱养家与努力工作让个人深深陷入社会责任的网络,这个网络中个人几乎失去控制力,也常常是挣扎和焦虑的来源,但仍会赢得丰沛的满足感"[1]。承担社会责任既让人充满压力,也让人获得意义。但对于老年人来说,他们不再生育,也不再工作,他们不再承担起社会的责任。相反,你看到资源与责任流向他们,且是一种单向的流动。这对于老年人确认自我的价值感来说是严峻的挑战。很多老年人在退休时会迎来第一次的价值危机,第二次危机则是在患有重病时,最后也是最终的危机则可能出现在临终前。人这一生都在询问和回答"我是谁"的问题。年少时,我们会说我们是谁的孩子,长大后我们会说我们是在哪里工作的职员,

---

[1]　弗朗西斯·福山:《我们的后人类未来:生物技术革命的后果》,黄立志译,广西师范大学出版社,2016 年,第 71—72 页。

这些不同的回答表明了一个人在不同时期所看重的自我认同。退休将改变一个人的自我认同和他对自我价值的看法,如果说一个人的自我价值在退休前主要依据他从工作中获得的认可,那么退休就意味着他退出了这种社会评价机制,他可能会觉得自己不再对社会有用了。为了减轻退休对人的价值感造成的冲击,一些人性化的现代企业和机构设计了"荣休仪式",以充分认可退休者职业贡献的方式来肯定他的价值,让他可以体面地离开工作岗位,开启新的生活。第二次对老年人自我价值感造成重大威胁的是严重疾病的来袭。疾病威胁的是一个人作为自主个体生活的信心,他不得不依赖于其他人的照顾,为了不要过多麻烦别人,他的生活目标要不断地缩减。虽然人自出生起就依赖于其他人的照顾,依赖性是人一生中无法克服的存在属性,但在很多自尊且要强的老年人眼中,依赖性提醒他不再有用,不再对社会有用,也不再对家庭有用,甚至成为家人的负担。解决这一危机既需要老年人从其内心树立生活的信心,肯定自身的内在价值,也需要其家人、朋友通过情感的传达肯定他存在的价值,让他明白他活着对其他人生命的意义。最后,死亡将会对人的自我价值感带来最彻底的冲击。一个人在临终前一定会反思其人生的价值。"我"这一生是值得过的吗? 如果"我"的死亡不会让任何人感到悲痛,甚至没有任何人会关心"我"的死亡,那么"我"的存活也同样是微不足道的。唯一让死亡并非毫无意义的途径,就是把自己视为某种更大的事物的一部分:视为家庭、社区、社会或国家的一部分——为这个世界中的他人带来幸福而不仅仅局限于追逐自我目标,将极大地增进我们的自我价值感。这意味着我们所做的事情对这个世界产生了正面的意义,这些意义因为与其他人的生命相连接,从而不会随着"我"的消逝而消失。

三、老年所面临的超越性危机

死亡对人的价值感造成的冲击涉及超越性的问题。对生活意义的追问尽管在临终前达到高峰,但在日常生活中的某些时刻我们也会被它所困扰。对死亡的想象构成了人最终极的脆弱性,因为人知道他是朝着死亡而活的。在其自传体作品《忏悔录》中,列夫·托尔斯泰讲述了在他50多岁,文学事业达到巅峰时,他却陷入生活毫无意义的恐惧中的情形。他写道:"起初,我经历了人生的困惑和停滞,好像我不知道该做什么或如何生活;我感到迷茫和沮丧。但这一切都过去了,我继续像以前一样生活。然而这些困惑开始越来越频繁地出现,而且总是以同样的形式出现。它们总是通过以下问题来表达:做这个是为了什么?它会导致什么?起初,在我看来,这些都是漫无目的和无关紧要的问题。我认为这一切都是众所周知的,如果我想找到解决方案,我不会花费太多精力;只是目前我没有时间,但当我想的时候,我应该能够找到答案。然而,这些问题开始频繁地重复,并且越来越迫切地要求回答。就像墨滴总是落在一个地方,它们一起汇成一个黑色的污点。"①

　　一个大文豪在其投身的文学领域做出了举世瞩目的贡献,却在变老之初开始怀疑生命的意义。世俗意义上的成功并没有解决托尔斯泰对生命意义的追问,不解决这一问题,他感到自己无路可走。托尔斯泰自问:"我的生命是否具有超越死亡从而获得永恒的意义?"无论我们的事业多么成功,无论它们使我们多么充实和有影响力,我们以及我们所有的成就在宇宙时间尺度上都是短暂的;最终我们所有的痕迹都会被抹去。从宇宙视角来评估人生价值,俗世生活的这点成就还值得一提吗?托尔斯泰陷入虚无主义的泥潭中。尽管从科学的宇宙视角来看,我们每个人的生命所具有的价值微不足道,但认为它们根本没有价值和意义是错误的。的确,科学削弱了我们在宇宙的计划中扮演某种角色或目的的可能性,因为它推出了一个无边无际的宇宙,其中人类事物只占据很小的位置。然而,托尔斯泰认为我们的生命只有永恒存在,或我们只有为永恒的事物做出贡献,才能有意义,这种看法是错误的。人类的遥远未来和世界的终极命运虽然不免令人感到沮丧,但人的虚无感和荒诞感很少是因它们而起。我们为自己设定的价值目标,多数与这些终极结局无关,而关乎我们在当下的人生中是否积极地行动。用存在主义者的话来说,即便你活在一个毫不关心你的宇宙中,你也应该为自己创造出意义。只要我们积极地为自己和他人的生活创造正面的价值,

① Leo Nikolayevich Tolstoy, "A Confession," reprinted in *A Confession*, *The Gospel in Brief and What I Believe*, *The World's Classics*, No.229, 1940, Geoffrey Cumberlege, London, UK.

带来丰富的体验,它就是有意义的。有意义的生活意味着将你的生命时间花在你有理由珍惜并因此有理由利用自己时间的目标上。只要我们发挥能动性主动去实现那些我们所愿意的有价值的目标,这样的生活就是幸福且富有意义的。一个为观众带来欢声笑语的演员即便离世,会令这些快乐消失吗?建筑师为公众设计的博物馆让人们身处其中流连忘返,这样的生命会因为死亡而丧失意义吗?可见,有意义的生活在于创造正面的价值,这些价值一旦被创造就会获得独立于其创作者的存在意义。死亡只会摧毁有限的生命,但不会带走价值。因而,即便老年人余下的生命有限,也可以积极利用时间实现自己的目标以创造生命的意义。中国科学院院士林俊德在病情危重时仍坚持工作,因为他投身其中的国家科研项目还没有完成。疾病和死亡的威胁并没有打倒他,唯一让他感到遗憾的是他无法再为祖国效力。通过将个人的生命融入共和国的事业中,林俊德实现了人生的意义,也获得了超越死亡的不朽。

　　虽然大多数老年人很难像林俊德院士这样凭借其卓越的专业知识一直工作到生命的最后一刻,其人生也没有做出惊天动地的成就,但生儿育女、辛勤工作的一生也是平凡而有意义的。为了让晚年变得充实,我们可以继续追求赋予我们存在意义的目标——为他人、群体或社会做出贡献,我们也可以从事自己感兴趣的事来获得生活的乐趣。年老并不会阻碍我们实现自己的人生意义,虽然它可能要求我们转变一些自我实现的方式。波伏瓦曾经暗示,步入老年会帮助我们破除一些幻象。我们在年轻时执着追求的幻象——名声、权力或爱情,使我们无法获得本真性。从年轻到年老,我们生活的重心从积极行动转向平静沉思。老年人的生活不再被外部条件所限定,反倒可以为他赢得向世界敞开的机会。他不必再忙于营生,因而可以投身于兴趣;他不再为未来的目标而活,因而可以活在当下,享受充分的休息。老年有其特殊之处,在此阶段,随着我们行动能力的下降,我们积极外求的可能性变少了,但与此同时,我们沉思和反思的机会增多了。生命进行到此,向我们敞开了一种新的可能性:我们终于可以抛开世俗生活对我们的各种要求而享受生命纯粹的快乐了。回想一下孔子与弟子言志的场景,孔子向往的是曾皙描绘的生活愿景:"莫春者,春服既成,冠者五六人,童子六七人,浴乎沂,风乎舞雩,咏而归。"①

----

　　① 朱熹:《四书章句集注》,上海古籍出版社,2007 年,第 109 页。

第三章　与老年相关的哲学问题

在哲学史上，"老年"很少被概念化为一个哲学问题。西方古典哲学将老年视为人生的一个自然阶段，对老年生活的思考从属于对好生活的思考，且不同的哲学家对老年的判断有所不同，有的哲学家将其看作富有意义的一个人生阶段，如柏拉图或西塞罗，但多数哲学家并不看好老年，这是因为老年不可避免地在走下坡路，人的体力、智力甚至是理性能力都有可能会下降。近现代西方哲学从抽象的人性预设出发来想象现代社会的构成原则，将社会理解为独立的成年个体基于互利签署的契约，所以老年人几乎不在其视野之内。然而，"老年"会以各种方式与哲学思考发生关联，例如，衰老会改变一个人的形体、认知和意识状态，这是否会危及他的人格同一性呢？在医学伦理学中，这可能引发一系列棘手的问题。例如，根据患者过去或未来的选择和行为来推翻患者当前的选择和行为是否合理？最麻烦的是，我们尊重的到底是哪个人（格）？我们要不要尊重一个人陷入阿尔茨海默病前做出的预先指示，他的预先指示能代表他现在的意愿吗？如果他的预先指示要求有尊严地活着，那么我们是否还要维持他目前这种糟糕的存在状态？从身体现象学的视角来看，衰老与疾病有高度的相关性。疾病不仅会影响一个人的身体感知，改变他体验世界的方式，也会影响他的意义世界，让其日常追求的目标变得不再可得。现代医疗体系通常只管治病，不管治心，但对一些重病患者来说,有些疾病是难以治愈的,面对绝症,一个人如何说服自己继续活下去? 对临终病人来说,他们需要的是创伤性的治疗还是舒缓性的护理? 医学的目的除了救死扶伤,是否还应包含关怀? 什么是"以人为中心"的医疗护理,为何我们要推动医学的人文化? 从更大的社会层面来看,老年群体对健康有迫切需求,医疗资源是与老年群体息息相关的一种社会基本益品。如何分配这些益品才是公正的呢? 我们需要考虑一个社会应该如何分配医疗资源以满足公正性的要求。相比西方社会提出的积极老龄化的方案,我们能否基于自身的文化传统提出适应中国社会现实的积极老龄化的中国方案呢? 这些都是与老年群体密切相关的问题,但其背后隐藏着更深层的哲学关注:如何理解人格同一性,它会引发哪些实践关切? 在医学技术化的趋势下,为何要提倡"以人为中心"的医疗护理? 什么是公平正义? 公平正义是否要考虑人在不同生命阶段的不同需求? 在应对中国社会的老龄化趋势时,为何要重启儒家传统并更新对其核心价值的理解? 要回答这些问题并不容易,本章只能尝试性地对它们展开思考和探究。

第一节　衰老引发的同一性危机

人格同一性(personal identity)是西方哲学关注的一个核心问题。从形而上学的角度,人们会问,一个在时间中经历了种种变化的人如何可能还是同一个人? 一个此时之人在彼时如何可能还是同一个人? 从实践哲学的层面,人们会追问,人类早期胚胎拥有人格从而具有道德地位吗? 对于失去认知能力的人采取被动安乐死在伦理上是适当的吗? 衰老带来的机能衰退、认知能力下降是否会影响人格同一性? 这些问题成了众多哲学理论争论的焦点。当代主流的人格同一性理论将人的持存问题看作心理连续性或身体连续性的确认,即通过诉诸这一时刻的一个人和另一时刻的一个人之间的身体或心理关系,来确定前后时间中的两人是否为同一个人。但这些理论都面临各自的困难,为了解决其中的困难,说明究竟是什么机制使得"我"经历了不断变化后依然是"我",我们遭遇了叙事同一性理论。在这一节中,我将首先解释关于人格同一性的三种不同理论。接下来,我将聚焦于由衰老所引发的人格同一性危机。一个人的同一性不仅取决于我们如何看待自己,也取决于他人如何看待我们。在很大程度上,解决衰老引发的同一性危机就取决于我们能否协调这些可能对立的形象。最后,我将尝试给出克服衰老带来的同一性危机可选择的实践策略。

一、人格同一性的三种不同理论

1. 心理同一性(psychological identity)

启蒙哲学家约翰·洛克提供了哲学史上对人格问题的经典表述。对他而言,判断人格同一性的标准是意识,意识能让我们识别出之前的行为和经验,从而将人从过去带向未来,我们可以根据一个人心理生活的持续流动来定义他的同一性。意识出现在什么样的身体中,或者意识所依附的物质基础如何,则不重要。这种立场后来遭到另一位启蒙思想家大卫·休谟的质疑。休谟指出,我们所有有意识的观念、印象和概念都是会消逝的,因此意识不是连续性的而是片段性的,有意识的自我因此也是片段性的。让有意识的思想和经验产生了连续性和统一性的是记忆,正是记忆发挥的整合功能让原本片段化的自我统一了起来。如果人们没有记忆,他们就没有办法将一个印象与另一个印象结合在一起,对于构成自我或人格的那一连串因果关系就一无所知。

在洛克和休谟等人的影响下,当代主流的同一性理论采取了心理同一性的形式。据此,一个人的生命是由一系列相续的时间片段或人生阶段构成的。它将持存的问题看作确认心理同一性问题。这种观点认为某种心理关系对于主体的持存是充分且必要的条件。如德里克·帕菲特指出,在一个人的生命中,总是存在不同程度的心理连续性(psychological continuity),要紧的是将一个人生活的各个部分相连的心理的连续性和连接性。[①]如果一个人

---

① Derek Parfit, "The unimportance of identity," in *Personal Identity*, eds. Raymond Martin, John Barresi, Oxford: Blackwell Publishing, 2003, p.305.

在两天内有足够的心理内容相同,并且在今后许多天的过程中,其心理内容构成了一个连续性的重叠链,那么他就是时间中存在的同一个人。心理连续性使得人的发展演变具有唯一性。然而,经典的心理连续性理论没有注意到自我归因(self-ascription)的问题,因此它将连续性视为一种非人格因果关系的问题。缺乏一种自我归因的理论,心理连续性理论就面临解释人的回忆如何凝聚的问题,即"我"的回忆如何保持为"我"的记忆的问题。因此,这些记忆理论被迫引入一些条件,试图传输足够的记忆以确保个人身份的同一。这些条件包括最少数量的记忆;存在额外的心理状态,以及采集和/或传输记忆的某种因果规则。但这些策略只是量化的,不足以解决记忆太弱而无法确定身份的定性问题。设想一下,假如其他人("我"的母亲或姐姐)分享"我"的很多回忆和心理特征,她们可能会比"我"对"我是谁"有着更重要的记忆。在这种情况下,我们如何仅仅以记忆的连续性来确定人的同一性呢?

2. 身体同一性(physical identity)

经典的心理连续性理论还遭到了动物主义(animalism)的批评。动物主义的基本观点是,人是生物有机体,或者说,我们是由有机体构成的实体。我们可以根据一个单一有机体的持续存在来定义人的同一性。一个人由某种与动物相同的物质构成,但人与动物的不同之处在于,它们持续存在所依赖的条件不同。动物主义与更古老的关于人的哲学观念有相似之处,它们都指认出某种实体作为人持续存在的依据,不管这个实体是人的身体还是大脑。正如柏拉图、笛卡尔和莱布尼茨所认为的那样,我们是不可分割的非物质实体——灵魂,或者是由非物质的灵魂和物质的身体组成的复合物。根据动物主义的看法,一个特定的人,就是一个活生生的身体,身体是我们得以访问外部世界的基础和方式,它也是意识的基础,能够呈现人自身的心理行为。只要你的身体继续实现它的动物功能(呼吸、循环、消化、思考等),你就继续活着。因此,动物主义认为人格同一性是一种身体的同一性,只要"我"的身体活着,"我"就持续存在着。

动物主义的论证依赖于这个事实,如果我们将人格(person)仅仅看作心理能力的延续,那么人格与人类动物之间的关系就会很难解释。例如,胎儿是一种人类的动物。在典型的情况下,胎儿会发展成为一个将获得反思性的自我意识和道德能力的孩子。这种能力可能会持续下去,直到人类动物死亡,但在此之前它也可能会消失。胎儿不是一个洛克意义上的人(格),只有当一个人类的孩子获得了洛克所说的那些能力,人格才开始存在。那么,如何解释洛克式的人格与人类动物之间的关系呢,难道它们不是同一个人吗? 人格显然是后来出现的,但它们明明是同一个身体! 埃里克·奥尔森问道,这个人格是突然出现的吗? 它是一个在时空上与婴儿连续的实体吗? 如果是的话,那么在此之前存在的人类动物(即胎儿状态)又是怎么样了呢? 胎儿不是人(格)吗? 那么,堕胎为何会引发伦理争议? 同样,根据心理连续性的论述,当一个人陷入植物人状态,这个人就不再存在了。然而,在植物人状态下的这个人类动物与之前那个人是延续的。当其人格离开以后这个人类动物又突然出现了吗? 那么,在一个人整个存在过程中,是否有两个重合的实体每个时刻都做着完全相同的事情?[1]换言之,新洛克主义的心理路径有一种反直觉的含义,那就是我们中没有一个人会是胎儿,也没有一个人会陷入植物人状态,在我们的生存过程中,还有第二个实体——一种人类动物——存在。除了持存性条件,它与我们完全一致。因此,根据动物主义的看法,我们一生都是动物。在出生后的某个时刻,我们成为主体(subjects),然后是自我(selves),最后具有人格(persons)。临近生命的尽头,根据我们的身体情况,我们很可能会在死前失去人格;如果我们在死前进入一种永久的无意识状态,我们甚至可能会失去自我和主体性。但在我们存在的整个过程中,我们永远不会失去我们的动物性。

　　动物主义看似非常符合我们的直观经验,毕竟我们常常诉诸一个人的身体特征来确认他是谁。但面对一些复杂的医学情况时,动物主义可能会

---

　　① Eric Olson, *The Human Animal: Personal Identity without Psychology*, Oxford: Oxford University Press, 1997. 埃里克·奥尔森的动物主义将人(person)还原为动物(animal),所谓人类动物就是某种具有一定功能(functions)的有机体(organism),奥尔森认为并不存在独立于动物的人这一实体。他认为人不是一个实体概念,而是一个阶段分类概念。在一个人存活的所有时间中,尽管大部分时间他会拥有人格(personhood),但他在某些时刻(如婴儿或患有严重阿尔茨海默病的老人)要么不具备人格,要么丧失了人格,然而他始终是人类动物。

遭遇难题。例如,动物主义难以解决"换头术"的问题,如果通过医学手术将一个人的头成功地换到另一个人身上,那我们应该依据什么来判断这个人的身份呢,是通过他的身体还是他的记忆? 由于大多数人更偏好于相信我们的同一性存在于大脑或意识中,因此身体同一性理论(即动物主义)似乎无法完全说服我们。

3. 叙事同一性(narrative identity)

为了克服标准的心理连续性理论面对的种种困难,应对动物主义提出的挑战,美国当代哲学家马瑞娅·谢特曼(Marya Schechtman)发展出一种叙事同一性理论。她认为这种理论既能克服心理连续性理论的问题,又能容纳动物主义关于人本质上是一种生物的直觉,从而对人格问题提供一种更完善的论述。

针对心理连续性理论,谢特曼指出,人格同一性的问题不能由时间片段之间的关系来把握。认为一个片段与另一个片段是同一的,这是荒谬的。将一个人所有的本质属性融合为一个不可被化约的人的是各个特征多维度的互动。思想、记忆是通过由自我构成的叙事而带来的共同意识在时间中延展而形成的。这种时间性的影响朝过去和未来两个方向延展。谢特曼通过对洛克的占用(appropriation)概念的解释来说明这一过程。一个人通过记忆占用他过去的行为和经验,类似的,他通过预期将会拥有何种经验来占用其未来的经验。总而言之,一个人通过在时间中向两个方向延展而构成自我。在回溯的方向上,一个人可能会通过重新阐释塑造其生活的过去的事件;在前瞻的方向上,一个人会被预期的未来事件及经验所影响并积极行动。一个人正是通过在从心理上有控制的两个方向的占用、阐释与预期,将其经验整合为一个人的生活。

谢特曼指出,我们不应该从心理关联或记忆重叠的方式来思考人的心理连续性,而应该以叙事的形式来思考人的心理连续性。即追踪这种连续性的不是从外界加以指认的特征,而是人的能动性作用的结果,这一改动使我们得以回答"我是谁"的问题。根据这种看法,我们通过发展一种(多数情况下是隐晦的)叙事自传而成为人,这个自传就是我们体验世界的镜头。人们感觉他们的现在源自特定的过去并走向特定的未来,以叙事的方式来理

解我们的经验产生出自我意识深层的历时统一性。①叙事创造出一种历时的
整体性(diachronic holism),这与人作为时间中的存在者这一本体论的事实
有关。而心理连续性理论所理解的连续性恰恰缺乏这种整体性。在心理连
续性理论中,存在的是独立的时间段,但在叙事理论中,部分只能相对于整
体而得到理解,因此整体先于部分。我们总是要根据一个人的整体目标和
动机才能理解他的特定行为。这并不是说不存在独立的个体时刻,而是说
在建构人格同一性时,我们是根据一个进行着的叙事来理解自身的,个体时
刻总是要参照更大的故事整体才能被理解。成为一个人,意味着以整体的
方式来构想我们的生活,将每一个时刻体验为进行着的整体中的时刻。

　　正是我们将生活体验为整体,因此关心未来对我们来说就是理性的。
例如,"我"努力工作是为了实现未来的目标,那么,"我"就会将努力工作看
作"我"自身的选择,而不是被雇主强加了高强度的工作,这是两种非常不同
的体验。预期的未来事实上已经影响到了努力工作的性质。同样,由于我
们的生活是一个整体,所以"我"会对过去无法实现的事情感到遗憾,并希望
在未来找机会弥补这种遗憾。以此方式,我们特定的过去会影响"我"今天
的决定,而我们今天的决定也可能是未来某个筹划的展开。由于"我"的生
活并非偶然事件的集合,而是包含着有计划的能动性在时间中的展开,因
此,我们无法以一种全然外在于"我"的视角来看待"我"的生活。根据叙事
的视角,"我"之成为"我"是由于自传式叙事使得行为、经验和心理特征可以
被统合为整体的个人。叙事模式赋予主体一种核心的角色,因为它所依赖
的反思性意识源于人的切身体验,具有不可还原的第一人称性。叙事是从
内部的视角去探索自我:"我"作为经验的行动者或主体,如何以故事讲述者
的方式来超越时间带来的变化,在时间的流变中保持平衡与稳定。

　　在理解衰老引发的同一性变化时,叙事同一性理论有其独有的优势。
如前文中大卫·卡尔所指出的那样,人的衰老具有非常特殊的意义结构,这
使得人的衰老与物的老化有所不同。以椅子为例,椅子的老化会在椅子身

---

① Marya Schechtman, *Staying Alive: Personal Identity, Practical Concerns, and the Unity of a Life*, Oxford: Oxford University Press, 2014, p.100.

上留下痕迹,但椅子无法感受或体会这种老化,人却不同,人可以从其内部感知其衰老。这说明,衰老不仅是一个物理过程,它还伴随着复杂的精神体验。从"叙事同一性"的角度来理解衰老,意味着"我"需要将新的经验不断整合进"我"的故事中,"我"需要不断地回顾"我"的故事并相应地做出调整。值得注意的是,叙事同一性理论不允许我们随意讲述任何故事来说明"我是谁",它需要遵循谢特曼所说的"阐释的约束条件"和"现实的约束条件",前者要求"我"讲述的故事具有前后的一致性,后者要求一个人的叙事原则与现实之间必须存在对应关系。例如,"我"很乐意告诉自己"我"仍然是世界级的滑雪者,但"我"的关节疼痛或膝盖骨折向"我"告知了一个不同的故事,"我"只能接受这个故事。拒绝承认这些物理事实,将使"我"的生活变成了一部不受欢迎的闹剧。因此,从叙事同一性的视角来理解衰老,首先要拒绝物理的还原论,其次要尊重叙事建构的约束条件,最后要注意到衰老的精神含义,这种精神含义对于每一个人来说都是不同的。我们如何面对衰老,如何理解自身内部的变化,可能决定了我们是否老去,而叙事同一性理论恰好是可以用来说明老去个性化特征的绝佳方式。

二、衰老与人格同一性

　　从人格同一性的三种不同理论出发,我们将看到,衰老会影响人的身体,危及人的身体同一性。衰老最显著的作用就是它对身体外观的改变。它令我们皮肤的弹性纤维逐渐分解,导致皮肤松弛、变薄并褶皱。它令血管容易损伤并流血,导致无害的红褐色血斑出现在手背和前臂上。人老后,汗腺功能会减弱,致使皮肤粗糙、干燥,还很容易发痒。头发毛干中色素的减少和空气的增多同时影响着男性和女性,使他们的头发渐渐变成灰白色。随着年龄的增大,人的新陈代谢会减慢,肌肉组织会慢慢被脂肪代替,心肺和循环系统的效率会降低,从而使运动更加困难。人的各种感官也不再像以前一样灵敏了,这主要是由于神经细胞的减少。眼睛的晶状体会变得僵硬,很难聚焦近处的物体;色彩的分辨能力将不那么敏锐;从光亮处到暗处的适应能力也会下降,从而使夜间驾驶变得不太安全。听力会衰退,并且很难对声源进行定位。味觉和嗅觉也会衰退，逐渐对食物失去兴趣，有时还会导致食欲不振和营养不良。平衡感也不再灵敏，这会导致身体不稳和意外跌倒。身体上的变化以及由此产生的差异使得年轻人很难理解老年人的处境。例如，很多人不知道，人的老花度数是不断变化的，甚至在不同光线下，眼镜视物的效果也不同。然而，戴着一副普通的老花镜，很多老年人既看不清近处，也看不清远处，就活在模模糊糊的世界里。听力的衰退让他们说话的声音时大时小，味觉的衰退则可能让他们越吃越咸，患上高血压等疾病。如果这种种的"不适"被看作"无能"的表现，那么社会只会越来越拒斥老年人而不是接纳老年人。

衰老也会影响人的心理同一性。进入50岁以后，人的记忆力明显下降，可能会忘记自己的工作，想不起来前一天发生过的事情，这是因为位于大脑中央主管记忆的海马体开始萎缩。到了60或70岁，人的短期记忆能力下降，例如，老年人会很难回想起电话号码或者别人的名字。随着年龄愈大，记忆力的衰退会影响到人学习新知识和新技能的能力，与此同时，解决抽象问题和处理信息的能力会下降。值得庆幸的是，大多数老年人在正常情况下不会出现严重的智力下滑，他们的认知水平足以帮助他们维持人格的同一性与行动的稳定性。然而，如果人们有幸活到85岁以上，有一半多的机会罹患阿尔茨海默病。患上阿尔茨海默病或其他类型的认知症，会使人逐渐失忆，时空感紊乱，最后甚至无法认出自己的亲人，不知道自己是谁，为什么出现在此地此处，其心理同一性将难以维持。

据美国精神病学协会的调查，阿尔茨海默病以及其他类型的阿尔茨海默病会引起人的功能下降，它们表现为：（1）记忆障碍。（2）患有以下一种或多种认知障碍：（a）失语症（语言障碍）；（b）失用症（尽管运动功能完好，但进行运动活动的能力受损）；（c）失认症（尽管感觉功能完好，但不能识别物体）；（d）执行功能紊乱（计划、组织、排序和抽象）。（3）由于上述症状，社会的或职业的功能显著受损，与之前的功能水平相比明显下降。[①]阿尔茨海默

① David DeGrazia, "Advance Directives, Dementia, and 'The Someone Else Problem'," in *Bioethics*, 13(5), p.376.

病表现为各个层面功能的退化,包括细胞层面、组织层面(脑萎缩)、个体层面(抑郁、睡眠减少)和社会层面(社会隔离等)。与身体患病相比,更可怕的是社会对阿尔茨海默病患者的一些污名化。这令那些患病的老人感到恐惧和羞辱,哪怕出现了相关症状,也不得不隐藏病情。一些家属害怕老年患者带来的尴尬和麻烦,干脆不让他们出门,结果令其病情恶化得更为严重。

根据心理同一性理论,人之为人在于其具有的复杂的自我意识能力,维持人格的主要是一个人心理上的连续性。但对于严重的阿尔茨海默病的患者来讲,他与患阿尔茨海默病之前的那个人的心理联系非常薄弱,以至于(按照心理同一性理论)两者很难再被看作同一个人。这在医学上就会产生一些棘手的问题。例如,如果一个意识清醒的人在患病前写了一份预先指示(advance directive)①,拒绝在阿尔茨海默病严重的情况下接受生命维持治疗,但患病后的他与之前写预先指示的他已不是同一个人,那么要不要执行之前那个人的指示呢?

叙事同一性为解决这一难题提供了一种可行的思路。一个人的叙事同一性预设了他的自我观念,它包含了一个人的生活故事,并揭示了什么东西对他来说是重要的。叙事同一性不是事实的堆砌,而是对事件和事实的有序组织和结构化,它刻画了一个人的核心特质,使其经历在心理层面变得可理解。一个人重要的决策和决定只有结合其人生故事才能获得理解,因为这种自我阐释的叙事表达了一个人的价值取向和偏好。基于这种叙事同一性,一个人可以对未来可能发生的事情做出预先安排和决定,这种决定反映了他的自主选择。大卫·格拉西亚(David DeGrazia)认为,如果一个人的自我关注意图超出了一个人具有明确的叙事能力的时间,那么他就可以在未来非自主的时候提前自主地为自己做出决定。这也是人的自主性的体现,他将其称为"先前的自主性"(precedent autonomy)。②格拉西亚正是基于叙事

---

① 预先指示,又称为"生前预嘱",指的是一个人在头脑清醒、理智健全时用书面表达的关于临终医护的愿望。其主要内容包括:生命不可挽回之际,当事人是否要放弃呼吸机、心肺复苏术、喂食管、输血措施、抗生素,以及是否愿意捐献自身器官和如何安排自己的丧事等问题。诸预先指示的目的仅在计划者失去决策能力后指导计划者的治疗决定。如果计划者仍有能力做出他或她自己的医疗决定,医疗保健专业人员应获得该人对治疗的知情同意,并且没有必要或有理由依赖预先指示。

② David DeGrazia, *Human Identity and Bioethics*, Cambridge University Press, 2005, p.180.

同一性论证了"预先指示"的合理性,因为人的叙事同一性具有向未来延展的维度,正如我们可以为未来储蓄,我们也可以预先决定一旦我们丧失自主性,我们不愿意被其他人对待的方式。"预先指示"中的医疗决定表达了一个人对自己未来的关切,这种关切是一个理性人在有自主能力时对自己未来无自主能力的理性思考与关切。罗纳德·德沃金也认为,基于人格的一贯性和完整的自主性观点(integrity view of autonomy),人的先前自主性应当得到尊重。他指出:"一个还具有行为能力的人,要是为他万一变得痴呆后所需的治疗事先签署了生前预嘱,根据完整的自主权理论,他所做的决定就是自主权最要尊重的决定:因为他所做的决定其实是和他想过的人生的整体形式有关。"①"预先指示"或"生前预嘱"保护的是一个人最核心的自我意愿,它令陷入无意识状态的个体也能够以自己所希望的方式被他人对待,从而维护了人的自主性与尊严。生命的意义和尊严预设了人格的同一性,它不停留于某个时刻碎片化的自我,而是关心自我的福祉在时间中的实现,否则我们对衰老和死亡的担忧就令人感到莫名其妙。人类的独特之处就在于其叙事能力,以及在时间中去过一种有反思意识的生活的可能性。从叙事同一性的视角来看,使一个人失去追寻和表达其自身故事的能力,把一个人视作可替代的或没有过去和未来的,意味着剥夺他的尊严,否定他特定的存在方式。

三、同一性的危机与克服

显而易见,衰老和衰退的经历可能会对一个人的同一性(自我认同)产生负面的影响。一个人认为他(她)不再是曾经的那个自己,或者老化使他(她)变成了他(她)认不出的人,与其理想的自我形象相去甚远。衰老以及由之带来的身体机能和认知能力(尤其是神经系统功能)的下降可能危及我们的人格同一性以及过一种反思性的生活的能力。那么,有什么

---

① 罗纳德·德沃金:《生命的自主权:堕胎、安乐死与个人自由的论辩》,郭贞伶、陈雅汝译,中国政法大学出版社,2013年,第299—300页。

办法能帮助我们克服由衰老产生的同一性危机吗？在此，我们可以借鉴老年学家 Brandstädter 和 Greve 提出的自我塑造的策略。这些策略可以被认为是帮助老年人维持尊严的策略：它们让人们在晚年依旧能够保持自尊和尊严。①

第一种策略是通过一些替代性的手段积极改变自己的状况来弥补损失，以再次恢复自己熟悉的自我形象。例如，容易忘事的老年人可以通过记笔记来提醒自己，视力退化的老年人可以通过佩戴老花镜来解决，听力衰退的老年人可以佩戴助听器来接收声音。这些替代选择可以帮助一个人维持他（她）既有的自我形象，他（她）无须对个人身份做出重大调整。"替代"对于那些刚刚开始感觉到衰老的老年人来说是最常使用的一种策略，它无须我们做出重大改变，只需使用一些辅助性手段即可实现我们的行动目标，让我们维持既有的生活方式和自我形象。

第二种策略可以被称为适应性策略。当第一种策略行不通的时候，老年人可以采取第二种策略，即做出一些重大改变以适应衰退。适应的目标是"重塑"自己的能力，前提是人们还没有停止对自己生活的叙述。按照伯纳德·威廉斯的看法，一个人的人生计划仍然可以改编甚至重写。例如，由于中风而行动不便的老人要接受自己的现实，通过轮椅或其他辅助手段来实现行动自由的目标。对于很多老年人来说，接受自己变老并不是一件容易的事情。他们可能仍然保持着一些年轻时的生活习惯，如大步走路，快速进食等。但他们变老的身体会对这些习惯提出抗议，甚至可能以跌倒、消化不良等方式提醒他们，要对自己过往的生活方式做出改变。一些老年人"不服老"，即心理上不接受自己老了的事实。"不服老"在多数情况下可能是积极的：坚持多年来的一些习惯，并以此证明自己的能动性和自主性并未受到影响。拒绝年龄带来的刻板印象，积极主动地学习新事物，接受生活方式的改变，如使用小程序开展网上交友、云参观等。但在有些情况下"不服老"也会带来潜在的风险：不愿意根据身体情况改变过往的生活习惯，如糖尿病患者不愿意改掉吃甜食的习惯，高血压患者依然像年轻时那样热衷于高强度

① Brandstädter, J., and Greve, W., "The aging self: stabilizing and protective processes," in *Developmental Review*, 1994, 14(1):52—80.

的登山运动,那么更大的健康危机就会找上门来。做出改变并不必然意味着自主性的减弱,尽管相比年轻人,老年人进行自主选择的范围确实在缩减。虽然生活选择的范围缩小了,但人们依然能够以此方式来保持生活中最重要的活动及联系。例如,当老年人不能通过长途旅行拜访亲友后,他们可以通过视频聊天等方式来维持联系。改变意味着适应性的提升和韧性的增强。能够适应衰老并做出相应改变的老年人体现出了一种"韧性",这种能力可以在各个方面促进他们的幸福感,让他们在晚年依然感到自己对生活的掌控力。

最后一种策略比较消极,可以被称为"封闭"。它指的是那些无法或不愿重塑自己的人可以选择对其同一性(身份)进行封锁,即拒绝做出改变。就这部分老年人而言,他们相信自己一直是并且继续是曾经的那个人,所以不想改变自己,或做出一些适应性的改变。他们冻结了自己的身份,并使自己与周围环境的反馈隔离开来,阻止同一性的更新。这在一些患有绝症的老年人那里表现得十分明显,他们认为治疗对他们已经没有任何作用,他们进入了生命的倒计时。还有一些老年人因为配偶的离世而选择封闭,他们活在回忆中,感觉不到存活的意义,只想随配偶而去。他们的生命之书已经关闭;没有新的章节可以书写。

许多老年人会有意识地使用这三种策略的组合来保持自身的同一性。他们时而积极,时而消极,他们面临埃里克森所说的绝望与整合两种倾向的拉扯。对此,哲学的劝解是:如果想要积极地老去,那么一个人就需要通过一次次地调整自我形象来维护自传体叙事,从而持续地进行自我整合。依据叙事同一性理论,人的同一性是过程性的;个人需要不断适应生活过程中出现的新需求来调整自我形象,构筑一个连续的生活故事。例如,如果衰老令"我"不再有长途行走的能力,那"我"可以找到另一件事来唤起"我"生命的热情,不管是收集年轻时喜欢的唱片,或者为了出国旅行而学习外语。如果"我"不能继续担任博物馆的志愿导览者,那可以通过为博物馆收藏的展品搜集背景资料来继续参与博物馆的研究工作。对于老年这一阶段而言,身体能力的减弱是很自然的事情,但人的存在从来不限于身体。好的变老不是像某些媒体宣传的那样,可以 60 岁去慢跑、70 岁去爬山、80 岁去骑单车。这不是大多数老人可以效仿的老去方式。好的老去意味着尽可能保持健康、保持活力,去做那些能丰富生命的事情,去做能带给周围人善意和关怀的事情。老得好(aging well)不是指外表不发生变化,而是指我们不再仅以维持身体功能来定义自己。要成功地适应老龄化,老年人需要在自身需求和外界期待之间寻求平衡。①老年人可以有选择地参与或退出某些社会角色,例如弱化工作中的角色,以换取家庭角色中的高参与度,来提升生活的满意度。随着退休制度的改革,有越来越多的老年人会继续留在工作岗位上。设计弹性工作的方式,对工作场所进行适老化改造,可以让更多的人享受到有意义的工作和家庭生活的平衡。②退休后的老年人可以更多回归家庭,包括增加与子女家庭的互动,来提升生活的意义感。过一种好的生活需要我们不断做出改变,以适应外部环境和内部身体条件的变化。家庭,对于稳固老年人的社会地位有着重要的作用,因为与家人交流可能是一些老年人唯一的社会联系,家庭内的活动是人类活动最典型的实现形式。对老年人来说,成为家庭的一分子是获得情感均衡或精神健康的重要方式。③

　　从叙事同一性的角度来看,年老意味着"我是谁"的故事变得更为稳定。一方面,人生越是往后走,一个事件的意义就越是趋于固定,因为改变这个事件意义的时间变少了。另一方面,年老也意味着我们看待事情的角度会有所不同,对不同事物重要性的评估会发生改变。例如,一个人在年轻时将取得工作成绩看得格外重要,并愿意为之付出巨大努力,包括牺牲与家人相处的时间。但随着年纪的增大,这种想法会发生改变,他可能会降低社会成就在其生命中所占的分量,更加珍惜与家人相处的机会。有的人在年老后会反思曾经做过的错事,感到懊悔和遗憾。由于人的人格体现为一种在时间中加以整合的叙事同一性,忏悔虽不能改变已经发生的事实,却可以帮助

①　兹比格纽·渥兹涅克:《老年社会政策的新视野》,陈昫译,社会科学文献出版社,2019年,第24页。

②　宝马汽车公司对其在丁格尔芬的生产线进行了70次小的改变。他们使用低冲击力的木地板来代替混凝土地板,采用轮岗制以减少重复工作带来的压力,提供了符合人体工程学、专为中老年设计的工作椅,推广有规律的锻炼计划等,令工厂生产率提高了7%,并且没有一个工人说想离开。其改造的大型新车间可由50岁及以上的工人运营。

③　兹比格纽·渥兹涅克:《老年社会政策的新视野》,第28页。

他减轻心灵的重负,改善自己的行为,以弥补年轻时犯下的错误。因此,由衰老带来的同一性危机也可能成为人格重塑的契机,人们如果能够顺利解决这一危机,就有望在晚年克服绝望感,实现自我的整合,促进生命的完成与意义的获得。阿尔茨海默病和其他形式的认知症对人的叙事同一性产生的影响更为负面。在此情况下,试图减缓认知症对叙事同一性有害影响的一种方法是通过相关物品唤起患者的分布式回忆。①向患者展示一些与过去经历相关的物品,如照片、纪念品、服装、日记、奖品等,可以帮助患者访问原本无法访问的记忆,唤起他们零星的回忆,在一些重要时刻找到"我是谁",从而对其福祉产生积极的影响。在阿尔茨海默病的护理中,一个人对过去能力和经历的记忆可以被培养并用于治疗,从而使得短期记忆和行为控制的丧失在某种程度上能够得到缓解和补偿。

虽然衰老是一种不可逆转的自然现象,但人们如何面对衰老,选择老化的策略,却不是一个自然而然的过程,而是包含着个人能动性的参与,以及究竟接受还是抵制消极的老化叙事。就此意义而言,克服衰老带来的同一性危机,需要我们主动讲述一个"我是谁"的故事。对于那些无法主动生成叙事同一性的认知症患者,"我是谁"的故事需要其他人帮助他们维持。我们不应将认知症视为一种只与大脑有关的疾病,还应积极调整环境,运用叙事医学和现代科技帮助患者改善其福祉,维护其人格尊严。

第二节　疾病、衰老与"以人为中心"的医疗护理

急症室医生姚灏在一篇文章中反省了作为医生的特权。"当陌生人愿意在你面前露出自己柔软的腹部进行触诊,允许你把冰凉的听诊器放在他(她)的胸口,愿意开口向你诉说他(她)生命中最隐私、最个人的部分,你就

---

① Richard Heersmink, "Preserving Narrative Identity for Dementia Patients: Embodiment, Active Environments, and Distributed Memory," in *Neuroethics*, Vol.15, No.8, p.7.

知道这样的身份究竟是种怎样的'特权',你也就知道在护理与关怀中,这个世界原来可以回归到那个'最是接近于无防备的世界'——人与人之间的信任得以重建,你、我、他、她都将不再,而只剩下一个词、一个概念、一个类别,那就是'我们'。"①姚灏提醒医护人员注意他们的特权,因为他们所进入的是每个人最隐私和最脆弱的身体。我们很多人都有患病求医的经历,也曾在医生面前袒露我们身体的隐私。这种袒露是为了让医生了解我们身体的具体状况,同时也是向另一个人展示我们的脆弱性。在现代医学体系中,病人根据其患有的疾病被分类,他们在医护人员眼中首先凸显的身份是某一类疾病的患者,而非一个个具体的个人。身体(肉身),对于健康的人而言,常常是不被注意的存在的根基。它承载着我们的行动,让我们的意识得以超越肉体的边界。当健康的人迈开双腿大步行走时,他专注的是身旁的风景和将要抵达的目的地;但对于患病的人而言,他的每一个举动可能都是困难的,这些困难提醒他身体的不良状态,令其将关注拉回到身体本身,回到其存活的最基本要求上。很多人乐观地认为,老年不一定带来衰老,老年也可以是充满活力的人生阶段。但对于患有重疾的老年人来说,疾病会大大降低他对生活的信心,提醒他生命进入某种倒计时,从而改变他感知世界的方式。

一、疾病、衰老与意义世界的危机

梅洛-庞蒂在《知觉现象学》中指出,"我"就是"我"的身体,一个人对世界的理解和建构是从具身性的体验开始的。健康或疾病是身体确证人类在世的基本方式。健康是身体在世的常态方式,与之相对,疾病会改变一个人在世存在的方式。疾病会使一个人的创造力——以一种有想象力的方式适应世界的能力——和表现力——赋予其处境以意义,从而将其纳入惯习的能力——大大受损。②疾病不仅是身体的失调,更是对病人生活的意义世界

①　姚灏:《急诊室琐记:护理危机与关怀革命》,《信睿周报》2021 年 7 月 1 日。
②　Miriam Bankovsky and Alice Le Goff, *Recognition Theory and Contemporary French Moral and Political Philosophy*, Manchester University Press, 2012, p.133.

的冲击。它可能摧毁一个人对未来的希望,使其存活失去意义。由于个人
总是通过叙事来发展自己的人格同一性,因此,对一种严重疾病的诊断,尤
其是一种预后不良的疾病,会破坏患者已有的生活,改变其人生故事。弗雷
德里克·斯维纳乌斯(Fredrik Svenaeus)将疾病看作一种异化的方式。他指
出,由疾病产生的痛苦从本质上是一种个人异化:患有绝症通常意味着一个
人生活中既定的意义结构的崩溃或侵蚀。身体的痛苦会影响一个人整个的
经验世界,它将巨大的不确定性引入人的生活,通过身体的不适时刻提醒
你,你在世界中的位置已发生了改变。它改变了人们惯常的体验,将患者的
世界颠倒过来,变成了一个充满敌意的地方。因此,医学的目标不只是恢复
身体的正常功能或减轻身体疼痛,更应是"为了使患者体验到的身体、世界
和生活故事不那么陌生"①。医学的最终目标是让我们再次回到自己熟悉的
身体和世界中。斯维纳乌斯指出,重大疾病往往会引发人的意义危机。问
题不仅仅是我们处于痛苦之中,或者我们不能再做我们想做和曾经做的事
情。问题是,我们似乎已经在这个世界上失去了立足之地,以至于我们开始
怀疑曾经对我们很重要的事情是否真的很重要。如果痛苦能让我们抵达某
个地方(实现某种目的),我们通常愿意经历痛苦——例如,怀孕生产也令人
痛苦,但这种痛苦孕育着新生。让我们失望的是一种没有意义的痛苦,一种
令人逐渐衰退直至死亡的痛苦,它使我们与自己的身体疏远,与我们自己疏
远。从这个意义上而言,疾病,尤其是无法治愈的疾病,会极大地影响一个
人的人格同一性,让他遭受深刻的自我怀疑,危及其存在的价值。

对患有慢性疾病或不可治愈的疾病的人来说,疾病不是短期能够摆脱
的状态,而是一种永久的生活方式。它潜入我们,令我们变得如此习惯于
它,以至于它定义了我们的生命形式——它变成了我们,或者我们变成了
它。当它变成我们时,我们的旧生命形式脱落并形成一种新形式——一种
带病生存的"新常态"。它改变了其日常体验,和向未来投射自己的方式;它
会产生一种普遍的情绪,让人感到压抑、失望和受到威胁。疾病带来了一个

---

① Fredrik Svenaeus, *Phenomenological Bioethics*: *Medical Technologies*, *Human Suffering*, *and the Meaning of Being Alive*, By Fredrik Svenaeus. Routledge, 2018, p.xi.

受限制的世界,一个人的所有存在方式和行为方式都会受到疾病的影响,例如运动能力、能量水平、疼痛和感官体验的变化,以及情绪、时间性等。它从根本上改变了一个人的认同、自主性和意识所依赖的具身性基础。疾病的经历迫使我们认识到自身的极限,让我们屈服于命运。它暴露了人的脆弱性,让人感到生活受挫、习惯性参考框架的丧失、自我控制感的丧失、对他人的依赖、对即将到来的死亡的恐惧,等等。疾病扰乱了"我"与肉体之间的关系,它不但威胁着"我"之肉体,而且也威胁着"我"之人格、自我平衡乃至"我"的各种伦理关系。①它可能带来人的异化,人们越发感到衰老的自己与健康的自己日渐疏远。人们被迫接受患病身份,开始在疾病中寻找积极因素,重构新的价值观和理想,并在此基础上构成新的自我认同。对于老年人来说,他们可能要不断去消化这种经验。"《中国老龄事业发展报告(2013)》的数据显示,预计到2050年,我国将有1亿的失能老人。失能老人在生理机能自然退化与病态退化的共同作用下,丧失独立的日常生活自理能力,尤其是完全失能的老年人,更需要借助外部的照料和护理。而我国目前养老事业的发展尚不发达,失能老年人的护理和照料成本居高不下,与此同时,传统家庭养老模式又受到家庭模式小型化的挑战。"②在此背景下,政府积极探索如何通过调动社会资源来满足老年群体的护理和照料需求,医学机构探讨如何在疾病状态下维护老年人的生命尊严,就变得极为迫切。

现代医学的发展受益于科学技术的推动。基因技术、分子生物学和遗传学的发展,大大提高了医学的诊断水平和治疗水平。十年前的不治之症,如今在一个住院医师那里就可能迎刃而解。一些医生为自己拥有了高科技技能而感到自豪和骄傲,但如果医学只是技术,早晚有一天最厉害的外科医生也会被机器人所取代。这不禁令人反思:医学的本质是什么?为何医患关系会影响治疗效果?倡导"医者仁心"还有必要吗?因为单纯的技术相对于满足病人的需求总会显得乏力。医生所从事的许多医疗活动也不可能彻底医治病人的疾病,相反,在有些情况下,对病人来说,同情、理解、关怀、缓

---

① 任丑:《身体伦理的基本问题——健康、疾病与伦理的关系》,《世界哲学》2014年第3期。
② 穆光宗、胡刚:《最后的尊严:论老有善终》,《扬州大学学报》(人文社会科学版)2020年第2期。

解疼痛与压力是他们更希望从医护人员那里获得的。因此,医学的技术化不应该排斥医学的人文化,后者才是医学的目的,前者只是医学的手段。医学人类学家穆光宗在其研究中指出,医学的人文化意味着医学的发展应尊重人的生命规律,提升人的福祉,而非一味地延长生命。以人为本、以生命为中心的人文医学需要尊重生命历程、生老病死的规律,在生命演进的不同阶段承担着不同的使命和责任,对应存在有三种形态的医学,即预防医学、治疗医学和缓和医学。第一阶段是在身体康健时,对身心进行自我保健,防微杜渐,减少或者推迟疾病的发生,此阶段医学的任务是预防疾病、保健身心,亦即中医讲的治未病,此为"预防医学"。第二阶段是一旦遭遇疾病,寻求各种手段进行干预,如癌症治疗的常用手段是放疗、化疗以及靶向治疗,此阶段医学的任务是疾病治疗和身体复健,此为"治疗医学"。第三阶段是当疾病恶化、无法逆转之后,生命进入转瞬即逝的告别期,如何把病苦的生命安宁、有尊严地送走,这也是医学不可推卸的责任,此为"缓和医学"。穆光宗强调说,医学既有治疗疾病的使命,也有关怀生命的使命。医学的目的不是克服死亡,而是以遵循生命规律的方式来提升生命品质和死亡品质。

穆光宗对医学的分类提醒我们,处于不同年龄段、身体状态不同的人对医学的需求是不同的。大部分的老年医学家,都坚决主张不要使用激烈的介入性手段来延长病人的寿命。在他们眼中,改善老年人的生活品质,而不是去延长寿命,是更重要的目标。因此,老年科医生在提供治疗方案时,会考虑影响患者健康和生活质量的诸多因素,包括其居住地、看护人,以及患者的饮食、睡眠、行动、大小便、心理和思维状况等,他们的工作是减少大小便失禁、控制意识混乱、帮助家属处理阿尔茨海默病等疾病,目的在于帮助老年人尽可能过着独立而有尊严的生活。[①]老年医学的出现挑战了人们一般意义上理解的治疗医学。正如穆光宗指出的那样,对应于人的不同需求,医学应有不同的形态。但总体来讲,医学的目的是增进人的生命福祉,而非给人带来无意义的痛苦,它应该提供"以人为中心"的医疗护理。

---

① 　舍温・努兰:《外科医生手记:死亡的脸》,杨慕华译,海南出版社,2008 年,第66 页。

二、什么是"以人为中心"的医疗护理?

如果医学的目的不只是克服死亡,还包括提升生命的品质,那么医学的任务就不光有治疗,还应包含关怀。如能将关怀的精神贯穿到医疗过程中,那么我们的医学将成为有温度的医学,我们的医护人员会成为温暖人心的白衣天使。当然,这不是仅仅针对医护人员的道德要求,它需要我们从整体上改变现有的医疗模式,从而增加医护人员从事关怀的医护活动的可能性。我们现有的医护水平受制于有限的医疗资源,以及不够先进的医学观念,在此条件下,病人能够获得的护理品质取决于病人所就诊的医院及对其负责的医护人员的医疗水平,具有很大的随机性。临床医师姚灏通过观察急诊室的日常图景——急诊病人被随意"摆放在"急诊大厅,隐私无法得到保护——反思说,如果资源紧缺的护理体系褫夺了人们的隐私与尊严,那么作为医生应如何与病人共同面对这一处境? 站在医护人员的立场,他追问道,我们该提供怎样的"以人为中心"的医疗护理呢? 这个问题不仅面向医护人员,面向我们的医疗体系,也是医学伦理学应当思考的问题。我认为,"以人为中心"的医疗护理不同于传统的"以治疗为中心"的医疗护理,后者将技术化的医学干预视作医护工作的重心,将治愈疾病视作医学的主要目的。"以人为中心"的医疗护理将医学视为一门关于人的科学,提出应该对生命、疾病和痛苦有全面的认识。这种医学观将病人视作具有完整性人格的个体,尊重其意愿,保护其隐私,满足其合理需求,为其谋求福祉。对它而言,治疗只是满足病患需求的一种方式,如果还有更好的方式能够满足病患的要求,有利于增进其福祉,那么"以人为中心"的医疗护理同样会接受这些方式,例如临终病人所需的"安宁疗护"①。接下来,我将从四个方面来探讨"以人为中心"的医疗护理需要满足哪些规范性的伦理要求。

---

① "安宁疗护"也称为临终关怀、末端期关怀或者姑息治疗。不同于"安乐死",安宁疗护致力于在减少患者身体病痛的同时平静他们的内心,最终帮助患者从容、有尊严地离去。参见景军《我们如何安宁地"老去"》,《廉政瞭望》2020 年第 9 期。

1. 尊重患者日渐衰退的自主性

"以人为中心"的医疗护理首先考虑的是医患关系的不对称性,即相比拥有医学权威的医生,病人不仅缺乏专业的知识,而且其自主决定的能力在下降。在临床环境中,当人们面临疼痛、疲惫、抑郁、否认、恐惧或其药物治疗具有认知影响时,他们做出选择的能力就会受到威胁。然而,重要的是让他们参与有关他们治疗的决策。"知情同意"[①]仍然是医学伦理学的指导方针。将疾病对自主性的影响纳入考虑并不等于否定自主性在此情况下依然具有意义。但此时,自主性不再是人们行动的起点或预设,而是需要治疗加以恢复的东西。疾病发起的是本体论意义上的攻击,它可能会改变一个人的身份,因此患者对医护的信心至关重要。医患关系有助于这些脆弱的人了解正在发生的事情并积极应对疾病。在此情况下,医患关系的质量与能够对抗疾病的医疗技术同样重要,因为当患者不信任照顾他们的医护人员时,他们不可能配合治疗。尊重患者的自主性对医生的诊疗工作提出了较高的要求。知情不是简单的告知,医生的责任是向患者提供所有信息并验证他们是否理解了这些信息。简单地提供信息而不注意患者接收信息的方式是一种不负责任。对一个人的特殊需要敏感,有能力倾听他或她说实话,以他或她可以理解的方式提供真实信息,并激发起病人信任的能力是关怀病人所需的一些道德品质。这些道德品质,包括仁慈的美德,是尊重患者自主性的条件。作为医护人员,不要帮老年人做决定,而应该帮助他们去完成他们想做的事,哪怕他们的身体是有机能障碍的。

即使在阿尔茨海默病这种极端情况下,自主性对病人来说也是有意义的。这个概念代表了医学伦理学的一个主要原则,即尊重人的自主性,尤其是一个人按照其意愿行为的能力。即使我们所照顾的人缺乏相关的能力,即她缺乏明述其欲望的能力,我们也应该通过其感受的表达来了解其意愿。临床医务工作者注意到,对于确定这部分病人的意愿,只需注意患有阿尔茨海默病的听障患者在被迫做令他们不悦的事情时会尖叫或表现出攻击性的反应就足够

---

① "知情同意"这一用语最早出现在《赫尔辛基宣言》之中,意指"病人在治疗被实施之前,知道和同意特有的治疗形式,是有行为能力的个人在获得充分信息的条件下对所参与事情的自愿决定"。参见 Raanan Gillion, *Philosophical Medical Ethics*, Chichester: John Wiley and Sons, 1992, p.113.

了。有时,他们会趴在床上来表达抗议。与之相反,当他们被邀请做符合他们意愿的事情时,他们会表现出享受的样子,似乎很高兴。对这类患者来说,体面的生活不仅包括照顾他(她)的物质需求——包括洗澡、穿衣、如厕,协助他(她)参与一些有趣的活动,而且还包括照顾他(她)存在的更超然方面,例如通过执行上述个人护理任务,为家人和朋友的探访提供便利,帮助他(她)回忆过去,或将他(她)视为完整的个人,支持他(她)余留的自我选择的能力。

在这种衰退的意义上,自主性不再表现为完全意义上的自我决定,拥有自主性的前提也不再是正常的认知能力。但认知能力的下降不等于完全没有道德能动性。阿尔茨海默病不是稳定和持续下降的,而是时断时续。即使在晚期,患者也可能具有某种程度的道德能动性,以及或多或少的清醒时刻。保护阿尔茨海默病患者的自主性需要识别出他们的欲望、需求和价值观,并帮助他们满足一些合理的需求和意愿。首先,阿尔茨海默病患者仍拥有欲望和价值观的能力。认知障碍和阿尔茨海默病不会影响这种能力。阿尔茨海默病患者仍然有欲望,尽管他们往往是矛盾的,例如渴望家人的探望,但又不想清洁自己。他们很难确定自己的愿望,而医护人员的任务之一就是帮助他们确定这些事项的优先秩序。为此,引入欲望和价值之间的区别会有所帮助。欲望是一种冲动,而价值虽表现为一种欲望,但它的实现可以恢复一个人的自尊。对价值的追求表达了一种渴望,承认了在人的生活中有意义的东西。严重的阿尔茨海默病患者很有可能不认识自己的亲人,甚至忘记了他们一生中做过的事情。但是时空地标的丢失并不意味着他们没有任何感觉。对于阿尔茨海默病患者来说,他们的体面待遇不仅包括满足其物质需求——可能包括洗澡、穿衣、如厕,还包括照顾他们存在的更超然方面,例如为家人和朋友的探访提供便利,将其视为个人,帮助其回忆生活的点滴,支持他余留的自我选择的能力。因此,记忆的丢失不是我们否认其当下欲望的合理条件。这就是为什么我们不能因为阿尔茨海默病患者的人格同一性受损,就否认其意愿的合理性的原因。其次,阿尔茨海默病患者丧失了以被理解的方式与他人进行交流的能力。但他们仍然拥有欲望和价值观,只是需要其他人来帮助他们破译其意愿,并为其提供符合其愿望的照护活动。同理心、倾听某人意见并解释其意愿的能力,以及发现能满足患者需求的东西的想象力是照护这类疾病患者的人所急需的道德技能。这些能力也是关怀伦理学认为对于从事关怀实践来说必不可少的能力。

2. 通过照护缓解病痛

面对衰老和病痛,很多老人最初都无法接受。医学延长了人们的寿命,但并未带来生活质量的同步提升。由于疾病卧床而生活无法自理,让很多老年人陷入无尽的痛苦中。疾病产生的痛苦不仅反映在衰败的身体上,也印刻在病患及其照护者的心坎上。丽塔·卡伦在《叙事医学:尊重疾病的故事》一书中指出,我们应当修正医学的目的,不再拘泥于救死扶伤,而是致力于回应患者的痛苦。[①]相对于救死扶伤这一明确的医学目标,回应患者的痛苦对医学和医学工作者提出了更高的要求。阿瑟·克莱曼(中文名凯博文)在《疾痛的故事:苦难、治愈与人的境况》中提出一个重要的看法,医疗工作者、伦理学者和社会学者不仅应该关注客观的、医学意义上的疾病(disease),而且要对疾痛(illness)这种主观的东西有深入的研究。疾痛指的是种种鲜活的经验,是病人对疾病引起的身体异常和不适反应的切身感受。[②]它不仅属于身体,而且连接着自我与社会。克莱曼指出,处理慢性病的医生应与患者及其家属站在同一条战线上,与他们共患难,在疾病可以施行医药处理的时候给予协助;当医学技术干预受阻时,医生也要在疾痛对患者及其家人造成可怕后果时,参与道德调节的工作。这些对医疗工作的人文主义要求,其实也对医护人员和家属提出了仁慈美德的要求。克莱曼对这些话题的探讨不完全源自学术研究,也来自他十年间照护身患阿尔茨海默病的妻子琼·克莱曼的真实感受与开悟。在需要长期照护的慢病时代,疾苦的泛化弥散到生活的每一个细节,生命的每一个节点,疼痛管理变得日常化、精细化、本土化。患者需要止痛药物,更需要陪伴、见证、抚慰、安顿,以及共情、关怀和呵护。照护,需要面对的不只是一个人病痛或衰老的身体,还要考虑她的性格和精神,维护她的尊严。对于很多生命末期的患者来说,专注于疼痛管理的安宁疗护相比很多创伤性的治疗和抢救是更有益的,提

---

① 丽塔·卡伦:《叙事医学:尊重疾病的故事》,郭丽萍译,北京医科大学出版社,2015 年。

② 阿瑟·克莱曼:《疾痛的故事:苦难、治愈与人的境况》,方筱丽译,上海译文出版社,2010 年,第 19 页。

高生命的品质而非延长生命的时间才是首选目标。

事实上,凯博文对照护的强调,即医学人类学者对医学人文关怀的重视,在中国古典医学的模式中有很好的体现。朱晶在《中国经典医学的身体观与认知特征》一书中对传统中医的医疗模式进行了总结。在她看来,中医提供给当下医学的最宝贵的财富之一,便是其医患关系的处理模式。"在看病的过程中,医生来到患者家中,了解病人的生活环境与社会环境,医生和患者的沟通和交流,医生倾听病患对身体病痛的叙述,了解病患的情绪、生活方式。对病人家庭与社会关系的关注,复诊时医生重视患者根据自身感受到的治疗效果的体验和叙述,和病人及其家庭交换对病情的意见,医生的德行和声望,特别是医生在'问'和'说'的过程中表现出来的关心,都会创设有意义的临床情境,在病人充分参与诊断和治疗的过程中,激发病人的意义响应,通过生理通道确实带来病人生理上的变化,对病人的康复产生积极的效果。"①中医的诊疗模式告诉我们,良好的医学效果的取得有赖于医者与患者之间关怀关系的建立,这使得信息可以在两者之间有效流通,医者充分尊重患者的感受,患者对医者的信任也使得医嘱得以良好遵守。这对于治疗一些急症、难症、重症效果尤为明显。当前的医学模式很难再照搬传统中医的上门问诊模式,医护工作者往往在程式化的医学治疗体系中开展工作,这种程式化的设计虽然可以大大提高医疗的效率,但也有将"病人"简化为"病",不见其"人"的风险。②"疼痛"这一主观感受就容易遭遇类似的困境,如果在医学检查中找不到对应的指征,医生就难以理解病人的疼痛,无法给出有效的诊治方案。医学诊断是一种从医生视角出发的解释,它并不能完全取代病人对疾病的主观体验。治病有时也是治心,疼痛是一种复杂的心理感受,不仅有器质性的原因,也可能由抑郁、焦虑或生活问题所导致。

3. 建立情感支持的关系网

在《照护》一书中,凯博文记录了他照顾患有阿尔茨海默病的妻子琼的

---

① 朱晶:《中国经典医学的身体观与认知特征》,上海三联书店,2020年,第237页。

② 现代医疗体系是一个高度分工合作的专业体系。一个住院病人在医院的治疗,往往需要上百个专业人员的协同。这一体系的好处是可以比较高效地服务大量病人,但弊端是将人的疾病当作一种完全的生物学现象加以程序化的处理,见"病"不见"人","人"是有差异的,"病"是一致的。

心路历程。随着人老去或患病,家人之间的关系也会变成照护者与被照护者之间的关系。从一个一直以来接受妻子细致照顾的丈夫到转换身份,成为妻子生活中不可缺少的支柱,凯博文教授笔下的点点滴滴是其漫长照护生涯中的一些令人感怀的剪影。琼是一位聪慧善良的知识女性,乐于参与公共生活,然而疾病慢慢夺去了她的洞察力、判断力、语言能力和记忆力,她的认知功能也在一点点减退,这使得她的情绪变得越来越不稳定,以至于最后大部分的时间只能待在家里,生活范围缩减到方寸之间。即便如此,在丈夫凯博文和护工谢拉的帮助下,琼在患病后依然维持着她的体面,他们尊重她的意愿,帮助她尽力维持社交,对她的情绪不稳定保持耐心,让她在患病后的十年中依旧能时常感受到生活的温暖。这个例子充分体现了情感支持的社会关系网对于患者维持生活信心的重要性。那些重病卧床的病人,或者患有认知障碍的病人,如果不被家人放弃,其存活的意义被肯定,即便身体条件恶化,依然能够在艰难的岁月中感受到生命的意义;反之,就算不是致死的疾病,若被亲友完全抛弃,一个人与病魔斗争的勇气就会被耗尽,因为其存在本身对他人已毫无价值。

对大多数人来说,为我们提供照护的是家人,但也不乏单身之人获得朋友照护的例子。东京大学的上野千鹤子教授在其著作《一个人最后的旅程》[①]中就探讨了居家医疗和居家临终的可行性。她通过观察患者从医院回到家中的变化指出,在医院中,疾病是患者生活的全部,而回到家里,疾病只是其生活的一部分。换言之,当一个人从"患者"的身份中摆脱出来,精神状态就会明显改善。回到家中,不仅意味着暂时告别医院压抑的氛围和疾病缠身的苦闷感,恢复往日生活的节奏,更重要的是家里有家人或朋友的陪护。上野教授在她的书中记录了她的一位友人竹村女士离世的经历。竹村女士是知名的大学教授,但长期独自生活。在她患癌后,她的朋友组织了一个30人的援助小组,为她的入院、出院、日常生活护理、处理公务邮件、最后入住安宁疗护病房等提供支持。虽然教授本人在抗癌10个月后还是不幸离世,但如果没有众多友人的照护和帮助,她难以享有这段安宁的生活,直至

---

① 　上野千鹤子:《一个人最后的旅程》,任佳韫、魏金美、陆薇薇译,浙江大学出版社,2021年。

最后平静地离世。竹村女士的友人遍布日本各地,为她提供诊疗咨询,药品物品,当她需要在关西地区进行第二次手术时,得到了附近组员的帮助。对于她希望离世后将遗产捐出来建立基金会的遗愿,也得到了大家的相助。竹村女士过早离世让人惋惜,但她得到众多朋友的帮助又让人感到羡慕。像她这样的独居女士,如果没有朋友的倾力帮助和支持,独自去面对重大的疾病、手术乃至临终,是难以想象的。对于患者来说,有效的医学治疗恢复的是其身体的健康,而来自亲朋好友的情感支持则有助于她恢复生活的信心。①

4. 维护患者的同一性与完整性

前文谈到,严重的疾病会威胁到一个人的同一性,让他的意义世界崩塌。采取相应的医学手段来控制身体的器质性病变常常引起一个人外在形象的改变和内在心理的改变。当一个人觉察到他将失去自身的同一性与完整性,对此他无能为力时,他会感到非常痛苦。虽说医护人员对于什么样的治疗是恰当的治疗具有权威,但让病人尽可能参与其疾病的治疗中,让其在家属的帮助下可自主决定其治疗方案,对于维护其同一性和完整性非常重要。这意味着一个人在依赖性的状态下依然保有对生命的微小控制,因为彻底失去控制和自主性会让他感到痛苦、绝望、孤独和丧失尊严。在《最好的告别》中,阿图·葛兰德将医患关系分为三种类型:"家长型"的关系将权威完全交给医生,由医生决定什么是对病人最好的治疗。"资讯型"的关系与之相反,医生只负责告诉病人事实和数据,其他一切由病人自己来裁决。最后一类是"解释型"的关系,在这种关系中,医生的角色是帮助病人确定他们想要什么。②医生会了解病人的意愿和担忧,并告诉你哪一种方案最能帮助病人实现其优先目标。葛兰德推崇的是最后一种模式,即"解释型"的医患关系,因为在这种关系中,医生不仅作为治疗者提供治疗方案,也作为关怀者倾听病人的声音,了解其需求,帮助其做艰难的决定。作为关怀者的医

---

① 凯博文也指出,在很多病症中,最高质量的照护都是由患者家属、传统医师、宗教疗愈者所提供的,而生物医学的医生所提供的照护则是质量最差的。这说明照护不完全关乎身体,也关乎人的精神和感受。

② 阿图·葛文德:《最好的告别:关于衰老与死亡,你必须知道的常识》,第181—182页。

生并不仅仅是病人意愿的顺从者,在某些时候,他还要帮病人权衡他们更大的目标,或质疑他们,让他们重新思考优先选项和信念。[①]在这种动态的沟通模式中,医生应采用持续的信息告知模式,定期回访了解病人的状况,病人则需要不断和医生沟通自己的需求和感受,讨论合适的治疗方法,以期在医生的专业技能和病人的自我需求之间取得平衡。

我认为,这种模式之所以优于另外两种模式就在于它充分尊重了患者的同一性和完整性:作为一定程度上让渡出身体所有权的病患,没有被作为客体对待,而是被视为作为目的本身的"人"加以对待。正因被视为"人",所以在此被看见的不只是病症,而是人对其身体的处置及对其生命的安排。即便是患病的老人,也有其个性与尊严,不希望仅仅被视为某一类人,或某一种病症。对病人完整性的尊重还包括避免侵犯其隐私,或羞辱其人格。医疗保健实践经常导致患者将他们的身体暴露在专家的审查之下。但是,除非不可避免(例如,患者在昏迷中),否则身体检查必须始终在患者明确许可的情况下进行,并需要解释对他或她所做的事情。出于同样的原因,医生必须始终征得患者的同意,才能将学生或实习医生纳入临床检查。医护人员应该保护病人的隐私,包括病人患病的原因、家庭经济条件、具体的治疗方案等,以免造成病人对其处境感到不适或对自身感到羞愧。对于重病患者来说,他们关切的主要是避免痛苦、加强与家人和朋友的联系、保持意识清醒,不成为他人的负担,以及保有生命的完整性。遗憾的是,以治疗为首要目标的技术性医疗体系不能完全满足这些需求,因此,当前的关键问题在于,如何改进我们现有的医疗体系和医学观念,以使人们(尤其是接近生命终点的老年人)能通过人性化的医疗护理,实现其重要的愿望,活得有尊严,走得有尊严。

上文从哲学视角探讨了衰老和疾病对人造成的意义冲击,并提出为回应这一冲击我们现有的医疗护理体系需要做出相应的调整。这种探讨聚焦于医学的人文性或伦理性,它建议我们从以"治疗"为中心的医学实践转向以人为中心的、维护人格尊严的医疗护理。对于医学来说,"治疗"是一种非日常的积极干预措施,治疗的目的是恢复健康。然而,一旦"治疗"无法实现

---

① 阿图·葛文德:《最好的告别:关于衰老与死亡,你必须知道的常识》,第183页。

其目的,这种积极的干预就应向更具日常性的照护转变。这种观念的转变对于老年医学的意义尤为明显。具体来说,它体现为这几个方面:(1)尊重病人日渐衰退的自主性;(2)通过减轻症状、缓解病痛来提升病人的生活品质;(3)帮助病人维护其社会关系,建立对病患的情感支持;(4)维护病患的同一性和完整性。2010年,北京大学人民医院重新整理修订的《医疗知情同意书》就体现了这种"以人为中心"的理念,它着重强调医患沟通,对常见疾病诊疗的知情同意进行规范,帮助患者科学地认识所患疾病及其诊治方法,同时对诊疗的利弊与风险都进行了详细说明。[①]

三、老龄化社会的健康需求

需要说明的是,"以人为中心"的医疗护理体系的创建不单是医疗系统的事情,它涉及社会各个部门的职能转变与配合协作。近年来,随着基因技术取得突破,美国出现了一种新的医学模式——多学科诊疗(MDT)模式,即以病人为中心,将不同科室的专家组成一个多学科团队进行个体化诊疗,以期让每个病人得到临床治疗的最大益处。这种精准医学模式的出现标志着在临床实践中将看"人"视为首要目标。目前国内有条件的医院都在开展肿瘤的MDT工作,MDT模式也正在被推广应用于不同病种的诊疗过程。此外,由于老龄化社会的主要健康威胁来自慢性疾病,现代医学已开始将其任务从"治疗疾病"转向"维护健康",即在疾病出现临床症状前进行积极干预。2016年,中共中央、国务院印发的《"健康中国2030"规划纲要》中明确提出,把健康摆在优先发展的战略地位,实现从胎儿到生命终点的全程健康服务和健康保障。[②]将医学的目标定位为"健康"将有助于把预防、治疗、护理和关怀等所有医学手段都涵盖在内,这更贴合于老龄社会的健康需求。当然,要推进"以人为中心"的医疗护理体系的落地,我们需要国家层面的立法来建立老年照护体系的国家标准,建立医疗、护理与保险信息一体化的运营管理

---

① 刘喜珍:《中西老龄伦理比论》,中国社会科学出版社,2019年,第198页。
② 吴家睿:《21世纪的新医学》,《信睿周报》2023年5月1日。

平台,将智能技术嵌入该体系的管理中,构建一个多层级的城市健康信息平台,才能为老年人提供从医疗到护理到临终关怀的全生命周期的健康服务。

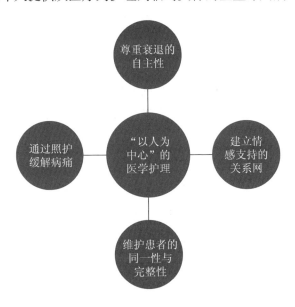

第三节　医疗资源分配中的公平问题

在约翰·罗尔斯(John Rawls)等政治哲学家看来,社会正义尤其体现在对社会基本益品的分配上。社会的基本益品包括权利、自由、机会、收入、财富、自尊等。这些东西对老年人和年轻人来说都同样重要。但老年人和年轻人在需求上存在着显著的不同,例如,年轻人可能更看重收入和财富,而老年人更看重尊严和健康,这就要求社会在分配基本益品时考虑到不同人群的情况,进行合理安排和差别化处理。医疗资源就是与老年群体息息相关的一种社会基本益品。在这一节中,我将以医学资源的分配问题为切入口,思考一个社会在对待老年群体时应该如何满足公正性的要求。

迄今为止,政治哲学家提出了许多不同的正义理论。然而,他们的理论很难直接应用到老年人身上。老年人构成了一个特定的年龄群体,他们被认定为是处于生命中某个时间段的人。一般的正义理论通常关注人们完整的一生,而不是生命的某个阶段。例如,罗尔斯的正义理论关注的是如何保证不同个体在其一生中获得的基本益品的分配公平。对此,托马斯·内格尔(Thomas Nagel)评论说:"请记住,平等主义原则的主题不是在某个时间段将特定奖励分配给个人,而是考虑他们从出生到死亡的整个生活的预期质量。"①这些理论考虑了不同个体完整的一生,以确定他们是否得到了公平对待。由于其时间范围覆盖较广,它们无法直接回答一个人在其生命的特定阶段是否获得了公平份额的收入或医疗保健的问题。因此,有理论家提出,对于特定的年龄群体,应该存在着独特的正义原则。这些原则的应用必须有一个时间范围,而不是对应于完整的生命。我们必须就生命在不同时间段的资源分配提出主张。接下来,我将分别就诺曼·丹尼尔斯(Norman Daniels)和丹尼尔·卡拉汉(Daniel Callahan)提出的医疗公正论进行考察。这两种理论都涉及如何在人的不同生命阶段分配资源的问题。

一、医学资源分配中的公平问题

受罗尔斯的影响,诺曼·丹尼尔斯指出,医疗保健是一种社会福利,应享有特殊地位,因为它与公平的机会平等直接相关。在《医疗公正论》中,丹尼尔斯分析了当时美国医学界对于医疗资源的分配情况。他发现,大量的医疗资源花费在人们生命的晚期,其中美国有约30%的医疗资源消耗在病人临终前的半年内。丹尼尔斯认为这是不合理的,应该首先确保每个人都有机会达到一般寿命,这样来分配医疗资源比使用大量资源让一小部分人活得更长要更加道德。所以,他提出,当病人超过75岁之后,政府有理由限制挽救生命的医疗资源的使用。这个结论来自他的一个合理假设,即大多数人在75岁时已基本实现了自己的人生计划,75岁恰好是当时发达国家人口的平均寿命。换言之,活到这个岁数,人生已经了无遗憾了,应该不再消耗社会的医疗资源来维持生命了。这样,当人们到达这一年龄后,就有合理

---

① Thomas Nagel, *Equality and Partiality*, Oxford University Press, 1991, p.69.

的理由撤销昂贵的生命维持治疗,而被节省下来的医疗资源用于年轻人尤其是妇女和儿童的医疗保健。为了证明其安排的合理性,丹尼尔斯利用了罗尔斯在《正义论》中关于"无知之幕"的设想,他假设,养老政策的制定者不知道自己的年龄、不知道自己所处的世代,以免制定者偏心于自己,从而使得政策只对自己那个年龄阶段的人有利。[①]在此情况下,丹尼尔斯认为,一个理性的人会合理地安排自己人生各个阶段的生活,将年轻时候挣得的剩余资源储存起来,转移到老年时候使用。养老安排的实质是把人生一个阶段的资源转移到另外一个阶段来使用:年轻时我们挣的比用的多,年老的时候我们用的比挣的多。同样地,一个社会的公共医疗制度也应该合理地区别对待年轻人和老年人,区别对待不同年龄阶段的人。

　　丹尼尔斯声称大多数年龄配给计划都是分裂的。他们倾向于让年轻人与老年人对抗,并提出一个对抗性的解决框架。在这样的框架内,所有将某些医疗保健资源从老年人转移到年轻群体的建议都会遭到反对,反之亦然。且这种转移不可避免地会带有年龄偏见。为了解决这一问题,丹尼尔斯提出,事实上我们都会变老,年轻人终将成为老年人。年龄与性别、种族不同,它不属于个体不变的特征,而是随着个体生命阶段的改变而变化。因而,对不同年龄群组的区别对待并不意味着不公平对待,而是达到在整个生命周期内公平分配资源的一种手段。因此,分配正义致力于解决的不是群体之间的公平,而是关于我们生活的每个阶段应该提供哪些医疗保健资源的问题。我们可以将关注的焦点从不同的年龄群体转移到关注每一个人生命周期中的不同阶段,即他所属于的"年龄组"(age group)。由于相信人们在不同的年龄段会有不同的人生需求,因此,丹尼尔斯提出:"我们的医疗保健权利可能会在我们生命的某个阶段给予我们合法的服务要求,但在另一个阶段则不然。这可能是因为满足某些需求在生命的某个阶段比在另一个阶段更重要,也可能是因为如果资源按年龄配给,整个生活会变得更好。然而,正如我之前指出的那样,不同年龄组所享有的权利不平等并不意味着人们

---

①　Norman Daniels, *Just Health*: *Meeting Health Needs Fairly*, Cambridge University Press, 2008, p.174.

受到了不平等对待,至少在他们的一生中如此。在整个生命周期中,我们获得医疗保健的权利将是平等的权利,即使这些平等的权利在生命周期的不同阶段会产生不平等的权利。"①丹尼尔斯称该理论为"审慎的生命周期账户"(prudential lifespan account)。该理论认为,社会资源在不同年龄组之间的公平分配应该与假想的审慎的个人如何选择在她自己生活的不同时间段分配资源的方式相匹配。"审慎的生命周期账户"是为了引导不同年龄段的资源公平分配。这种分配原则要求采取一种终生视角,即我们考虑的是一个人一生可以获得的总体资源与其他人可以获得的总体资源的平等,而不是社会中某个群体如年轻人群体与老年人群体之间的利益博弈。

与丹尼尔斯这种基于自由主义的分配正义方案提出的年龄配给制不同,丹尼尔·卡拉汉基于社群主义的理想提出了一个非常不同和更明确的年龄配给论点。在《设定极限:老龄社会的医学目标》一书中,卡拉汉提出,一个可忍受的生命长度(a tolerable lifespan)——他认为对西方社会来说这个寿命大概是 80 岁——需满足三个标准:(1)一个人的人生目标总体上已经实现,(2)一个人对他负有责任的人的道德义务已经履行,(3)一个人的死不会让其他人感受到冒犯。第三个标准的意思是,人们对一个孩子在事故中丧生和一个高龄老人在睡梦中平静地离世具有不同的反应,前者会让人更加难以接受。②卡拉汉基于医学目标的有限性来阐述他的论点。他认为医学的目标在于帮助人们实现自然寿命,在此之后医学的目标应该转变为减轻痛苦,避免在达到自然寿命后刻意延长生命的医疗保健,不得启动维生设备、人工复苏等措施。因此,在医疗资源的分配问题上,社会就应以对生命的自然长度的考量为基准,将维护和提高人的生命质量置于优先的地位。卡拉汉反对年龄平等主义(age-egalitarianism),他认为医疗资源的分配应当遵循这一原则:每个年轻人都应该有机会成为老年人,而帮助足够老的老年人活得更长并不是社会公共政策的责任——老年人已经拥有了年轻人所缺乏的东西。卡拉汉认为,医学的目的只是为了恢复健康,而不是过度地延长

---

① Norman Daniels, *Just Health Care*, Cambridge University Press, 1985, p.81.

② Daniel Callahan, *Setting Limits*: *Medical Goals in an Aging Society*, Simon & Schuster, 1987, p.66.

生命。医疗已被现代技术裹胁,追求不恰当的目标,并忽视了老年人真正的社会需求。一个社会应当正确地对待老年人,识别出他们真实的需求,即(1)尽可能多地独立,(2)免于贫困和疾病带来的恐惧,(3)从生理和情感上帮助老年人以使他们找到生活的意义。这就意味着,一方面,那些耗费资源的急救性、延命性、增强性、治疗性的措施应慎重实行,因为那些无限满足人们在任何生命阶段上完美健康之需求特别是在生死边缘上的无条件延长个体生命之努力,会压垮社会的公共财政体系,损害由公共健康资源支撑的普遍的社会福祉;另一方面,社会健康资源应投放在提高普遍生命质量的医疗保障上,如预防、镇痛、康复医学等,从而有益于大多数社会群体,只有民众的平均健康状态得到全面维护,共同体的机制才能稳定且良好地运行。①

卡拉汉从社会成员彼此间的道德责任出发阐明老年的意义,在他看来,老年人接受衰老与死亡的最大动因是一种代际延续的明确自觉:要让年轻人蓬勃发展,老年人就应主动退居一边,直到生命行将结束,并要努力为后人留下一个充满希望和馈赠的世界。因此,即使社会可以提供无限制的医疗资源,我们也需要为医疗资源的使用设定边界,因为这是生命的内在界限所要求的。②卡拉汉基于社群的延续与繁荣要求限制老年人医疗资源的获取,把更多资源留给年轻人和儿童。其论点的伦理基础虽然与丹尼尔斯有所不同,但在实践层面会导向与丹尼尔斯类似的政策建议。

虽然丹尼尔斯和卡拉汉都认为其年龄配给制不涉及对老年人的歧视,但他们依据生命的自然长度来分配医疗资源的主张确实存在歧视性的问题。为什么我们一定要以年龄作为医疗资源分配的依据,而不是采取其他一些分配的标准呢? 正如我们前面所说,寿命的长短本就与一个社会的经济水平和社会福利水平的发展有关。在现代民主社会,谁也无权基于他对生命长度或生命质量的理解,来限制某个社会群体可获得的医疗资源。社会对医疗资源的分配应基于公开、公平的原则,对所有有需求的个体一视同仁。再说,老年群体并不是同质化的社会群体,而是社会赋予某一年龄段的

---

① 甘绍平:《稀缺医疗资源的分配伦理》,《道德与文明》2021 年第 2 期。
② 王珏:《呼吸机分配的伦理难题》,《中国社会科学报》2020 年 4 月 28 日。

人的一个总体称谓。老年群体的健康状况以及预期寿命都是多样化的。健康的老年人也并非完全无病,而是身体略有小疾仍能够比较正常地生活。一个人能活多久,应该活到多久,其存活是否有价值,只应当受制于该个体自身的生命观、价值观以及该个体的生活计划安排,而不应该受到医疗资源分配专家所谓的自然生命长度之规定。[①]

二、疫情流行下稀缺医疗资源分配的伦理考量

在西方社会,老年群体不仅在常规的医学资源的分配中容易受到歧视,在涉及稀缺医疗资源分配时,老年群体的脆弱性可能被进一步放大,这一群体的生命价值和生命权利容易遭到忽视。以 2020 年以来的病毒大流行为例,该病毒极强的传染性给世界各国的卫生工作者带来了严峻的伦理挑战。如果没有足够的卫生工作者、呼吸机或医院病床,那么患者往往需要被分类和被赋予优先级,以确定谁应该接受治疗。2020 年 3 月,美国的科研人员在《疫情期间稀缺医疗资源的公平分配》一文中阐述了分配稀缺医疗资源的伦理指南,其中一条建议是,在疫情大流行中,有限的时间和信息使得优先考虑最大限度地提高在合理预期寿命下存活的患者数量并将最大限度地延长寿命作为次要目标是合理的。将利益最大化的价值付诸实践意味着那些生病但如果接受治疗可以康复的人优先于那些即使接受治疗也不太可能康复的人和那些可能不接受治疗而康复的人。由于年轻的重病患者通常包括许多生病但可以通过治疗康复的人,这种实施方案也优先考虑那些有可能在年轻时死亡而无法过上完整人生的人。[②]

优先考虑年轻的重病患者,以使社会的收益最大化,这符合功利主义的道德原则。坚定的功利主义者、牛津大学应用伦理学中心主任朱利安·萨乌莱斯库(Julian Savulescu)等人在《生命伦理学》(Bioethics)上撰文指出,在

---

① 甘绍平:《稀缺医疗资源的分配伦理》,《道德与文明》2021 年第 2 期。

② Ezekiel J. Emanuel, Govind Persad, "Fair Allocation of Scarce Medical Resources in the Time of Covid-19," in *The New England Journal of Medicine*, 2020, p.2052, https://www.nejm.org/doi/pdf/10.1056/NEJMsb2005114?articleTools=true.

疫情导致医疗资源挤兑的情况下,我们应该考虑行动后果的最优化,否则会导致本可避免的大规模的生命损失。在资源有限的情况下,选择优先救治谁,成为一个紧迫的道德问题。根据功利主义的要求,在其他条件相同的情况下,应该尽可能救更多的人。这意味着那些治愈率更低、需要更长治疗时间、更多医学资源的病人会被放弃或被置于等待名单中。功利主义者还会考虑治疗带来的好处能持续多长时间,会给病人带来什么样的生活品质。这意味着预期寿命更短的人(通常是老年人)或患有其他基础疾病的人(包括残疾人)会被放弃或被降低优先级。针对这一看法存在"年龄歧视"的批评,萨乌莱斯库辩解说:"年龄实际上是长度的量度。由于老年人的死亡往往比年轻人快,因此功利主义倾向于挽救年轻人的生命。但是,年龄本身并不重要,重要的是产生的好处能持续多久。"①换言之,根据功利主义不偏不倚的筛选规则,它选择救助对象的标准是救治的预期效果,这看似是一条医学标准。它没有明确针对老年人,它放弃的是那些存活概率更低,存活质量更差的个体或群体。但我们知道,这些个体或群体在现实中大部分是患有基础疾病的老年人。老年人,尤其是70岁以上的老年人,面临最大的流行病学风险,因为他们最容易感染和死亡。功利主义将人的生命视为一种商品,一种可以分割、可共享的资源。它不被看作一个整体,其中所有阶段都具有特定的价值和意义。此外,它强调人的生命利益是可量化的利益。这种方法将"老年人"视为一个同质群体,是一个必然与脆弱性、依赖性以及预后恶化相关的抽象类别,而不是具有明确个性、临床和社会特征的个体。

在医疗资源稀缺的状态下,决定谁值得治疗、谁值得优先治疗的讨论并不在少数。历史上,老年人在此情况下一直是受到歧视甚至容易被摒弃的对象。波伏瓦在《论老年》中提到了很多民族迫于生存压力而放弃供养老人的习俗:"民族学家表示,老年人很容易屈服于族人加诸他的死亡,因为这是习俗,他们的孩子也只能这么做。"②随着人类社会的物质条件进步,这样的习俗逐渐被抛弃,但这并未彻底改变老年群体在社会中的弱势地位。当老

---

① Julian Savulescu, Ingmar Persson, Dominic Wilkinson, "Utilitarianism and the Pandemic," in *Bioethics*, Vol.34, No.6, 2020, p.623.

② 西蒙·德·波娃:《论老年》,第64页。

年人被视为无生产能力的社会的重负,很多社会认为再给老年群体投资是不划算的。在这种工具理性的推理和残酷的社会现象中,老年群体的养老前景是惨淡的。稀缺的医疗资源,对于所有需求者而言都意味着生存的机会。每一位当事人都因其独一无二的自我价值而应拥有获得这些资源以挽救生命的平等权利。当事人最终能否获得这些资源的唯一考量因素是医学指征,而不是年龄、预期寿命或社会地位,或者这些资源在不同的人之间的比较性益处。在西方伦理学的讨论中,有人将老年人出局的做法称为"公平赛局论"①,理由是老年患者已经活了很多年,按照公平原则,应给年轻患者优先分配紧缺的医疗资源,从而确保他们有机会得到"公平的生命份额",实现代际正义。但所谓"公平赛局论"难以成立,因为并不存在某种客观的寿命长度可称得上是"公平的"。②它假设人类的预期寿命是他们是否值得保护的生命指标。但如果不单独评估患者的病史和状况,而将实际年龄作为拒绝护理的标准,实际上违反了公平原则。在临床医学中,众所周知,生理年龄并不是一个好的预后指标,因为健康存在巨大差异,而治疗的益处取决于合并症、潜在疾病和损伤。因此,很难使用抽象的一般类别来确定治疗是否合适,而应该在临床实践中对每个患者进行个体化评估。

公平赛局论的危害在于它激发了对衰老的负面看法,认为生命的最后阶段不如以前的阶段有价值。它暗示老年人实际上已经完成了他们的生命,他们继续苟活于超出"自然"寿命的额外时间。正如甘绍平指出的那样,这种歧视老年人的风气会给当事人带来巨大的心理恐惧,造成这一群体集体性的自我贬低,从而让所有人意识到自己将在人生的终末期被糟糕地对待。这是一个社会获得再大的短期收益也无可抵偿的。因而,每一个身处自由法治的民主社会中的个人,都应自觉抵制弃老歧老的倾向,维护每个人的生命价值平等

---

① 公平赛局论(the fair innings argument)来自约翰·哈里斯的《生命的价值》一文,该文指出,人的生命有一个合理的长度,达到这个长度的人就活够了岁数,他们的余生是一种奖励,当有必要帮助他人达到合理长度的门槛时,可能会被取消。参见 John Harris, "The value of life," eds., Helga Kuhse, Udo Schüklenk, and Peter Singer, in *Bioethics: an Anthology*, third edition, Wiley Blackwell, 2016, p.399。

② 彭錞:《突发公共卫生事件中紧缺公共医疗资源分配的伦理方案与法律规则》,《环球法律评论》2021 年第 3 期。

的基本原则。不能抛弃有需要的老人,正如我们不会随意抛弃有需求的儿童。保证人们能够无忧无惧地度过这一生,不因年龄而害怕被社会抛弃是一个良序社会的底线伦理原则。这要求社会维护一种敬老爱老的文明状态,坚决杜绝"以去老年化来保经济"的社会达尔文主义死灰复燃的可能性。[①]

三、回应脆弱性的关怀伦理与儒家伦理

甘绍平对西方医学伦理的反思基于康德开启的道义论,这一传统强调个人权利的平等,反对基于年龄的不正当对待。另一位学者王珏则立足于儒家传统,指出了西方伦理学家在解决医学资源分配问题上暴露出的弱点。王珏指出,丹尼尔斯的分配模式仅仅从成熟的理性人的假设开始,这种探讨从一开始就忽视了人类的生活处境问题,即人的脆弱性与依赖性。当一个人年老体衰时,他不一定会认可他在青壮年时期,作为独立的理性人为自己安排的人生计划,因为他还料想不到自己的生活境况将会发生何种变化。人一生中时常处于依赖状态:从不免于父母之怀的幼儿到年老体衰的老人,人生的整个历程都包裹在交互照料的网络之中,年龄的变化也必将表现为照顾者与被照顾者角色的变换。只要人类生存还不能免于脆弱性和依赖性,那么这种相互关怀的网络就是处理代际关系与代际公平不可或缺的出发点。[②]家庭是回应我们的需求,给予我们爱与关怀最及时和最恰当的场所。以家庭为典范的给予与接受之网构成了人生的基本之善,是人类生活繁荣兴旺的一个根本条件。受到西方理性主义传统的影响,西方的分配正义理论所预设的理想主体——那个独立、成熟的个体——忽视了人生存在的脆弱性和依赖性,以及人类社会为了回应这些脆弱性和依赖性所建立起来的社会制度和文化价值。丹尼尔斯构想的这种看似理性的人生计划正是其体现,他邀请一个年轻力壮的青年来设想他老后将如何生活,这一假想的实验很大可能是无效的。因为随着青年人老去,他对自身福祉的理解会发生相

---

① 甘绍平:《稀缺医疗资源的分配伦理》,《道德与文明》2021年第2期。
② 王珏:《老龄化背景下的代际公平问题——从儒家伦理的视角看》,《现代哲学》2019年第3期。

当大的变化,他对生活的安排也有所不同,因此我们难以相信他在年老体弱时会全然接受他在年轻时为人生做出的规划。如果我们无法将人生的偶然性和不可预测性排除出去,那么在思考医学资源的分配方案时,我们也不应该忽视人类普遍的现实处境。

在罗尔斯的正义论框架中,原初状态的设定是为了确保人们在无知之幕后共同决定选择生活在哪一种正义观所代表的社会,这样的设定是一种公共决定和公共选择,它指向的是公共层面的资源分配。因此丹尼尔斯将养老问题的解决局限于公共领域,拒斥中国传统的孝道也就不足为奇了。值得注意的是,儒家伦理提供了一种新的思路,它将养老问题置于超越公私两分的全社会的背景下,让养老问题可以在以家庭为中心,依赖于社区组织,并受到国家制度和政策的引导,这样一种涵盖多层次力量的模式下得到解决。"老吾老,以及人之老;幼吾幼,以及人之幼。天下可运于掌。"①爱自己的长辈,然后爱别人的长辈,这样一种推己及人的模式,不仅使得养老超越了家庭,也为今天养老问题的妥善处理提供了一种将社区养老与居家养老相结合,推进互助式养老的新思路。在国家层面,孟子曾向梁惠王阐述自己的仁政思想:"五亩之宅,树之以桑,五十者可以衣帛矣;鸡豚狗彘之畜,无失其时,七十者可以食肉矣;百亩之田,勿夺其时,数口之家可以无饥矣;谨庠序之教,申之以孝悌之养,颁白者不负戴于道路矣。七十者衣帛食肉,黎民不饥不寒,然而不王者,未之有也。"②从国家层面保障百姓的住宅土地,办好教育,宣传孝悌思想,可以使百姓老有所养,老有所依。由此可见,在先秦儒家的设想中,国家在养老问题上应发挥不可或缺的顶层设计作用。儒家伦理应对养老的对策是分层级的:首先应由国家从制度层面对养老给予政策的规划与资源的保障,通过向社会宣传尊老敬老的伦理精神来提升老年人的社会地位,再由老年人所在的社区和家庭来给予他细致入微的照护服务。在这种分层设计中,对老年人的关怀是从抽象到具体的,抽象层面的制度关心是具体层面的关怀照料的前提。关怀既依赖于宏观的制度,更依赖

---

① 朱熹:《四书章句集注》,第209页。
② 同上书,第204页。

于具体的实践,因为越是与被关怀的老人有直接的接触,越是能了解其需求,从而给予其恰当的关怀。具体实施关怀行为的主体是家庭或社区,但这种关怀的实施需要获得制度层面的支持,即依赖于社会保障体系的完善和社区养老资源的支持。

在西方分配正义的视角下,个体与个体之间、群体与群体之间都被视为一种资源竞争的关系。与之相对,在儒家整体论的视角下,社会团结的价值高于分配正义。如王珏所说,在面对医疗资源稀缺的情境下,受儒家传统影响的中国社会绝不会将限制老年人的医疗供给作为一种合理的应对手段。因为它将损害一个社会尊老敬老的风气,更可能破坏人们向上提升的"仁心"。虽然儒家伦理类似于社群主义的视角,但相比卡拉汉这种同时段的小社群观点,儒家伦理所涵盖的社群是一个包含了代际更迭的"生生"的社群,这一社群将"扶老携幼"视为其不可抛弃的伦理价值。因此,儒家伦理不会同意在危难时刻放弃社会中的老年群体,相反,它会将老年群体和其他年龄群体更紧密地结合在一起,宣扬他们彼此共生共存的伦理关系。它深刻地指出,一个社会对老年人的态度不只关乎对某个社会群体的道德责任,更关涉到人与人之间道德责任的根基。这种价值取向赋予中国社会一种坚韧性:在疫情面前,不抛弃,不放弃,以最大的团结争取最后的胜利。①

回想一下我们对脆弱性的讨论。人类的脆弱性意味着,基于他们的肉身性和社会性而容易遭受某些负面影响。的确,人类具有适应外部环境的能力和保护自己免受有害接触的能力。但他们无法改变对内部和外部压力敏感的基本的人类处境。如果人们变老或变得残疾,这种固有的脆弱性会变得更加明显。因此,我们可以说,人类永远无法完全保护自己,从而避免伤害和损害。脆弱性表达了一种潜在的负面倾向,因此它强调预防和干预的责任:除非采取某种行动,否则易受伤害的人可能会受到伤害。作为一个规范性的概念,脆弱性激发起我们的道德反应,它呼唤其他人的关怀和帮助;如果我们能防止脆弱的人受到伤害,我们就应该采取行动。当存在大规模传染病威胁时,老年群体所面临的被感染的风险更大,被治愈的可能性更

① 王珏:《呼吸机分配的伦理难题》,《中国社会科学报》2020年4月28日。

低。这就要求其所在的社会对这些更脆弱的群体加以更多的关怀,而不是轻易的放弃。在响应人类的脆弱性方面,关怀伦理与儒家伦理的目标是一致的:它们都将人视为关系中的自我,都以发展关怀性的倾向("仁")和关怀关系作为回应脆弱性的方式。此外,它们对关怀的理解都是广义的,关怀作为一种有负担的心理状态表现为在时间中延展的关怀倾向。因此,作为一种实践活动,关怀不仅体现为对紧迫需求的恰当回应,还体现为在这些需求出现前做好事先的预计和规划。对于大规模的流行病来说,这不仅包括紧迫条件下的医疗救治,还包括关注传染病的预防,控制它的传播,以保护脆弱的人群。换言之,面对新冠疫情这样棘手的病毒时,保护老年群体的更有效的方式是关注预防,而不是等到医疗资源被挤兑时启动配给制,置老年人于不利地位。

2020 年中国胜利打赢武汉的疫情阻击战后,欧美的医学同行询问张文宏医生,中国为何在早期采取了非药物干预措施,强调佩戴口罩、保持社交距离等措施,张医生回答道:"因为我们看到了这种疾病造成的不平等。其实在当时我们并不知道这些措施是否管用,我们的理念是消除这个疾病造成的不平等。"[1]张医生所说的不平等指的是在疫情这种高传染性疾病下不同人群易感性的不同。新冠疫情造成的最大不平等表现为老年人的病死率是年轻人的数十倍。这就意味着对年轻人而言的一次"大流感",对于老年人来说,却是死亡杀手。如果不采取非常严格的非药物干预措施,最终中国会面临上亿人的感染,死亡人数会达到上百万,而且主要是老年人。[2]基于此,中国政府采取了严格的防疫措施,并调动全国的医学资源支援武汉和湖北省其他地区,做到"应收尽收,应治尽治"。为了防止病毒的进一步蔓延,除了采取必要的封控,大多数年轻人接受了政府的建议,尽量待在家里,保

---

① 参见张文宏医生在上海纽约大学毕业典礼上的致辞,https://sghexport.shobserver.com/html/baijiahao/2021/05/25/443002.html。

② 我们可以以一些西方国家采取的群体免疫政策为参照,反观中国防疫政策的效果。例如,瑞典使用的群体免疫政策,其中年龄是一个决定因素。该政策让病毒自由流动,从而允许人们继续社交生活,但同时保护老年人和其他弱势群体。事实证明该政策带来的后果是灾难性的,它无法防止病毒在几代人之间传播。2020 年 5 月,瑞典的人均死亡率是世界上最高的。为了避免社会封锁,这些国家实际上采用了"反向隔离",即对所有超过一定年龄的人进行隔离。与保护养老院老年人的意图相反,在大多数国家,这些养老院的死亡率令人震惊。参见 Henk ten Have, The *Covid-19 Pandemic and Global Bioethics*, Springer, 2022, p.239。

持社交距离,虽没有强制实施口罩令,但是人人都自觉戴口罩。面对可能在人群中引发极大不平等效应的大规模传染病,仅仅依靠医生和公共卫生专家是无法战胜疫情的。张医生负有责任感地谈到:"在中国,我们希望能够消除这种不平等。因此,我们喊出了'生命至上,人民至上'的口号。当看到身边的老年人不再恐惧时,我们的内心充满了喜悦。"①应对新冠疫情这种大规模的传染病涉及集体行动的问题,在集体行动中,每个人的行动——如与朋友聚餐——看似对结果的影响很小,但若不加以限制,这些行动可能会给社会带来巨大的成本。我们不应该将个体的自主性看作一种孤立的自由,而应该将其理解为一种关系的自主性(relational autonomy);个体的自主性不是抽象的和脱离社会背景的,而是会对具体的他人产生影响。只有当一种自主选择不会造成其他人的不自由时,它才是正当的。疫情下的自我限制恰恰是为了保护自我和他人共同的自由。当某些强制措施——如佩戴口罩,保持社交距离——以较小的成本换取较大的集体收益时,它们是合理的。当这些强制措施可以惠及社会中的弱势群体时,我们应该加以支持。

第四节　积极老龄化的儒家方案

老去之所以被看作衰老,与人的机能衰退和精神僵化有关。在医学中,"老年"被重新概念化为新的生命医学的客体,医院为老年人开设了专门的"老年病科",老人被视为身体机能运转不良或失常的客体。一些老年患者更是根据疾病来定义自身——疾病解释了他们的身份与自我认同,在极端情况下疾病还会挑战他们归因于自身生命的价值。以此方式,老去的复杂性被减为一种病态的衰老,而阿尔茨海默病是其中最著名和令人恐惧的疾病。在这些关于疾病和衰老的叙事中,老人成为"非生产性的"和"依赖性的",因此是社会难以承担的重负。理查德·休格曼(Richard Hugman)富有

---

① 参见 Henk ten Have, The *Covid-19 Pandemic and Global Bioethics*, p.239。

洞察力地指出,从这个角度来看,正常老去的生理特征被刻画为丧失了在现代工业社会中很重要的个人特质,即作为劳动者具备的"生产和再生产"的特质。[①]老人被视为社会福利和照料的被动接受者(国家和政府的依赖者),从而强化了世界人口统计学的论述,将人口老龄化视为一种社会危机。在一些社会中,关于老龄化的叙事还引发了一种代际冲突,年轻一代被描绘成肩负着"老龄化的负担"。人们谴责社会中的老年人消耗了"不成比例的"社会资源,却以年轻一代的辛勤劳动为代价。在将老去视为依赖性、疾病和被动性的叙事影响下,关于老龄化的世界人口统计学就显得十分合理了。

此外,随着技术时代的来临和技术所代表的价值观产生的影响,老年人失去了在传统社会中提供宝贵经验、维持社会延续性的作用,他们发现自己正在被社会淘汰。如果老年人自身缺乏学习能力,也无法从后辈那里得到技术支持,那么,要像以往那样获得社会服务就将变得困难。由于感到被技术社会所抛弃,在一些西方国家,老年人转而寻求某种舒服的方式在余生中"消费"金钱和时间。还有一些更弱势的老年群体陷入经济困境和生活困境中,对诸如传染病、极端天气、火灾等社会风险的应对能力薄弱,最后落入老无可依的悲惨境地。维持一个庞大而"失能"的人口群体对任何社会来说都是巨大的负担,因此,要改变老年人的处境,需要重新思考老年的定义和意义,为老年群体赋能,转变将老龄化视为社会危机的叙事。

对老龄化持有悲观态度的人往往只看到了迫在眉睫的危机,而非老龄化带来的机会。他们没有注意到,年长者作为员工和消费者所具有的经济潜力。关于寿命延长对于全球经济的作用究竟是正面还是负面,我们需要更多的统计数据才能得出答案。经济学家对老龄化的悲观预测与社会福利体系中的抚养比有关。所谓抚养比,指的是一国人口中不参加工作的人数(15 岁以下和65 岁以上)除以适龄劳动人口数。根据这一假说,对银发浪潮的担忧似乎是合理的,如果一个社会中有大量病弱、孤寡和有认知障碍的人,前景确实黯淡。但这一假设也许并不成立。尽管一些年长者确实患有生理或认知方面的疾

---

① Richard Hugman, *Embodying Old Age*, Teather E, *Embodied Geographies*: *Spaces Bodies and Rites of Passage*, New York: Routledge, 1999, p.195.

病,但随着生活水平和医疗水平的提高,越来越多的年长者能够在相当长的时间内保持活力和工作能力。应对老龄化的一个方案是倡导积极的老龄化,即鼓励老年人积极有为地老去。我们先来看关于积极老龄化的西方论述。

一、积极老龄化的西方表述

在当代西方文化中,老年常常被定义为两种刻板的文化叙事中的一种:第一种将衰老等同于不可避免的衰退和恶化,而第二种则声称"好的老去",从根本上说是"尽可能长时间地保持年轻"。[①]这些关于老年生活的"衰败"叙事与"抗衰老"叙事同样令人担忧。一方面,占主导地位的文化叙事没有承认老年也有可能蓬勃发展并为社会做出有价值的贡献。另一方面,这些刻板印象尤其是关于年龄歧视的叙述,未能为个人提供将他们所经历的脆弱性融入生活所需的概念资源。

美国医生约翰·罗伊(John Rowe)和心理学家罗伯特·凯恩(Robert Kahn)想要改变这些消极的叙事。他们试图切断衰老与疾病之间的必然关联,从而论证老人的生活也可以是积极有为且富有尊严的。为此,他们提出一种新的概念,即"成功的老龄化"(successful aging)。成功的老龄化"包括三个主要因素:疾病和与疾病相关的残障的可能性低,认知和身体功能高以及对生活的积极参与"[②]。尽管他们认识到"对生活的积极参与"可以采取多种形式,但他们尤其关注"人际关系和生产活动"[③]。这种定义结合了一种针对衰老的医学方法,并侧重于个人选择生活方式的责任和随着年龄增长在生活中获得成功的可能。社会学家、心理学家、老年医学专家对何为"成功的老龄化"或"积极的老龄化"(active aging)给出了不同的解释。这些解释虽然不尽相同,但这个概念常常与"健康"、"生产性"或"成功老去"等概念交织在一起。在相关研究的推动下,世界卫生组织于 2002 年对"积极老龄

①　Laceulle, H., & Baars, J., "Self-realization and cultural narratives about later life," in *Journal of Aging Studies*, 2014, No.31, pp.34 – 44.

②　John Rowe and Robert Kahn, "Successful Aging," in *The Gerontologist*, 1997, 37(4):433.

③　Ibid., p.434.

化"给出了一种全面的定义："积极的老龄化是为了提高老人的生活质量而优化其获得健康、参与社会生活和安全等机会的过程。积极的老龄化既适用于个体,也适用于群体。它使人们能够在一生中实现其生理的、社会的和心理的健康潜力,并根据他们的需要、愿望和能力参与社会,同时在需要帮助时为他们提供充分的保护、安全和护理。'积极'一词是指能够继续参与社会的、经济的、文化的、精神的和公民事务的能力,而不仅仅是指参加体育活动或参与劳动的能力。"[①]该战略对老年人的社会参与持积极鼓励的态度,并强调参与、保障和健康为其三大行动策略。

在 1999 年由联合国特别议程及组织成员国所发布的《不分年龄人人共享的社会》报告中,描绘了因社会结构和组织的变化而可能带来的一系列挑战。要应对这些挑战,社会必须改变对老年人的想法,不是简单地将老年人视为一种问题,而是将其看作一种资源,这种资源将有助于提升解决其他社会问题的可能性。[②]波兰社会学家渥兹涅克指出,这意味着"认同老年人是一种重要的社会资源,运用科学知识以克服老龄化的神秘感与刻板印象,使老年人在发展过程中的积极参与成为可能,为老年人提供与老龄化以及预防老龄化有关的适切的照护与支持,为终身性学习和技能提升提供条件,最后的目标是促进代际的团结一致"[③]。认同老年人是一种资源,意味着改变那种将老年人视为社会负担的陈旧思维模式,将老年人视为社会记忆和智慧的储藏库,促进经验和记忆在代际间的传承和保存,增强社会文化心理的构建,以促进社会的团结与价值的延续。积极老龄化改变了过去看待老年人的消极视角,指出老年人不仅有权享受国家提供的社会福利和社会保障,而且作为社会发展的受益者和参与者,老年人还可以积极参与社会发展和建设,贡献自己的经验和力量。积极老龄化把对老年人福利的理解,从社会保护上升到社会参与,从而突出了老年人自我发展和自我实现的需要。

[①]　World Health Organization, "Active ageing: A policy framework: a contribution of the World Health Organization to the Second United Nations World Assembly on Ageing," Madrid, Spain, April 2002. WHO. Retrieved.

[②]　兹比格纽·渥兹涅克:《老年社会政策的新视野》,第 66 页。

[③]　同上。

二、积极老龄化的中国智慧

2020 年 10 月，中国共产党第十九届中央委员会第五次全体会议公报提出"实施积极应对人口老龄化国家战略"，积极应对人口老龄化正式上升为国家战略。[①]"积极"也成为中国政府应对老龄化相关工作的基调和原则。它将老年看作仍然可以有作为、有进步、有快乐的重要人生阶段，强调要发挥老年人的积极作用。"积极老龄化"不再简单地将老龄化视为危机或挑战，而强调老年人在退休后可以继续甚至更好地参与社会，达至社会化的最佳状态，利己利国。发展中国特色的积极老龄化，意味着创造条件让老年人回归社会，从而使老龄化对社会经济的压力转化为促进可持续发展的动力。目前我国的现状是老年人参与热情高而参与行为少，主要原因是对参与的支持不足。[②]老化是人类有机体的必然历程，老年人如何科学面对这一生命过程，避免生命尊严和生存意义的丧失，需要在参与社会的具体实践中，形成积极的老年发展观，以实现生命的尊严和价值。而积极的社会参与，需要全社会成员、全生命过程的积极，包括为老年人群体提供产品和服务的政策制定者、产品研发者的积极关注，以及老年人自身的积极参与。[③]针对这一现状，我们需要系统性地审视和改变现有的公共政策中忽视老年群体的倾向，思考如何塑造友好的老龄环境，支持老龄参与，让老年阶段真正成为高质量发展的阶段。根据我国"十四五"时期制定的目标任务，"实施积极应对人口老龄化国家战略，以'一老一小'为重点完善人口服务体系，优化生育政策，推动实现适度生育水平，发展普惠托育和基本养老服务体系，逐步延迟法定退休年龄"[④]，积极老龄化也对每一个老年人提出了新要求，如何做到老而不衰，老而不忧，老有所为，老有所乐，需要社会、家庭和个人一起努力。接下

---

① 李佳编著：《安心老去：面对老龄化冲击的准备》，北京联合出版公司，2022 年，第 38 页。

② 祁雪瑞、丁慧慧：《支持老年人社会参与是积极老龄化的重要内涵》，《人口与健康》2021 年第 8 期。

③ 李翌萱：《人工智能时代老年人社会参与的价值审视和伦理思考》，《自然辩证法通讯》2021 年第 6 期。

④ 李佳编著：《安心老去：面对老龄化冲击的准备》，第 38 页。

来,我将从中国传统的儒家文化的视角,探讨对这一古典智慧的转化如何可能对积极老龄化做出贡献。

1. "学"与"孝":儒家应对老龄化的建议

如《礼记》所示,在儒家的制度设想中,老年人可以凭借其丰富的经验和成熟的智慧积极参与社会的公共服务,甚至担任要职,直至70岁才退休。儒家看重的是老年人修身和入世所获得的智慧,这对于维护家族的繁荣及社会的稳定起到了关键的作用。我们从中可以发展出一种积极老龄化的叙事,这一叙事的伦理预设与西方社会倡导的积极老龄化有着较大的区别。在新自由主义的意识形态下,西方宣传的积极老龄化虽然有助于推动老年群体更好地融入社会,发挥余热,但它将老年人的尊严奠基于他们的生产能力或社会能力之上,忽视了老年阶段特有的脆弱性。①当现代社会确认每个人,即使是最脆弱或患有疾病的人,都值得尊重并享有不可剥夺的权利时,这种尊重不是建立在人们健康或强壮的情况下,或者由于人们在道德上是自主的,而是取决于他们是作为人的存在。儒家对人的理解从未陷入肉身—灵魂、理性—感性的二元论中,这使它避免了对人性的任何僵化理解。以是否保有生产能力来看待老人,以"有用""无用"来评价老年人的社会价值,凸显了现代西方社会将工作伦理置于优先地位的意识形态偏见。围绕着由工作伦理构成的现代世界在公私之间划出界线,将生产性劳动与价值相关联,从而贬低了那些不从事生产劳动的人的价值,不管这些人是照料家庭的全职主妇还是离开工作岗位的退休老人。与之相对,儒家将人视为学习的主体,人通过不断学习而走向伦理上的完善。通过学习,人得以克服本能匮乏的先天不足,将自身与历史中绵延的精神传统相贯通,从而创造出开放性的前景。学习不仅是个体融入社会的有效方式,也是精神传统和历史文明代代相传的动力。因此,从儒家文化中可能开出的积极老龄化并非建立在对老年群体生产力的偏好基础上,而是建立在老年群体终身"学习"的可能性上,它邀请老年人与年轻人相互学习,了解认识对方。老年人为年轻

①　鼓励老年人保持积极、健康和生产力是新自由主义福利政策的一部分,该政策倾向于强调养老的个人责任而不是社会责任。

人提供生活指导和帮助,反过来年轻人尊重老年人,为其提供照护和陪伴的服务,以此方式来增强代际融合与互动。

　　要阐明儒家伦理中潜藏着积极老龄化的要素,我们需要先从学理上来考察儒家对"学"与"孝"的阐发,这两种方式是儒家开出的应对衰老的两剂药方。"学"是一种积极自修的过程,"学"令我们积极地进入与世界发生关联的各种活动中。孔子认为,学以成人,属为己之学。"学"不是世俗意义上学习某种具体的活动或技能,尽管人需要通过不同的修身实践来获得自我知识。儒家所说之"学"是成人之学,即体悟生命之学。学习带来了反身性的思考,这令任何指向外部的实践活动最终都导向了我们对自身的性与命的体认和领悟。学习不仅包括自省,也包括学习他人的洞见和看法,以便获得想法来改善我们的生活方式。"学习说到底就是学会成长,从生理的成长到心智与精神的成熟,这种成长本身就是生活的全部。"①学习和自修的目的是获得精神的成长和生命的快乐,就像孔子"废寝忘食,乐以忘忧,不知老之将至云尔"②。如姚新中所指出,拥有美德是"乐"的前提,只有有美德的人才能拥有真正的快乐。一个品德高尚的人充满智慧,过着愉快的生活,而一个品德低劣的人充满了忧虑和焦虑,因此永远无法拥有真正的快乐。③这种快乐不是来自外部的,不是由名利的获得或欲望的满足带来的,相反,这种快乐来自生命内部,它意味着一种精神自由,一个人通过自修而摆脱了困惑、烦恼和恐惧,抵达了无忧无虑的圣人之境。如果说获得一种外部的快乐——欲望的满足或名利的获取——依赖于我们的能力、机会和运气,对老人而言获得这些快乐的机会是逐渐变少的;那么获得一种内部的快乐正好依赖于我们在时间中获得的生命积淀,它需要我们从足够多的人生经历中获得一种自我转化。当然,这不是说一个老者没有可悲之事,正如孔子哀叹:"天丧予! 天丧予!"颜回的早逝对孔子来说是极其悲痛之事,"子哭之恸"④。尽管如此,

---

　　①　陈赟:《"学而时习之"与〈论语〉的开端》,《华东师范大学学报》(哲学社会科学版)2012 年第 3 期。

　　②　朱熹:《四书章句集注》,第 65 页。

　　③　Yao Xinzhong, "Joy, wisdom and virtue—The Confucian paradigm of good life," in *Journal of Chinese Philosophy*, 2019, 45(3－4):229.

　　④　朱熹:《四书章句集注》,第 102 页。

由于知晓天命,所以孔子对生命中的丧失有一种坦然的态度。

"孝"与"学"不同,它更侧重于关系的维护而非个体的自修。孝亲尊老是中国传统道德的根基。孔子曰:"孝弟也者,其为仁之本与!"从现象学的角度来看,"孝"生发于伦理生活的自然过程中,它表达了人对其人生位置的存在论体验:当一个孩子出生时,他完全依赖他的父母。随着年龄的增长,他获得了独立,他与父母的关系也开始发生变化。到父母年老时,成年的子女必须照顾父母。子女有尊敬父母的义务,而父母有责任以慈爱之心抚育孩子,教会他们人情与美德。人伦在时间上是代际更迭的:随着孩子长大成人,他一方面需要养育自己的孩子,另一方面需要供养他的父母。尤其当养育自己的子女,意识到过去父母对自己的养育之情时,孝的意识就开始出现了。"孝是与慈相反方向的伦理情感,子女将父母当作生命的根源,发现自己正是在生命根源的枯萎中成长起来,于是产生返本回报的伦理情感。"①如张祥龙指出,"孝"即孟子所说的"不忍人之心"的发端,不忍见年老之父母有凄凉晚景。这种意识的出现将人与动物彻底区分开来,成为儒家道德教化之所以可行的基础。②

"孝"是"仁"的本源,也是道德教育的根基,但孝之现实可能性在于代际之间亲情与美德的教授和传递。养的两种形式——父母养育孩子和孩子供养父母——虽然在共时的意义上存在一种非对称性,却在历时的意义上获得了一种对称性和互惠性。这种互惠不是契约论意义上自利个体之间的平等交换,而是一种存在论意义上的生命在代际间的延续和传承。孝亲的能力成为人在世的一个情感纽带,它不仅保证了代际的延续,也使得人的生命中有一种可以对抗有限性的总体性。因此,孝的实践在某种意义上可以应对谢弗勒提到的随着活跃关系的归档而产生的规范性困境:子女需要供养年老的父母,不仅是提供物质上的支持,更重要的是要有敬,要令其身心愉悦。相比物质上的奉养,儒家开启的孝亲传统更看重子女对父母的爱敬之心。拓展到整个社会,它要求年轻人在社会上尊敬长者,如《礼记》中所说,

① 樊浩:《老龄化,还是老龄文明?》,《东南大学学报》(哲学社会科学版)2023年第1期。
② 张祥龙:《家与孝:从中西间视野看》,生活·读书·新知三联书店,2017年,第110页。

"年长以倍,则父事之;十年以长,则兄事之;五年以长,则肩随之"①。它要求政府在政治、经济和文化上采取一系列尊老养老的措施,借助治国策略和礼法之功来实现"老有所养,老有所敬"。

2. 探索"学"与"孝"的新形式

需要正视的是,儒家传统的"学"与"孝"的实践在现代社会都遭到了挑战。在儒家看来,"学"是生活中最基本的事情。就"学"而言,儒家之"学"要求我们建立起一种内在的生命态度,"学"是为己之学而非为他之学。但在现代社会,"学"指向外部社会,技术的快速更迭不仅让社会急速变化,也让人们的"技能生命周期"缩短,使得很多老年人产生了"数字鸿沟"。现代社会将教育等同于知识教育,将知识狭隘地理解为概念性知识和命题性知识,所考虑的是知识的工具价值或者可转化为效益的那种知识类型。在应对现代社会的快速变化中,要求人们具有不断更新这类工具性知识的能力。但这种向外探求的学习模式会对人造成极大的压力,因为外部世界的变化速度太快了。对于老年群体来说,他们需要不断适应网络社会的技术要求才能进入公共空间来满足自己的社交需求。许多老人尝试通过网络来学习,包括通过社交软件来了解世界、结识朋友。网络上呈现的海量信息一方面丰富了老年人的生活,另一方面也带来了新的风险,如网络诈骗、养生骗局等。大量信息以各种方式涌入老年人的生活,要求他们不断更新自己的生活信念,提高自己处理信息的能力。针对这种情况,儒家伦理学的建议是,通过社区和家庭的力量帮助老年人建立终身学习的机制,不管是以社区的公益服务,还是以家庭成员互助的方式,帮助老年人习得一些基本技能,使其能够无碍地接入网络构筑的公共空间,实现行动和社交的自由。这一积极老龄化的方案与西方老龄化的方案一样旨在促进老年人参与社会,但目标取向和方式方法存在一些差别。从目标上来说,它并非建立在对老年群体生产力的偏好基础上,而是建立在老年群体终身"学习"的可能性上,它的目的在于"人的完善",而非"对人的利用"。从方式上来看,它要求年轻一代承担起数字反哺老年人的责任。例如,通过配备公共活动空间、组织社区

---

① 孙希旦:《礼记集解》,中华书局,1989 年,第 19 页。

活动等手段,鼓励老年人与年轻人的相互了解和学习,促进经验的双向流动。老年人为年轻人提供一些经验指导和帮助,反过来年轻人尊重老年人,为其提供适当的陪伴和技术支持,以此方式来增强代际融合与互动。提供这种互动的场所可以是家庭,若是家庭不足以为老年人提供相应的支持,那么,可以通过社区服务来补充,因为老年人对熟悉的社交圈有更高的信任度。人是关系中的存在,老年群体必须与社会同步,才能够发挥创造有意义的生活的能力。

　　"孝"的实践也同样面临挑战。首先,若没有生育作为前提,父母与子女的关系便无法确立,孝之实践也就无法落地,而生育率的下降是一个有着复杂原因的社会问题。其次,在当今中国,由于农村的青壮年到城市务工,农村老年人往往处于缺乏照顾的境地;城市老年人进入子女生活中的方式多是隔代抚养,这种相互帮助为父母与子女进入彼此的生活提供了一个通道,但这种方式也常常以牺牲父母个人的生活计划为代价。最后,依据孔子的看法,孝必须以敬为基础,而敬在现代社会中有其特殊的困难。在崇尚平等的现代社会,由于父母难以对子女的人生规划提供经验性的指导,他们的权威在子女成年后已大大减弱。但父母权威的衰减不等于代际关系的弱化,亲子关系的互动从"顺从"转向"尊重",使得中国当下的孝道实践从"权威型"转向了"情感型"。[①]两代人通过交换经济资源、劳务资源和情感资源来维系家庭这个共同体,使得家庭的资源可以相对顺利地完成代际间的传承。这种交换关系的存在,让年轻人对其父母有更多的感激和尊敬,同时也增强了父母对子女生活的影响力。这在许多城市中产家庭的实践中表现得尤为明显。社会学家刘汶蓉通过实证研究指出,当下青年人的孝心和孝行主要源于对父母的亲密情感以及维系亲密共同体的强烈愿望。这表现为子女以文化反哺、技术反哺的优势扮演父母的"监护人"。父母则以倾听者、陪伴者的身份进入子女的生活,帮助其抵御成长的风险和认同的危机。[②]换言之,

---

　　① 刘汶蓉:《活在心上:转型期的家庭代际关系与孝道实践》,上海人民出版社,2021 年,第214 页。
　　② 刘汶蓉、李博健:《自反性实践视角下的亲权与孝道回归——以城市中产阶层家庭成年初显期子女与父母的关系为例》,《青年研究》2020 年第 3 期。

"孝"在当代中国的家庭实践中远远没有退场,而是采取了一种更具情感团结的形式。家庭在今天相比以往更具有团结互助的色彩,每个人都阶段性地为其他成员承担责任,从而共同应对生命中的种种挑战。这使得城市老年人的养老采取了多种方式相混合的策略:一方面依赖于社会保障体系提供经济支持和医疗服务,另一方面从与子女家庭的融合互助中获得情感支持和精神寄托。农村的情况更为复杂,很多农村老年人出于绝望而自杀,除了经济上陷入困境,由于子女孝道的缺席而产生的意义危机也不容忽视,这意味着要解决农村老年人的养老问题,需要从社会保障体系和乡村伦理建设两个方面同时着力。

三、儒家伦理视角下"有尊严地老去"

对儒家伦理的重新诠释不仅有助于我们应对老龄化带来的规范性困境,还为我们思考老去的伦理意义提供了独特的视角,因为儒家伦理对人性和人类生活有一种时间性的和生成性的视角。根据这一视角,人是一个有待完成的存在者,这一有待完成的存在者必须通过参与社会互动来实现自身。人通过修身而成为自己,且通过修身的过程与自身、与他人及我们所处的世界建立起有意义的关联。我们存在的意义恰恰源自我们所建立的这些有意义的关联。聚焦于有意义的关联而不是仅仅关注个体能力的消长令儒家文化有一种机制去对抗人的生理性衰老。如孔子被问到志向,子曰:"老者安之,朋友信之,少者怀之。"①可见令老者安之是儒家的社会理想,它离不开良好的伦理关系的构建。儒家伦理与西方伦理的这一差别也集中体现在它们各自对尊严的看法上。

在关于对尊严的西方理解中,衰老是对尊严的一种巨大威胁。老年意味着一种退化,因为老年是一个身体的各种机能逐渐衰退的过程。这种衰退暗示着人的能动性和自主性的丧失。它可能是活动范围的收窄,或者对想做之事的力不从心,甚至是身体自主性的丧失。在西方文化中,如果一个

---

① 朱熹:《四书章句集注》,第46页。

人不再能够自己随意活动或进食、洗澡,许多人会认为这是尊严的丧失。由于西方文化将尊严等同于自主性和能动性,将后者等同于独立性,因此依赖性和脆弱性是不被赞赏的,它们往往被看作对人的尊严的威胁。"独立通常被称为自主,因此依赖就被视为自主的缺失或减少。自主性(根据自己的善观念指导自己生活的能力)是意义创造的重要组成部分,因此将自主性与独立性等同起来就意味着依赖性会损害人的尊严。"①要改变对老人的隐性歧视态度,其中一个关键的任务是挑战这种对尊严的理解。

　　西方文化对尊严的这种理解方式有一个明显的问题,它忽视了人类存在的时间性维度,以及一个人的生命历程的完整性,而将尊严等同于人在特定的生命阶段内所具备的理性自主能力。它将自主性和独立性视作绝对好的,而将依赖性和脆弱性视作绝对坏的。这是对人类个体的理想化。问题在于,没有人可以永远保持在成年状态,或在其生活的所有阶段维持独立自主。老年是人生的一个独立阶段,就像青春期或成年期一样,它有自己需面对的挑战,也有自己的优势和劣势。老年人的尊严首先体现为一种地位尊严。地位尊严不依赖于人的自主能力,而取决于人在其伦理共同体中的成员资格。它甚至要求我们更关注那些自主能力减弱的群体或个体,因为她们对尊严的需求更迫切。在西方传统内部,玛莎·努斯鲍姆(Martha Nussbaum)已经注意到这一问题。她指出,人是脆弱的、有依赖性的、有需求的涉身性生物(embodied creatures)。这意味着我们的理性和社会性都具有时间性,它们会生长、成熟和衰亡。我们的社会性不仅意味着我们能在成年与其他人发展出对等的关系,也意味着我们在幼年和老年会与其他人发展出不对等的关系,我们需要他人的照顾。然而,即便在这些非对等的关系中,也存在着互惠和真正的人类功能的实现,即人类尊严的实现。②在努斯鲍姆看来,尽管在一些特殊的人生阶段,我们不能施展出足够的理性能力或自主能力,但依旧可以运用动物性的能力来获得繁荣,我们的动物性也享有尊

---

① Russell Woodruff, "Aging and the Maintenance of Dignity," in Geoffrey Scarre ed., *The Palgrave Handbook of the Philosophy of Aging*. London: Palgrave Macmillan, 2016, p.234.

② Martha Nussbaum, *Frontiers of Justice: Disability, Nationality, Species Membership*, Cambridge: Harvard University Press, 2006, p.160.

严。努斯鲍姆以能力来界定尊严,认为一种有尊严的生活就是一种人类核心能力得到充分发展的生活,政府有义务帮助公民发展其核心能力,这包括向残障人士和老年人士提供施展其能力的机会,让其融入公共生活,过上有尊严的生活。这一学说带有功能主义的特点,它会赞同积极的老龄化,即前面提到的帮助老年人实现其生理的、社会的和心理的健康潜力,使其能够积极地参与到生活中。这对于老年生活而言是非常重要的一个方面。但其不足在于它以能力来界定尊严,忽视了人类尊严的主体间向度。

儒家伦理也注意到人类存在的脆弱性和时间性,但它处理这一问题的方式与努斯鲍姆的能力路径有所不同。能力路径强调国家对于发展和改善人类核心能力的政治义务,减轻人的脆弱性所产生的影响,其落脚点在于发展个人的能力。儒家同样重视个人能力的发展,但它认为更重要的是建立起伦理关系的联结,因为我们永远无法完全克服依赖性和脆弱性。依赖性和脆弱性虽不是人类追求的正面价值,却是人类伦理生活之所以必要的限定性条件,它们催生出人类的团结、关爱和责任意识这一类关系性的价值。存在的脆弱是人类善良和卓越的先决条件。我们可以通过应对依赖性和脆弱性的挑战来发展人类德性。例如,孔子认为,孝不仅仅对年老体弱的父母是好的,孝也提供给子女一个修身的机会,让他们可以去磨砺自己的品性。因此,孝作为一种伦理价值可以很好地响应人类存在的时间性维度,它是仁的出发点。由于老去必然意味着丧失,丧失机能,丧失记忆,丧失亲朋好友,因此,对于老年人而言,从子辈那里获得伦理支持就显得尤为重要。除了通过伦理关系的建立来克服老去的依赖性问题,儒家也提倡一种积极有为的老去,即前面所说,在时间中通过积极的自修而获得一种内在生命的丰厚和精神的自由。一个有尊严的老者比起缺乏经验的年轻人在应对生命的各种挑战时会更加得心应手。他会比犹豫不决的年轻人更坚定地投入自己所认定的事业中。在此,老者的尊严来自其深厚的德性中自然生发出的德行,而缺乏与其年龄相匹配的德性的老者会被批评为"为老不尊"。这一批评提示,在儒家对尊严的理解中,尊严不是去时间化的,而是与时间紧密相关的。人作为时间中的存在者,若没有发展出与其年龄相称的德性,他的生命是缺乏(成就)尊严的。与努斯鲍姆的能力进路相比,儒家所提供的理解老去的这一维度有其独特的贡献,因为它更少诉诸人的身体机能,更多诉诸人的德性养成。①

诉诸儒家的德性思想来论述老年人可以享有德性的尊严,可能会遭致批评说,这种思路会带来严重的排斥性问题,即那些缺乏德性的老年人是没有尊严,进而不值得尊重的。然而,儒家伦理号召人们去追求德性尊严,与它肯定所有人都享有地位尊严并不矛盾。儒家的社会理想是使人人老有所终,鳏寡孤独废疾者皆有所养。它要求政府承认每一个人平等的道德地位,并基于这一道德地位而给予其相应的对待。享有同等的地位尊严并不排斥每个人基于德性的修炼而取得不同程度的成就尊严。成就尊严涉及一个人运用其能力过上了何种意义的生活,对其生活如何进行伦理评价的问题。成就尊严就人获得道德地位而言不是必需的,但对于过一种美好生活而言它是可欲的。对老年人而言,由于机能衰退是一个不可逆转的现实,因此,发展德性的尊严或成就尊严不失为一种化解老去的规范性困境的出路。它使得老年人不仅是脆弱的被关怀者和被照顾者,还可以凭借其德性对生活意义的贡献而享有成就的尊严。当下中国社会的许多老年人,不管是为子女家庭尽力操持的老年人,还是活跃于社区志愿者服务的老年人,都在发挥生命余热的过程中获得了极大的快乐和满足。通过强调代际互惠与共同繁荣,儒家伦理更加积极地定义了养老。没有年轻一代的关心和支持,老年人很难获得照顾与关怀,从而在晚年继续过一种伦理意义上的好生活。与此同时,"孝"不仅有助于家庭内部的代际和谐,对于塑造一个尊老敬老的社会也是有益的。对老人的关怀不是一个人或一个家庭的事,它不仅体现为子女的孝顺或代际间的互助的道德责任,也是作为伦理实体的国家和政府应当积极承担的伦理义务。由于所有人都会变老,老年人能过上充实幸福的晚年生活为年轻人增强了信心,从而鼓励社会中所有人相信自己可以通过"学"与"孝"过好这一生。

①　儒家的德性-关系进路与努斯鲍姆的能力进路虽有不同,但对于维护老年人的尊严,都可以有所贡献。能力进路要求创造有利条件以帮助老年人发挥其核心能力,它强调老年人对自身的关怀,处理的是国家对个人的正义责任;德性-关系进路则重视伦理关系的维护以支持能力衰退的老年人,它强调其他人对老年人的伦理关怀,处理的是家庭和社会对个人的关怀义务。这两种思路可以相互配合以维护老年人的尊严,在后文《重视脆弱性的老龄关怀》中我还将深化对该问题的讨论。

第四章　与老年相关的伦理学问题

如前文所述，老年群体在现代社会地位的变化，一方面与人类社会的历史演进有关，另一方面也涉及现代社会的一个核心特点，即高度的技术化。从传统社会中父辈向子辈传承经验和资源到现代社会中子辈更多地向父辈提供技术和经验支持，这一逆转的原因即是现代社会对高科技的极大依赖性。技术快速地更新迭代不仅让社会急速变化，也让人们的"技能生命周期"缩短，使得老年人产生了"异步困境"。[①]一方面，社会人口结构的变化亟须在公共政策上重视老龄人口资源，消极养老不仅是对老龄人口社会价值的忽视，也是对老龄人口作为资源的巨大浪费；另一方面，数字技术的快速迭代，在不同人群之间产生了新的社会不平等，超过人口总数四分之一的老年群体成为数字社会的弱势群体，缺乏运用数字技术参与社会互动的能力。现代化为所有人提供便利的同时，也加剧了对部分群体的社会排斥和歧视，效率导向型的发展模式并不利于老年人，如何避免或者减少由智能技术、基因工程等应用给老年人所带来的不平等亟待予以关注。因此，在挖掘老龄社会资源价值的同时，为老龄人口赋能，促进社会公平发展，是我们必须面

[①]　邱泽奇指出："到了数字社会，不仅技能从长到幼的传递变得几乎不可能，在同一代人身上，技能从年轻到年长的积累也变得可能性越来越小，社会分化不仅在代际群体中展开，在代际群体内部也在不断深化。"参见《人口老龄化背景下如何跨越代际数字鸿沟》，《群言》2021 年第 6 期。

对的现实。

在此情形下，我们可以邀请老年人来思考老年生活的艺术，探讨如何在老年生活中寻找意义。好的老龄化要回答的是，我们怎样才能优雅地变老或有意义地变老？我们可以辨析出老年生活阶段与人生其他生活阶段具有的不同特征，据此提出增进这一阶段的生活福祉的建议。有人认为，老年之所以让人感到不安和恐惧，是因为它让人临近死亡，因此延长寿命，甚至实现永生，才能克服人到老年的焦虑。但通过种种技术手段延长寿命乃至实现永生真的能够缓解老年生活的危机吗？这可能是一个办法，因为一个人如果不死，"老年"这个概念就自然消解了。但永生也会带来其他的伦理问题，比如可能会产生无穷无尽的无聊。那么，这是人类社会应该为之努力的方向吗？此外，新兴的现代技术如基因技术和人工智能技术也许能帮助我们塑造一个更美好的老龄社会，那我们应该采用何种伦理原则来规范这些技术的使用呢？如何让新兴技术服务于人们对美好生活的追求呢？我们要考虑现代人所看重的几种核心价值，如尊重、自主、爱与关怀，我们要考查这项技术是否有利于促进老年人的尊严、自主与社会承认？人类使用这项技术到底促进还是阻碍了给予老年人关怀与爱？这些问题都是与老年人特别相关的伦理学问题。老年伦理学是一个规范性的研究领域，它涵盖了一个人在其作为老年人的情况下所面临的诸多伦理问题。老年是人类繁荣的必要组成部分，因为老年阶段是生命意义和价值的重要贡献因素。基于此，我们应当重视老年的伦理学意义以及老年生活的伦理重要性。

第一节　老年生活艺术与面对死亡的智慧

传统社会与现代社会的一个显著不同是，在传统社会中，一个人即便老去、死亡，也可以指望他的遗产、技艺以及生活方式流传给他的子孙。他生命的某些部分以这样一种方式存续，他在其事业上花费的力气没有白费，死亡也不会将其生命的意义消耗殆尽。但在今天，很多老年人不再抱有这样的奢望。历史的进程在加快,社会在不断加速,它转眼间就会推翻人们昨日建造的房屋,取而代之全新的建筑和街景。新的行业出现,旧的行业消失。孩子们不再继承父辈的事业,他们选择到别处去上大学和工作,离开了家乡和父母,家庭的结构开始变得松散而灵活。父母用其过时的经验叮嘱孩子,但对于孩子的生活选择上能够做的事情变得越来越少。出于对孩子无私的爱,很多父母会放手让孩子去选择理想的生活,如果孩子能过得好,他们也会很安心,即便孩子不能在身前尽孝。但鉴于世代之间的鸿沟和价值观念上的分野,他们不再指望孩子会认同其传统的生活方式和价值观。他们之间能够传承和沿袭的东西变得越来越少,维系他们的是彼此间的亲情和牵挂。

任何个体都无法阻挡时代的变迁,唯有积极地适应。但对老年人来说,这种适应并不容易。被时代抛下容易让人怀疑自身的价值和生活的意义。什么是生活的意义呢? 这似乎是一个永恒的哲学问题。对于老年人来说,生活意义的问题被转换为另一个更现实的问题:“我”余下的生活还有没有意义? 如果不再能够为社会做贡献,反倒成为社会的负担,“我”的生命岂不是毫无价值? 对于年轻人来讲,生活的意义在于不断开拓新的可能性,并通过这些可能性来实现自己的人生价值,但对老年人来说,以此方式来实现生活的意义变得困难。这不意味着老年人的生活是缺乏可能性的,却意味着对他们而言,好的可能性变得越来越少,例如,职业发展的机会、建立新的亲密关系、搬迁到喜欢的住宅、享受与孩子分享快乐的时光,而不好的可能性变得越来越多,腿脚越来越不灵便,身体开始出现状况,昔日的朋友相继过世,孩子们因为忙碌而与其相伴的时间越来越少,总之,余下的生活要如何展开变得越来越麻烦。面对晚年的各种艰辛,老年人应该如何发挥余热,创造意义呢?

一、赫费关于老年生活艺术的建议

德国哲学家奥特弗利德·赫费认为,“如何尽可能有尊严地、快乐幸福地变老”,是老年哲学的核心问题。[①]他借用赫尔曼·黑塞的话说,以一种体

---

① 奥特弗利德·赫费:《优雅变老的艺术》,靳慧明译,社会科学文献出版社,2021 年,第 90 页。

面的方式变老,拥有与我们年龄相宜的态度和智慧,是一种艰难的艺术。大自然不会凭空赋予人类智慧,要获得老年的智慧,需要我们付出辛苦的努力。赫费关于老年生活的建议从他关于"身心健康"的理解出发,赫费写道:"人有运动器官,许多工作狂随着年龄增长而忽略掉运动器官。人还有永不生锈的精神,人是社会生物,就情感来说,还有灵魂,灵魂喜欢开心而不喜欢烦恼。"[1]从对"身心健康"的理解出发,赫费建议说,要过好老年生活,重点在于激活人身体的、精神的,以及情感的和社会的能力。他提出一种"4L"策略,即通过运动(身体)、学习(精神)、爱(社交)和笑(情感)来保持人的以上能力。

运动,指的是运动系统的活动。运动可以增强肌肉、对抗关节疾病,还可以对抗危害健康的重大疾病,如老年人易患的糖尿病、心血管疾病、高血压等。运动还可以缓解烦恼、焦虑和压力。更重要的是,运动有益于缓解衰老,它会大大延长具有高品质生活的生命,也会给我们带来情感上的愉悦,甚至帮助我们与他人社交。如果说运动锻炼的是我们的身体和体魄,那么学习则有益于我们的精神和灵魂。按照赫费的说法,每天阅读超过30分钟的人预期寿命可延长两年。学习促进了大脑的"关联",可以增强我们的认知能力,对抗阿尔茨海默病。学习帮助我们对抗压力和烦恼,不会让人想入非非,陷入无聊和孤独中。在快速变化的信息社会中,学习也是跟上时代变化的必要手段,如果对接入社会的各种智能工具不了解,老年人将面临寸步难行的困境。第三策略是"爱"。赫费在此指的是老年人应该拥有丰富多彩的社会关系,从伴侣关系延伸到亲友关系、朋友关系,由兴趣组建的团队关系等。丰富的社交生活能够滋养老年人的生命,让其在生命晚期体会到亲情、爱情和友情的滋养,并培育与之相关的美德。这些由社会活动而产生出的有意义的关联——认可、尊重、被爱——比药物更能缓解人的衰老,让人生出活力。赫费还提到参与志愿者活动和社会工作对老年人的意义。对于那些退休后尚有余力的老年人来说,服务社会、服务他人,是能够让他们感到自己的社会价值的有益方式。最后一个策略是"笑"。情绪的健康对于延

---

① 奥特弗利德·赫费:《优雅变老的艺术》,第93页。

缓衰老也大有助益。赫费指出,笑代表人的情感能力,代表放松、热爱生活、有生活的乐趣。人如能驾驭情感而非一味地发牢骚或发脾气,那么生命的最后时光就会轻松很多。笑不仅代表一个人对待生活的态度,也能体现他对待别人的态度。没有人愿意面对一个整天愁容满面的人。一个人即使年华老去,也可以从容甚至优雅地面对。①

赫费睿智地指出,变老意味着行为方式的改变,我们要么停止行动,要么有意识地接受新的角色。变老是需要学习的,它要求我们掌握老年生活的艺术,通过种种策略来适应年华的老去。即便人无法阻止身体和心智变老,但总有办法使这些问题更容易处理并至少避免某些最坏的结果。赫费的探讨虽然从哲学角度出发,却与老年医学的某些看法不谋而合。老年医学同样认为,对于老年人来说,慢病生存是人生这个阶段的常态,重要的是维持一些核心的内在能力——包括运动、认知、活力、感觉和心理,想办法改善和维持它。接受变老不等同于消极退出,而是在现有身体条件下寻求自我的价值实现。老年人的学习速度、记忆力和感知力虽然下降了,但其知识储量和经验智慧可能在老年达到顶峰。赫费与西塞罗同样认为,人生是一个积累的过程,老年生活质量的好坏在很大程度上取决于我们自己的性格。不是所有人都能平静地进入老年,大自然绝不会赐予人类生命以智慧,来补偿僵硬的关节和健忘的大脑。这一智慧,需要我们自己辛苦努力而获得。

二、赫费论老年学的伦理原则

赫费区分了伦理与道德,将前者看作老年人完善自身的义务,将后者视为政治共同体针对老年人的社会伦理(道德)义务。他明确指出,他给出的"4L"策略是针对自身的义务,属于个人伦理的范畴,但幸福的老年生活的实现还有赖于社会为老年人实现其伦理目标创造条件。赫费接下来提出他所谓老年学的七条基本原则:

---

① 奥特弗利德·赫费:《优雅变老的艺术》,第95—98页。

第一条原则：最基本的义务伦理是尊老敬老。

第二条原则：正如孩子不愿意自己身体、精神和灵性上的弱点被滥用，成年人也不可滥用老年人的身体、精神和认知的弱点。

第三条原则：通过教育培养从公平、公正中产生的感恩。

第四条原则：在生命最初得到的帮助要通过帮助老年人来回报。

第五条原则：当你是孩子时，你不希望别人怎样对待你，你就不要这样对待老年人。［老年社会伦理的黄金法则］

第六条原则：老年时想怎样被别人对待，现在就怎样对待老年人。

第七条原则：至关重要的护理行为不能全都交给机器来做。机器护理不能替代人文关怀。①

让我们来逐一分析赫费提出的七条原则。赫费强调，尊敬老年人是一种相互的义务，而不是单方面的恩赐和同情。这是因为，一方面，年轻人曾经获得过老年人的照顾和养育，另一方面，很多老年人仍在为其子孙后代的生活服务：为后代提供物质和关系上的资助，为其照顾孙辈，做家务等。在他看来，指导代际共存的原则是公平、公正，而不是同情。今天的老年人虽然需要他人的帮助和关怀，但他们曾经无私地帮助和关怀过社会中的儿童和青少年，因此社会也应该要求长大了的孩子照顾老年人，这是代际交换所要求的公正义务。由于大多数公正义务都是共时性的，我们容易忽视这种历时性的义务。从第一条原则出发，赫费推导出第二条原则，每个人都有孩提时期，也都会衰老（生命中的依赖性阶段），因此，成年人——生命中的非依赖性阶段——不应滥用他们的身心弱点，做对他们不利之事。尽管我们从理性上能够认识到代际之间的互惠性，但由于这种交换在时间上存在延迟，因此，子辈有可能不履行对长辈的伦理义务。为了解决这一难题，赫费的提议是在教育中教导孩子学习感恩，只有对长辈的帮助心存感激，才能自愿尊敬他们。赫费的这一提议印证了儒家的一个观察，儒家学者也注意到从亲代流向子代的爱相比从子代流向亲代的爱更容易，所以提出"孝"来解

① 奥特弗利德·赫费：《优雅变老的艺术》，第99—107页。

决子代对亲代的义务问题。第四条原则与第三条原则是相关的,即感恩需要被制度化或仪式化,表达感恩的具体形式是向老年人提供帮助。这一点与儒家对"礼"的强调也有类似。赫费针对现代社会的特点提出了一个与自愿献血类似的建议。在很多社会,激励自愿献血的一个办法是献血达到一定次数的人可以免费使用血库。类似地,赫费建议说,能在今天为他人提供护理服务的人,包括服务于自己的孙辈,将来就可以要求得到护理服务。相反,那些提供不了护理服务的人,则要支付经济补偿。①西方文化是一种赞赏"能力"的文化,它导致人们常常忽视接受脆弱的重要性,但每个人都会老去,没有人可以终其一生没有脆弱的时刻。老年人要接受自己的脆弱性,优雅地表达需要和依赖别人,这时候年轻人应伸出援手,而不是表现出恐惧或冷漠。发展代际友谊,促进公民互助可能是解决老龄化困境的有益方式。如果说第一条和第二条原则紧密相关,第三条和第四条原则紧密相关,那么,第五条和第六条的关系也是如此。赫费将第五条原则称为老年社会伦理的黄金法则,它表达了一种代际间的对称性,因为一个人在年幼时和年老时都具有依赖性,因此都不愿意以某些方式被对待。第六条原则有更加严格的对称性,且是从正面加以论述的,你想在老年被别人如何对待,你现在就应该以相同方式对待老年人。这就像上面提到的自愿服务一样,你今天帮助和护理老年人,等你老后,你也会得到类似的照料。第七条原则具有前瞻性,它考虑到了护理机器人等新兴技术进入护理行业的前景,但它明确指出,老年人需要的是有温度的人文关怀,这绝不是仅仅依靠机器能够完成的。

赫费对老年学的道德原则的讨论带有一种康德式义务论的色彩:作为理性主体,他总是要求我们换位思考。但这种换位不是将人格加以抽象,而是要求我们正视生命各阶段的特殊性。例如,作为孩子,我们不希望被如何对待,那么我们也不应该以同样的方式对待老年人。我们希望老后被人善待,那么我们现在应该善待老年人。这种换位既要求一个人假想他未来老后的处境,从而善待现在的老年人,也要求一个人设想他曾经年幼的状态,从而善待现在的老人。换言之,赫费邀请我们进行一趟时光穿梭之旅,我们

---

① 　奥特弗利德·赫费:《优雅变老的艺术》,第104页。

可以选择穿越到过去，想象年幼时我们的无助，从而了解老年人的无助；我们也可以选择穿越到未来，设想未来老后的我们希望如何被年轻人对待，从而留意我们作为年轻人对待老年人的方式。这体现了一种建构主体间哲学的新方式：它不是将人视作抽象的个体，而是邀请具有道德能动性的主体在不同年龄阶段之间进行切换和换位思考，充分考虑人生不同阶段需求的差异，从而得出对待老年人正确的道德法则。

三、赫费论面对死亡的智慧

赫费在谈及老年的时候睿智地指出，我们需要区分"年轻的老人"与"高龄老年人"。因为后者比前者面临的挑战更大，尤其是由于机能衰退而带来的各种疾病。衰老不等同于疾病。它不像某些恶性癌症那样是不可治愈的疾病，而是一种自然的生命阶段。[①]然而，由衰老带来的细胞功能的丧失、崩溃或恶化会引发人的功能失调，尽管每个个体功能失调的程度有所不同。随着年龄的增大，人患恶性肿瘤或认知障碍症的概率就越高。因此，高龄老人似乎总是跟医院打交道，和疾病做斗争。赫费指出，对高龄老年人的护理，不管是在家中还是在养老院，"都应努力保持空间和社会环境的稳定，确保护理和关怀的质量和强度"[②]。作为护理者在照顾这些高龄老年人时，可以参照医学伦理的基本原则：坚持"患者至上"，禁止伤害，尊重患者的自主权利，以及在不同患者之间维护公平、公正。在养老院中维护高龄老人的尊严是至关重要的，这也是很多养老院饱受诟病的地方。尊重他们，包括尊重老年人的如厕方式、清洁或更衣时保护他们的隐私，以及帮助他们按照自己的礼仪穿着等。

对高龄老人来说，一个更现实的问题是，如何面对死亡的来临。赫费借用古罗马哲学家波爱修斯在等待执行死刑过程中写下的《哲学的慰藉》告诫众人：我们虽然无法躲避死亡，却可以认可和接纳死亡。"哲学家们通过规划自己的生命来规划生命的终结，即树立榜样，建立良好的美德，特别是冷

---

① 奥特弗利德·赫费：《优雅变老的艺术》，第 120 页。

② 同上书，第 134 页。

静,这意味着无须以强力来维系生命,更确切地说,既然已经这样,那就坦率接受生命终结。"①对古代哲人来说,坦然接受死亡的一个前提是我们已经度过了道德上的美好生活,从而能够面对死亡。赫费总结了能够坦然面对死亡的四个策略:第一个策略是正直地度过一生,从而无憾于死亡。这个建议来自伊壁鸠鲁。第二个策略是通过自己的努力来达到不朽,即创作出比自己生命更长久的作品,以此来抵抗虚无。这个建议来自西塞罗。第三个策略是人要始终处于准备(死亡)的状态,哲学就是学习如何死亡。这个建议来自蒙田,并明显受到了斯多葛派的影响。第四个策略是"把自己放在世界的边缘",不要把自己看得太重要。第五个策略是采纳死亡的艺术,即使是厄运也可以将其融入整体成功的、快乐的生命。这对于大部分人来说很困难,却是可以练习的。第六个策略是从伊壁鸠鲁到斯多葛再到笛卡尔所代表的生活原则,即不畏惧死亡。赫费将这六个策略统称为"内在的安乐死",即通过人自身内在的精神力量可以实现的愉快的死亡。这与依赖于医学技术等外在手段实现的安乐死不同,更能体现人意志的自由。②

　　赫费建议的应对死亡的策略受到古希腊和古罗马哲学传统的影响。作为古典哲学的范式,这些哲学传统将哲学看作一种生活的艺术。它们倡导说,我们需培养自我关心的态度,以应对生活中可能发生的意外事件。哲学首先是一种活动,而不是静态的知识;是对智慧的爱,而不是知识本身;是一种生活方式,而不是一个在学院里被教授的学问;是提升精神性的一个方法,它意味着个体存在方式的根本改变。因此,哲学当直面死亡问题,因为死亡是生活的一部分。但死亡又不是人生的全部,人属于更大的宇宙,所以人不该被死亡打败。对于伊壁鸠鲁派哲学和斯多葛派哲学来说,人是宇宙的一个部分,所以我们应该通过哲学的修行提升自己的灵魂,超越有限的生活范围,经由沉思而抵达无限的时间和空间。古代的哲人每时每刻都意识到自己生活在宇宙中,都自觉保持与宇宙的和谐,以此来抵御死亡的虚无。尽管随着世俗化的进程,现代人越来越难以感受到狭小的自身与宏大的宇

---

① 奥特弗利德·赫费:《优雅变老的艺术》,第 142 页。
② 同上书,第 142—144 页。

宙之间的关联,但死亡让人直面虚无的挑战,唯有借助超越的方式,人才可能予以回击,从而无惧于死亡。超越可经由不同形式:(1)作品模式,即一个人生活的价值体现为他的生活给世界的客观价值带来的变化。人可以通过创作作品来获得超越,创造出对人类有价值的事物,或从事有利于人类世世代代的事业,都是其中的范例。从某种意义上说,将子女的繁荣视作自身生命有意义的延续也类似于作品模式。(2)表现模式,即人的生活价值体现为成功地应对生活挑战的价值。人也可以通过其存在方式来获得超越,例如勇敢地攀登高峰,在高龄重新开启新的事业方向等,将生活视作一件艺术品加以塑造。这些不同类型的超越都能帮助我们减轻对死亡的恐惧,在有限中体悟无限。西方古典哲学传统关于老年生活的艺术特别强调了两个不同的方面:一方面我们要努力实现一个人作为人类的独特潜力,另一方面要接受生命中不可回避的有限性和脆弱性。在理想的条件下,这两点的结合会令我们对脆弱生命的独特品质越来越敏感,从而收获生命的意义。换言之,人生的意义不是对某个问题的确定解答,而关乎以何种方式生活。它不是形而上学的,而是伦理的。人生的意义从某种角度看就是人生本身。①

四、结　　语

赫费从对老年生活的观察开始,思考睿智变老的艺术,最后提出了直面死亡的伦理建议,这本小书可被看作当代哲学家关于老年生活的实用手册。赫费关于老年生活的建议包含了两个方面:一是作为变老的个体,我们可以通过"4L"策略来保持生命的活力,即便生命最终走向落幕,也要学会以平静坦然之心来面对;二是作为社会中的其他群体,要学会换位思考,充分考虑人生不同阶段需求的差异,从而得出对待老年人正确的道德法则。这些建议非常恳切务实,不仅适用于西方社会,对于中国来说也同样具有启发意义。例如,中国有30多个城市采纳了赫费提出的"用提供护理来换取护理"的提议,成立了旨在帮助老年人的时间银行。通过动员相对

---

① 特里·伊格尔顿:《人生的意义》,朱新伟译,译林出版社,2012年,第93页。

年轻的比较健康的老人去帮助那些高龄体弱的老人,用适老服务时间作为储蓄积分。①作为具有批判性精神的哲学家,赫费意识到老年人在当代社会的处境与社会生活形式的变迁有关。"老年"这个概念的出现本身就是人口统计学的发明,也即福柯所说的"生命政治学"的发明。尽管赫费没有沿袭福柯的批判路径,但他质疑了按日历划分人生阶段的惯常做法。他提醒我们注意这种年龄划分的方式与工业社会的福利制度之间的关联。正是工业社会发明的退休金、养老金制度才让这种按日历划分人生阶段的做法获得了实际的意义,并支配了人们对生活的想象。实际上,个体之间的健康状况和工作能力的差异是巨大的。退休并不必然等于衰退或退出社会,有很多老年人在 60 岁之后仍然可以从事有创造力的工作,或享受有品质的退休生活,将其人生经验服务于(子女的)家庭,和社会的公益服务。赫费指出:"几乎所有人都认为,到了老年一切都变得更糟,似乎对于悲哀的晚年的恐惧也社会化了。"②然而,老年人只不过是身体力量变小,反应更迟钝罢了。但他们也因此收获了更多经验、社会能力和日常生活的技能。赫费号召西方社会改变对老年的看法,不要过度夸大老年带来的损失,而应积极正面地看待老年的收益。这意味着政府有义务通过社会政策支持老年人去过一种更有成就、更环保、更富有、更健康的生活。赫费乐观地相信,"年老根本就是相对的。如果我们继续工作,而且总是容易发现我们周围的美好,我们就会发现,年老并不一定就意味着衰老"③。

　　赫费号召我们对老年保持乐观,也指出这需要社会提供良好的条件和充分的支持。但其写作略有不足的是,他没有充分注意到智能社会中老年群体面临的新挑战。在以信息技术为基础构架的现代社会中,要保护老年人的自主权和人格尊严,还需警惕技术主义造成的人的物化风险。事实上,老年人之所以被视为"无用"是因为他们不再具有生产性,且其经验过时。社会伦理要求年轻人尊敬老年人,但受技术主义推动的青年文化常常不认真对待老年人。例如,公共空间没有直升电梯和无障碍通道,各款手机 App

---

①　景军:《我们如何安宁地"老去"》,《廉政瞭望》,2020 年第 9 期。
②　同上。
③　同上。

安装使用复杂,收付款只接受二维码扫码,一些公共场所只接受网上预约参观,疫情防控期间乘坐交通工具需出示电子核酸证明,等等。这些技术社会的通行方式使得一些老年人满足出行、买菜、就医等基本生活需求变得愈加困难。老年人担心在公共场合摔倒而受伤,也同样担心摔倒后的尴尬:害怕被认为无用,是累赘;害怕被人厌恶。如何从老年人的角度思考公共空间的设计,在公共生活中平衡老年群体的需求,是未来的城市规划、公共空间服务、技术创新、产品设计等领域应关注的核心议题。尊重老年人,不是无视其存在,或仅仅将其视为被保护的弱势群体,而是能够站在他们的视角考虑他们的需求,提升其能动性,让其在晚年仍可以积极地参与公共生活,实现其生活计划与人生目标。对公共空间进行适老化改造,设计适合老年人出行、社交的公共产品不仅是为了让老年人感到安全,也可以保护他们的自尊心,让他们享有免于被歧视的自由权利。

第二节　重视脆弱性的老龄关怀

在道德哲学的传统中,我们关注的是如何成为好的人,或者如何去做对的事。这些考量聚焦于提升生命的面貌和品质,让人变成更好的人,或做出更好的行动。然而,生命除了可以向上提升,也受制于一些生理性的限制,如生老病死。对于任何人的生命而言,它们都是一些构成性的事件,它们决定了我们生命的面貌与结构,也决定了我们人生中很多事情的内容与意义。老年正是人生命中这样一个特殊的时期,老年是否幸福会影响一个人人生整体上的成败。钱永祥先生在《动情的理性》一书中问道:"一个生命,既然必然受制于残疾、病痛、老化,既然生理的需求注定不能一劳永逸地满足,既然身体的各项功能经常退化、失调、败坏,既然各种欲求与情绪的骚扰不断,既然情感的波动有如海上浪涛、有如风中的残枝一般无法静止;这样的生命,从道德角度来看应该是什么面貌?"[1]我们同样可以发问,除了少量几本

---

[1]　钱永祥:《动情的理性:政治哲学作为道德实践》,南京大学出版社,2020年,第19页。

哲学著作,为何主流的伦理学理论思考会忽视老年问题,以及与衰老相关的脆弱性呢?

对该问题的一个可能解答是,西方主流的伦理学理论假定了一个抽象的、完全理性的行动者来建构道德规范,却忽略了人类真实的处境向我们提出的伦理问题。这些理论没有注意到,人的具身性及其脆弱性是人类共通的处境,儿童、老人和病患需要得到他人的关怀才能存活。如果伦理学只是抽象地去谈论人对好生活的追求,而忽视人在不同人生阶段的特殊需求,那么伦理学就无法对什么是好的人类生活给出完整的回答。既然这种忽视有理论上的原因,那么我们就需要先从理论入手,探讨西方伦理学对脆弱性的忽视。这种忽视首先体现在西方主流的尊严观中,它将尊严简化为自主,导致了依赖与软弱、无能与丧失尊严的不幸联系。由于保护人的脆弱性对于维护人类尊严至关重要,而关怀伦理对脆弱性有恰当的理解,因此我们可以从关怀伦理视角建议一种维护人类尊严的老龄关怀方案。

一、主流的尊严观对脆弱性的忽视

在西方伦理学的价值谱系中,自主性是一种核心价值。对自主性的强调始于中世纪后期潜藏于基督教伦理中的平等主义和个体主义,完成于康德的批判哲学体系,它带来了一种新的伦理学,一种无上帝的伦理学。康德的道德理论将道德生活理解为一种理性主体自主履行义务和责任的实践。据其思想,正确的行动要求道德主体依据自我确立的普遍性的道德法则或律令去行动。一个出于义务的行动,应该完全摆脱爱好的影响,仅仅出于对实践法则的敬重去行动。康德带来的道德革命将他律性的宗教道德转变为自律性的理性道德。在此,人类尊严与人的自主性以及道德尊重的要求,紧紧地联系在一起。自主性是我们认识道德法则并对其做出反应的能力。尊严所要求的道德尊重不仅是一种感觉,更是以某种方式对待他人的一种义务。人的尊严建立在人的自主之上,对他人的尊重以及对个体自主性的承认是康德道义论的核心。在康德之后,自主性这一概念的内涵进一步被扩大。自主性包含了自我控制、自我选择和自我决定等诸多方面。尤其在存在主义者那里,自主性意味着一个人可以不受他人干涉而自主地做出决定。因此,将他人的行为或选择置于控制性影响之下是错误的。保护个人的自主性是一个自由社会的基本特征。保护自主性不仅可以给个人带来幸福,还可以鼓励创造,推动社会进步。

可以看到,在西方主流的政治哲学和伦理学传统中,尊重人在很大程度上等同于尊重人的自主性。尊重人,意味着承认一个人具有自我统治、自我管理和自我选择的能力。在生命伦理学中,这意味着尊重一个人的自决能力和塑造个人生命历程的自由。这种人的观念预设了一个独立自主的,可以进行自我控制和自我选择的自我,他成了西方伦理学理论假定的行动主体。但这种对人的看法不完全适合老年人——他们身体虚弱,行动能力明显下降,也不完全适合老年人的护理者——后者承担的护理责任严重限制了她或他的选择能力和选择范围。由于将伦理主体限定为自由的、独立的且彼此平等的人,西方主流的伦理学理论无法令人满意地说明由于年龄或健康状况而具有依赖性的人的道德生活。过度强调自主性的伦理文化与老龄化的背景不匹配,特别是在长期护理方面。此外,由于人类总是生活在种种人际关系之中,这些伦理学理论也无法说清我们为何对一些有特殊关系的人——如年迈的父母、年幼的子女——负有特殊的义务。作为社会化的产物,如果我们不认真地承担起这些义务,那么我们就无法作为人类社群存活下来并获得繁荣。

由于自主性在西方文明的价值谱系中享有至高无上的地位,缺乏自主性是令人担忧的;放弃自主性就等于承认人与生俱来的脆弱性,这是被西方文化否定的。此外,自主性还与独立性相关,因为一个人独立于他人生活的能力是其自主性的象征。[1]依赖与虚弱、丧失能力以及缺乏尊严密切相关;只要一个人能够抵制依赖,他就能保持尊严和自尊。但是,这种对独立自主的强烈重视对一些高龄老人产生了非常不利的影响,因为随着年纪的增长,人

①　值得注意的是,至少在康德那里,自主性与独立性之间并无这种关联。他将自主性与理性联系起来,而不是与独立性联系起来。

们越来越需要有人帮助他们洗澡、上厕所、穿衣、吃饭和出行。当一个人承认自己不能再独立地完成所有这些任务,这将是让人羞愧和尴尬的。其结果是,在一些西方社会,许多老年人长时间地拒绝寻求帮助。他们将依赖他人看作可耻的,认为这种依赖性的生活是不值得过的,是缺乏尊严的,从而丧失了活下去的信心。事实上,依赖性是存在于所有生命中的一个不可逃避的事实,这个事实本身不会导致无尊严。只有当人的基本需求不被他人满足,人的依赖性遭到歧视和利用时,才会出现无尊严。西方传统的自主性概念倾向于支持独立和自主,这导致了依赖与软弱、无能和丧失尊严的不幸联系。

要改变这种联系,我们需要重新阐述尊严的内涵。尊严蕴含着自主,但不能被简化为自主。如果人的尊严取决于人的自主性、理性和自决能力,鉴于人们并不具备同等的此类能力,我们有何理由认为人类在尊严上是平等的,或者尊严是所有人普遍享有的呢? 由此可见,尊严所表达的人的内在价值不能被简化为"自主"或理性能力,它是人类在脆弱性与超越性之间寻求的一种平衡。一方面,人是有形的、会死的和有限的存在者,因其具身性受到自然法则的限制和约束。另一方面,人类追求崇高,渴望成为令人尊重和敬佩的存在。人不仅具有动物性和脆弱性,而且渴望成为自主的道德存在者。因此,尊严不仅存在于人的肉身性和脆弱性之中,也存在于人的道德性和超越性之中。它意味着人的生命的高贵价值和不可侵犯性,并表达了人与人之间相互具有的道德责任即尊重。人之所以具有尊严不仅是由于作为理性主体,我们具有康德意义上按照理性法则行事的能力,它还意味着基于人的具身性以及人际互动中的可伤害性,我们必须尊重彼此,不去伤害他人。自主性和脆弱性是一对互补的概念,共同包含在尊严的内涵中。自主性是使道德成为可能的基础,脆弱性则是让道德变得必要的来源。人类的自主性之所以可能,正是因为作为一个脆弱的存在,"我"认识到环境中其他脆弱的存在,这些存在限制"我"并同时使"我"的自主成为可能。因此,"我"无法在不尊重他人的情况下尊重自己。所以,"尊严"既是一个规范性的价值概念,也是一个主体间(inter-subjective)的实践概念:(1)它表达了人类普遍享有的一种内在的、固有的价值,不因任何人的具体特征而改变;(2)它意味着人是目的,每个人都不应该被商业化和物化,仅仅作为手段使用;(3)它意味着人享有理性或自主性,我们应该尊重彼此的道德能动性;(4)它意味着回应人类普遍存在的脆弱性,脆弱性要求我们不去做侮辱和贬损他人人格的事情;(5)尊严还催生了尊重的要求,所以自尊、骄傲、羞耻、自卑感和堕落感本质上是与人类尊严相关的问题,尊严尤其体现在主体间的关系中;(6)出于人类文明的要求,尊严作为规范性的价值概念可以限制(技术)对人性不恰当的干预,作为实践概念则要求人类相互间的尊重不受力量的强弱所影响。总而言之,人的尊严表达了所有人的内在价值和基本平等。

二、关怀伦理对脆弱性的思考

从对尊严的以上表述中我们可以看到,自主性只是尊严的一个重要方面,不能代表尊严的全部内涵。保护人的尊严,不只有尊重自主性这一面,还有保护脆弱性的另一面。在众多当代伦理学理论中,关怀伦理学尤为重视脆弱性的问题,因为关怀伦理学认为人在本体论的意义上并不是完全独立、自足的理性存在者;相反,人是依赖性的、情感性的理性动物。有许多学者指出,关怀伦理代表了解决人类脆弱性的典范道德框架,因为关怀可以减轻人们对不同类型的脆弱性的易感性。然而,与"正义""自由"等概念相比,"关怀"在西方伦理学中的地位是边缘化的、不受重视的。正如关怀伦理学家琼·特朗托指出的那样,关怀在西方历史上被本质主义化,被看作女性在家庭内的事务,从而被贬低和边缘化。特别是在现代资本主义意识形态的影响下,关怀被看作与"女性的""家庭之内的""私人的""非生产性的"人类活动领域相等同,关怀因此成为"女性的道德",并与公共的和一般的政治活动相区分。①此外,由于"关怀"与个人主义的自我决定(self-determination)观念相左,因此,倡导关怀被认为是危险的,它可能带来自由主义所反感的

---

① Joan Tronto, *Moral Boundaries*: *a Political Argument for An Ethics of Care*, Routledge, 1993, pp.1 - 11. 特朗托认为,什么是"女性的道德"从来没有被精确设定过,但这个术语泛指一组思想:关怀和养育的价值,母爱的重要性,维持人际关系的价值,以及压倒一切的价值即和平。

家长制。

琼·特朗托呼吁西方社会摆脱偏见,重新审视"关怀"对于人类生活的重要意义。"关怀"是人类社会存续的基础条件,然而它在现代社会中的地位却相当边缘。那么,究竟什么是关怀?关怀如此重要,其意义和作用为何被贬低?内尔·诺丁斯在关系的基础上对关怀做出了明晰的定义。关怀者与被关怀者只有满足以下情况时,才是关怀:关怀者接近被关怀者,产生动机移位;关怀者以关怀为冲动产生行动或内在行动承诺;被关怀者接受关怀者的关怀并给出回应。[①]诺丁斯强调关怀者与被关怀者双方对关怀关系的贡献——关怀者关注和接近被关怀者并做出行动承诺,这构成了关怀的基础;被关怀者对所接受的关怀做出回应,这种良性的反馈带给关怀者快乐,从而有助于维护关怀关系,使双方形成一个关怀的共同体。诺丁斯强调说,关怀的心理模式是"接受性-直觉的"而不是"客观分析的",关怀者能否理解被关怀者的需求更多地取决于他们的感受能力,而不是理性认知能力。关怀是一种道德态度,是具体情境中关怀活动的理想体现。另一位关怀理论家赫尔德也指出,关怀的态度使我们专注于他人、信任他人、从他人的立场理解情况,拥有一种关怀意图作为适当的动机,对被关怀者的需要从情感上保持敏感,做出反应,提供关怀,并在关系中参照被关怀者的回应调整我们的关怀实践。

关怀是一种女性气质或女性能力吗?如果是这样,倡导关怀的伦理岂不只能是一种女性的伦理?对此,特朗托回应说,关怀既是一种倾向(disposition),也是一种行动(activity)。女性因为长期从事关怀实践而相比男性更具关怀气质,但关怀的能力是可以在实践中培养的。换言之,男性也可以是关怀的。作为一种实践或行动的关怀涉及四个不同的阶段:关心(caring about)、关怀(taking care of)、实施关怀(care-giving)与接受关怀(care-receiving)。关怀的第一个阶段需要注意力,这种道德素质使人能够意识到他人的需求。接着,关怀涉及承担这些需求的责任和解决这些需求的

①　Nel Noddings, *Caring*: *A Feminine Approach to Ethics and Moral Education*, University of California Press, 1984, p.15.

明确计划。然后,关怀需要提供关怀的能力。能力(competence)是关怀得以可能的道德保障。能力,它不仅指关怀的专业技巧及其所需的体力劳动,也还包括提供良好关怀所必需的道德素质,因为良好的关怀在很大程度上是由关怀者的素质所决定的。最后,关怀还涉及关怀者与被关怀者之间的关怀关系。如果被关怀者的需求得到了满足,他(她)应对他(她)所得到的关怀做出回应(responsiveness),以此作为一种沟通机制,让关怀者了解,从而构成一种良性互动。这种响应能力要求被关怀者承认他们的脆弱性。①与这四个阶段相对应,实践关怀的活动需要人们具有关注力、责任感、能力和回应性。特朗托之所以强调关怀不仅是一种倾向和能力,也是一种复杂的人类实践,是为了说明,关怀不是一种专属于女性的气质或能力。正如女性身份或女性气质是被社会的性别实践所建构的那样,关怀也因为总是与女性的活动相关而成了女性能力的一个注脚。指出关怀在历史上总是被女性过多地承担(由此引发了正义问题),并不是要抛弃或消除关怀的活动。正相反,关怀对于人类生活的基础作用要求我们对它的重要性给予恰当的承认。只有当足够多的人意识到关怀的重要性,我们才有希望让关怀成为一种集体的关注而不是个人的关注。

关怀被贬低与父权制和资本主义的合谋有关,有着复杂的现实原因。从理论上来讲,主流的规范伦理学理论对人的脆弱性视而不见,从而令关怀成为一种性别化的实践,限于私人领域之中,不被公众所见。对脆弱性的强调拆穿了一个假象,即我们永远是自主的、独立的、平等的公民。政治理论假定人与人之间的平等固然有其重要意义,但将这种平等建立在自主的假设之上将忽略人类生存的重要经验。在我们的一生中,我们所有人都经历着不同程度的依赖和独立,自主和脆弱。我们的脆弱性与我们的自主性同样真实,也同样如影随形。对脆弱性的强调不是劝导人类接受这种有限的状况,而是为了表明脆弱性与自主性的相互依存关系。我在此处对西方主流伦理学理论的批评不是旨在从老年伦理学的讨论中消除自主性这个概念,而是指出我们需要改变对自主性的理解。当自主性被嵌入"关系"中加

---

① Joan Tronto, *Moral Boundaries: a Political Argument for an Ethics of Care*, pp.105 – 108.

以理解时,自主性就脱离了超然自我的概念,以及在平等的个体之间进行人际交流的自愿模型。取而代之的是,人们将人类视为关系中的存在者,这些关系对于人的存活必不可少,因此人类是相互依存且彼此脆弱的存在者。这种"脆弱性"模型承认那些非选择的人际关系的重要性,在这些关系中,人与人之间特殊关系的道德基础来自一方相对于另一方行动的脆弱性。当我们相对于其他人处于特殊地位时,即满足另一个人需求的有利地位时,另一个人的脆弱性就对我们提出了道德要求,我们有义务满足他人的基本需求。

　　"脆弱性"概念近年来被越来越多的哲学家所重视。其发展主要有三种不同路径:其一,脆弱性与我们的具身性有关。阿拉斯戴尔·麦金泰尔注意到了人类存在的动物性和依赖性。朱迪斯·巴特勒指出,人的身体是社会性的和相互依存的,正是这种面向他者的具身的脆弱性令人类生活变得不稳定。其二,除了具身性,脆弱性也源自人类所处的生存环境和社会环境。卡翠奥纳·麦肯齐等学者除了肯定源于人类具身性的脆弱性,还基于社会正义的考虑关注由特殊的情境(situational)以及病理(不正义的社会关系)(pathogenic)造成的脆弱性。①其三,现代新兴技术也同样会引发脆弱性。技术哲学家马克·科克伯格探讨了新兴技术对人类脆弱性产生的新影响。他指出,人类总是试图通过设计和使用技术来减少自身的脆弱性。然而,技术在克服一些脆弱性的同时,又带来了其他方面的脆弱性,所以技术无法根除脆弱性,它只是转化了人的脆弱性。②

　　脆弱性不仅是所有人面临的生存境况,也同样受制于我们所处的社会环境。玛莎·努斯鲍姆在其能力理论基础上发展出一种基于脆弱性的尊严理论。她指出,人在本体论的意义上并不是完全独立、自足的理性存在者;相反,人是脆弱的、依赖性的、有需要的具身性生物(embodied creatures),她既具有动物性,也具有社会性。她的动物性意味着她是脆弱的并依赖于他

　　①　Catriona Mackenzie, Wendy Rogers, and Susan Dodds, eds., *Vulnerability: New Essays in Ethics and Feminist Philosophy*, Oxford University Press, 2014, p.5.
　　②　Mark Coeckelbergh, *Human Being @ Risk: Enhancement, Technology, and the Evaluation of Vulnerability Transformations*, 2013, Dordrecht: Springer.

人的帮助,她的社会性则意味着她需要通过她所处的社会去发展她的能力,将其转变为实际的功能,从而过上一种属于人的有尊严的生活。脆弱性既可以来自我们的动物性,例如随着身体衰老而带来各种疾病,也可能源自我们的社会性,我们总会受到外在于自身的人或事的伤害。她强调说,我们生理上的需要,包括关怀的需求,是我们的理性和社会性的一个特征;它是我们尊严的一个方面,而不是与之形成对比的东西。①因此,维护人的尊严与满足人对关怀的需求是息息相关的。丹尼尔·恩格斯特进一步拓宽了"脆弱性"概念的外延,他指出,脆弱性包括对我们幸福的真实的和潜在的、短期的和长期的威胁,这些威胁源自我们存在于世界上并与其他人生活在一起。依赖性是脆弱性的一种形式,它特指个人在没有他人的直接照顾或帮助的情况下极易受到迫在眉睫的伤害、痛苦、损失或疾病。②恩格斯特将脆弱性定义为一种对风险、丧失、痛苦、胁迫的易感性,因此它不限于人们由于身体的依赖性所产生的脆弱性,还可以说明人们在不同领域所遭遇的问题。例如,在工作领域,工人在工作中容易受到各种危害或伤害,包括歧视、伤害、危险的工作条件、失业、过度劳累、低报酬等。我们应该关心工人,试图减少他们暴露于这些条件的脆弱性。同样,关怀也可以指向对老年人享有健康机会和社会参与的关注,关注稀缺医疗资源的分配、退休制度和养老金的改革、技术创新和智能服务的适老性等,以避免老年人在高新技术时代沦为数字弱势群体。

由于依赖性和脆弱性的存在,因此我们对他人的关心和关怀具有必要性。关怀不仅涉及回应依赖性,响应需求,它还涉及减少各种形式的脆弱性。区分不同的脆弱性来源的一个重要原因是,这样做有助于识别不同类型的能力缺陷及其造成的实际或潜在危害。例如,为了降低具身的脆弱性,维持最低限度的体面的人类生活,我们都需要合适的居所、食物和衣物、合理的健康水平、社会交往和支持,以及发展和锻炼我们人类活动能力的机

---

① 玛莎·努斯鲍姆:《正义的前沿》,第 111 页。

② Daniel Engster, "Care Ethics, Dependency, and Vulnerability," in *Ethics and Social Welfare*, 2019, Vol.13, No.2, p.104.

会。处境的脆弱性要求我们关注人们所处的社会、政治、经济或环境状况的各个方面，防范由于处境的变化对个体产生的伤害，或由于政治经济的不平等损害个体参与社会合作的能力。技术带来的脆弱性则要求我们关注不同人群接受和使用技术能力的不平等，或者他们使用这些技术来获取生活资源机会的不平等。对脆弱性已有的探讨丰富了我们对人的理解，我们发现，老年人的脆弱性不仅反映为身体上的年老体衰（具身的脆弱性），面对突发流行病容易成为易感人群（处境的脆弱性），也体现在不适应数字化社会从而无法在一些情况下满足生存的某些基本需求（技术产生的脆弱性）。这些不同类型的脆弱性可能叠加在一起，相互强化，造成老年人的不利地位。举例来说，随着年龄的增长，老年人罹患阿尔茨海默病的概率增大，他们需要医护人员的帮助才能克服疾病的困扰，但这种面向他人的依赖性同时也会敞开他们的脆弱性——如果无法得到及时的照料，他们的生活就会陷入困境；如果无法得到医护人员的尊重，那么为其身体提供的治疗反而可能加重其心理的痛苦。关怀要求我们看到活生生的人，聆听他们的声音，响应他们的需求，保护其脆弱性。

三、维护人类尊严的老龄关怀

人的脆弱性给予我们以道德保护的理由，脆弱性令我们更加重视人的尊严。将脆弱性纳入对人的尊严的思考中，我们会发现，人的尊严不仅表现为一个理性行动者运用自主性来实现自己的目标，它也体现为一个人能否在自主性减弱的情形下获得他人的支持和帮助，从而过上有尊严的生活。如果说在前一种情况下尊严的实现取决于能否不受阻碍地进行自主的选择，那么在后一种情况下尊严的获得更为宝贵和必要，因为它不仅是在个人层面实现的，还取决于群体成员间的互助、团结与关怀。如果我们承认尊严本质上是人类生存的价值要求，我们就会认为每个人，即使他不再能自主行动或做出深思熟虑的决定，也应被赋予内在价值。对人类尊严的这种理解需要拒绝一种认知至上论，并以支持关系自主性的关怀伦理学来代替它。后者承认人的自主性与脆弱性之间的关联，并将二者纳入对人类尊严的理解中。具体到老年生活,它所关注的是,如何保证老年人的尊严,即使他们不得不依赖于人类护理人员、药物或者辅助技术。它抛弃了抽象的和狭隘的理性人概念,并从关怀伦理的视角将脆弱性和自主性这一组概念联系了起来。

保护人的脆弱性和自主性,提升人的尊严,向我们提出了关怀的要求。关怀不是一种程序化的道德准则,而是依据关怀对象的实际情况而展开的灵活实践。关怀是一种价值,一种关系性的美德,也是一种劳作或实践。基于关怀对象的特殊性,关怀的形式是多种多样的。我们对孩子的关怀,目的在于保护其安全,帮助他们发展各项能力,以应对未来复杂世界向他们提出的要求。对老年人的关怀,同样旨在提升其生活福祉,但内容上与对孩子的关怀有所不同,因为老年人的需求与孩子的需求有所不同。周琛指出,对老年人的关怀指向了对人的终极关怀。老龄是个体生命的末期阶段,是作为一个人回归实体的最终过程,因此,老龄关怀不仅是在关怀特殊的个体,也旨在关怀人类这个群体,具有终极关怀的意义。[①]这一看法注意到老龄阶段在人类生命中所具有的独特地位,它将该阶段看作人类共通的处境和人类必须共同去承担的责任,从而指出关怀老年人是关怀人类整体,关怀他人也是关怀我们自己。这恰恰是关怀伦理所强调的,由于我们的肉身性和脆弱性,我们每个人都需要得到他人的关怀才能存活。人与人之间相互依赖和相互关怀的关系构成了整个人类得以存续和发展的伦理基础。进入老龄社会意味着迎接一种新的社会形态,衣食无忧只是确保老年人过上体面生活的物质条件,而不是他们能够安享晚年的精神条件。通过伦理关怀提高老年人的生命质量,让他们感到实实在在的价值感和意义感,才有可能营造一个幸福的老龄社会。社会绝不能用功利主义的计算理性来评判当代社会中老年人的价值,更不能贬损老年人的人格尊严,将其视为无用的"废物"。在超越性式微的现代社会,只有通过伦理关怀,才可能使人获得一种文化意义上的归属感和存在意义上的在家感。

那么,对老年人的关怀应该包含哪些内容? 关怀伦理对此能够给予何

---

① 周琛:《老龄关怀的道德哲学基础》,《伦理学研究》2013 年第 3 期。

种指导呢？从伦理学的角度来说，要界定老龄关怀的内容，需要回答什么是"好的老龄化"的问题。这需要我们描述"好的老龄化"需要满足的一般规范性条件。关怀伦理从人的脆弱性出发，基于"需求"和"能力"两个维度来考察老龄化，一个人能否实现"好的老龄化"取决于四个方面：（1）他们的基本需求和欲望是否获得了满足；（2）他们是否有充足的能力以维持一种有尊严的老年生活；（3）他们是否能在自己所选择的生活中找到意义；（4）作为所在共同体的成员，他们是否获得了应有的尊重。尽管如何获得生活意义的问题受制于个体的生存境遇和伦理智慧，但从社会层面来看，"好的老龄化"意味着一个社会能否通过恰当的制度和政策营造出一个能让人安心老去的生存环境，为个体追求好的老年生活创造条件。一个旨在提升老年生活福祉的社会应向老年人提供充足的社会保障，支持性的社会政策和社会环境，助力的科技系统以及和谐的伦理氛围，以使得老年人能够维持和运用其核心的人类能力，过上一种有尊严的老年生活。

　　需要指出的是，关怀伦理不是被自由主义所误解的家长主义，关怀的目的不是一味地保护和照顾。所以，重视老年人的脆弱性，并非仅仅将其视作被关怀者；相反，保护其脆弱性的目的在于提升他们的核心能力，让他们能够过上一种有尊严的生活。在探讨能力与残障的关系时，努斯鲍姆将发展能力视为关怀的必要手段。她指出，关怀不是一件由一个人完成的事情，思考什么是好的关怀意味着要从被关怀者与关怀者双方的角度反思各种能力。妥善照顾依靠他人生活的人（如老年人和残障人士）的重点在于支持生活、健康和身体之完整方面的能力。[1]"一个体面社会的任务是，赋予所有公民以超过合理的最低门槛水平的能力（的社会条件）。"[2]受此启发，老年伦理学家南希·杰克（Nancy S. Jecker）在能力理论的基础上提出了一种处理老龄关怀的可行思路。她指出，如果我们同意努斯鲍姆所勾勒的人类核心能力清单是一个合理的清单，那么尊重人类尊严需要支持这些能力中的每一

---

① 玛莎·努斯鲍姆：《正义的前沿》，第 117 页。
② 同上书，第 127 页。

个达到最低阈值,以确保人们在人生的每个阶段都达到能力充足(capability sufficiency)。杰克的创见在于,她指出这一清单可以根据人类生命在不同阶段的需求而被具体化和实例化。例如,协助老年人进行日常生活活动是维护尊严的重要组成部分,因此,卧床不起的老年人应该获得必要的帮助,以便能从一个地方移动到另一个地方。人们的能力在从生到死的各个生命阶段会以可预测的方式发生变化,他们为维护自己的尊严所需的支持类型也应该做出相应调整。杰克以处于生命早期的儿童和处于生命晚期的老年人为例,展示了生命阶段模式如何帮助儿童和老年人获得能力的充足。①能力充足通过确保人的核心能力达到可接受的最低标准来保护人们过上一种有尊严的生活。在老年人永久丧失特定能力的情况下,尊重他们的尊严需要做出合理的尝试来支持他们受损的功能。例如,在黄斑变性导致失明的情况下,这可能需要改变建筑环境以提供非视觉线索,而在老年性耳聋导致失聪的情况下,则可能需要提供非听觉沟通的方法,如手语。随着人的能力经由时间的推移而变化,它提出的特定要求也会发生变化。未来,医学和技术的进步可能会弥补许多与年龄相关的损失,为老年人提供有尊严的生活需要,我们做出合理的努力,而不是无限的努力。

杰克的方案建立在西方社会与文化的实践基础上,其内容设计带有很强的语境性。我们可以借鉴杰克的思路,针对中国的老龄化现状去思考适合于中国社会的老龄关怀的具体内容。例如,维护老年人的健康要求我们加快建设以健康为中心的医疗健康保障体系,构建满足老龄人口医疗健康需要的经济支持体系和社会服务支持体系。维持老年人的感觉、想象与思考能力,我们可以借助中国优秀的传统文化,并充分利用博物馆、音乐厅、老年大学和社区文化中心等载体来传播这些文化以丰富老年人的精神生活。在环境的管理上,应尽可能考虑老年人的身体情况,关注老年人对光线、声音和对话的需求,设计一些宽敞明亮的公共空间,便于老年人交流。在服务

① Nancy S. Jecker, "The time of one's life: views of aging and age group Justice," in *History and Philosophy of the Life Sciences*, 2021, Vol.43, No.24, pp.10－12.

于老年人的公共空间中应覆盖无障碍通道,让他们易于通行,并考虑到他们
对清洁卫生和医疗护理的特殊需求,以应对突发的健康危机。在满足老年
人的情感需求上,除了发扬孝文化,鼓励子女常回家看看,还可设置社区内
的日间看护中心,使有条件的双职工家庭可以将老人留在身边照顾。这些
维护人类尊严的关怀方式都是在有利的社会关系条件下展开的,这再次论
证了关怀伦理的主张:制度层面的关心(care about)是具体的、面对面的关怀
(care for)得以顺利展开的先决条件。中国社会面临日益严峻的养老问题,
有学者指出,"现代社会不适合维持反哺模式的传统大家庭,而是要转变为
接力模式的现代核心家庭,养老问题的解决也不能依靠重塑传统孝道,而要
依靠社会保障与保险等集体方式"①。我虽不赞同中国完全走向福利养老的
西方模式,但认同作者所说的要解决中国的养老问题,不能仅仅依靠传统的
孝道。中国老龄人口众多,要做好老龄关怀,不能单凭家庭和个人,还需要
下沉到各个社区,通过发挥社区这个"大家庭"的作用,结合社区医院、社区
中心、老年大学,并辅之以全社会助老的公共服务才能实现对老年人口的关
怀。②关怀伦理的这种思路与前述儒家伦理应对养老问题的对策是契合的:
两者都支持一种分层设计,在这种分层设计中,具体实施关怀行为的主体是
家庭或社区。但这些关怀实践需要获得制度层面的支持,即依赖于社会保
障体系的完善和国家养老政策的指引。社区照料与居家养老相结合是当今
西方发达国家老年服务政策的发展方向之一,它的目的是让老年人在家可
以获得一定的社会支持,与此同时减少政府的福利开支压力。对于中国老
年人来说,这同样是一种更好的方案,因为中国人看重代际之间的亲情互
动,也即所谓的孝养。③

---

① 葛四友:《重塑传统孝道的人性反思》,《探索与争鸣》2021 年第 8 期。

② 上海长宁区新华路街道综合为老服务中心"申宁苑"是社区助老服务的一个典范。该中心
设有提供兴趣课程的悦活学堂,提供用餐订餐服务的"馨怡"餐厅,结合了长护险服务和康复治疗的
社区康复站、护理站,以及向认知症患者提供照护支持的长者照护之家。它考虑了不同年龄段老年
人的养老需求,并嵌入了智慧养老的科技手段,让老年人能够在家门口的社区过上美好安心的老年
生活。

③ 刘喜珍:《中西老龄伦理比论》,第 150 页。

维护人类尊严的老龄关怀①

能力（capabilities）	晚年（杰克的方案）	晚年（中国方案）
1. 生命	反年龄歧视法	适应老龄化的医疗保障体系
2. 健康	中风后康复训练	免费体检及慢性病康养服务
3. 身体完整性	膀胱和肠道管理	由社区提供的日间看护
4. 感觉、想象与思考	音乐和运动疗法	文化艺术课程（老年大学）
5. 情感	艺术疗法	家庭和社区生活
6. 实践理性	职场技能再培训	老年数字技能培训
7. 依恋关系	促进亲密关系的隐私权	支持代际融合的社会政策
8. 自然	宠物疗法	口袋公园、宠物友好社区
9. 玩耍	团队游戏	老年社团活动
10. 环境	轮椅车用便携式坡道	无障碍设施及公共交通便利

总之，老年是一个特殊的人生阶段，伦理学有理由重视老年生活的成败。如果我们接受关怀伦理对人的理解，就会得出结论，伴随年老产生的依赖性和脆弱性不应当成为人丧失尊严的理由，反倒是我们需要维护人之尊严的理由。从关怀伦理的角度来看，重视脆弱性的老龄关怀应以老年人为主体，强调老年人对自身关怀的重要性，辅之以家庭子辈的情感关怀和社区助老的关怀服务。强调老年人自身关怀的重要性是因为老年人必须自己面对衰老的挑战，这需要他们保持良好的心态和生活习惯，树立活到老学到老的精神态度。社会应该创造条件帮助老年人维持一些基本的核心能力，让他们能够通过运用这些能力维护自身的尊严。由于家庭是老年人归属的最重要的共同体，所以要特别重视家庭为老年人提供的物质支持和精神滋养，这对家属尤其是子女提出了相应的伦理要求。这些要求体现为尊重老年人的生活意愿，为其提供相应的生活支持，在尊重与关怀之间保持合理的平衡。最后，不管是老年人自身应对衰老的努力，还是家庭成员对老年人的照

---

① Nancy S. Jecker, "The time of one's life: views of aging and age group Justice," in *History and Philosophy of the Life Sciences*, 2021, Vol.43, No.24, p.11. 此表是借鉴杰克的方案设计的中国方案。——作者注

顾与关怀,抑或社区所提供的养老服务与支持,都需要在国家这个大的共同体内获得制度性的支持才能顺利地展开。因此,老龄关怀的制度层面是使得它在个人层面和家庭层面得以开展的重要保障。重视脆弱性的老龄关怀,强调通过支持老年人的核心能力来维护其尊严,它向个人、家庭、社会和国家分别提出了不同的伦理要求,这带来了一种老龄文明的转型①,它不再将老龄化视为人口结构的非常态,而将其作为社会文明形态的建构因素来思考一个和谐正义的社会能够为老龄化提供何种支持条件,它从老年人的需求和能力出发,重构了什么是好生活的完整答案。

第三节　人工智能机器人参与老年护理的前景

在《我们的后人类未来:生物技术革命的后果》一书中,政治思想家弗朗西斯·福山探讨了随着人类寿命延长所引发的社会问题。他注意到,现代医疗技术的发展拓宽了两个不同的年龄段:一个是从 65 岁到 80 岁,这一阶段的老人很多能过上健康有活力的生活;另一个阶段是 80 岁以上的老人,这一阶段的老人随着身体机能的下降,逐渐回归到了如同小孩的依赖状态。福山预测说,如果医学不能改善高龄老人的依赖状况,那么现代国家就将进入"养老看护之家"的场景。也即,众多老人生命的后期将严重依赖于护理者的照顾而存活。②这一预测稍许悲观,但随着老龄化程度的加深,高龄老人比重的增加,如何赡养和照顾老人已成为许多中国家庭面临的现实难题之一。在此情况下,有一些人将视线投向了智能领域和自动化产业。随着越来越多的不同类型的机器人进入人类生活,我们是否可以期待 AI 护理机器人参与并重塑老年护理的新图景呢? 在护理行业引入人工智能机器人会带来哪些伦理问题? 在这一节中,我将基于技术的新进展探讨 AI 护理机器人引发的伦理问题,指出让 AI 护理机器人与人类合作而非替代人类的模式才

---

① 樊浩:《老龄化,还是老龄文明?》,《东南大学学报》(哲学社会科学版)2023 年第 1 期。
② 弗朗西斯·福山:《我们的后人类未来:生物技术革命的后果》,第 69—70 页。

是我们应当推进的正确方向。我赞成埃齐奥尼等人提出的由"比较优势"原则作为确定机器人与人类合作的技术性原则,但我认为仅有这种技术性原则来指导分工是不充分的,我们还应根据关怀伦理学的思路来确定合作的伦理原则。唯有如此,我们才能让 AI 护理机器人更好地服务于人类生活。

一、AI 护理机器人带来的护理前景

人工智能技术和 AI 护理机器人正在迅速改变医疗保健格局,随着技术变得更加先进、高效和经济,将人工智能引入护理的趋势只会不断增强。在此情况下,我们迫切需要考虑使用 AI 护理机器人进入护理领域应该运用哪些原则予以规范性的指导。在传统的医疗范式中,病人要求入院治疗表达了一种信念,即相信医生和其他医护人员会尽最大努力对其进行诊断、治疗,并助其恢复健康。医护人员应该耐心对待患者,尊重患者的隐私与尊严。由于入院治疗的病患处于一种脆弱无助的状态,这正是医护人员需要对其付出真诚关怀的时候。医患关系的这种独特性质构成了人工智能专家约瑟夫·魏泽堡(Joseph Weizenbaum)反对 AI 护理机器人进入医疗领域的主要原因。尽管魏泽堡第一个开发并使用人工智能与真实患者进行精神病学访谈的程序(ELIZA),但他建议说,我们应该禁止人工智能技术参与到需要相互尊重的人际关系领域。他认为,让 AI 护理机器人取代人类来完成这些任务,有可能破坏人类的亲密感和团结,而这从一开始就是医疗保健领域的重要组成部分。①简言之,对于 AI 护理机器人进入传统的护理领域,魏泽堡持反对态度,认为这将动摇人类社会的伦理基础。

那么,什么是 AI 护理机器人呢? 按照约翰·丹纳赫(John Danaher)的定义,任何可以以目标为导向的方式运行的计算机编码软件系统都可以被定义为人工智能机器人。换言之,它是一个程序,可以设置一些目标输出,并且可以在一系列优化(根据某些特定指标)输出的选项中进行选择。②护理

---

① Perihan Elif Ekmekci, Berna Arda, *Artificial Intelligence and Bioethics*, Springer, 2020, p.84.

② John Danaher, "Toward an Ethics of AI Assistants: an Initial Framework," in *Philosophy and Technology*, 2018, 31(3), p.631.

机器人属于 AI 护理机器人中特殊的一类,它的功能主要是护理、监管和陪伴有独特需求的人类,帮助人类实现某项功能或满足某些需要。许多护理机器人的一个共同特征是,他们表现出模拟的情绪。这种情绪的展示被认为是必要的,可以使机器人与人类主体建立联系,从而让人类对这些机器人产生情感上的投入,信任和接纳它们。由于护理工作传统上主要是由人来完成的,因此护理机器人替代人类完成以上任务就面临一系列的伦理问题。这里的替代有两种不同的形式:一是替代使用者本人完成其日常生活任务,二是替代使用者的护理者实现对他的护理和陪伴。替代使用者本人完成一些身体功能,不管是汽车、轮椅还是导航系统,已经在人类生活中广泛使用,它们所引起的伦理争议相对较小;但替代人类护理者实现对使用者的关怀与照料,在一定程度上挑战了传统的人际关系甚至是人伦关系,引发的争议较大。

　　实际上,AI 护理机器人在过去十几年的发展极其迅猛。譬如,德国的 Liectroux 机器人可以检测老人的健康状况、辅助老人行走、移动老人的身体等。澳大利亚研发的 Zora 机器人可以做运动、跳舞、读书、讲笑话,并基于语音识别技术实现与老年人的言语交流。夏普制造的迷你型 RoBoHon 机器人,除了可以帮助老人通话、上网、发短信、自拍等,还能行走、站立、跳舞以及与人交流。日本 Secom 开发了自动喂食机器人,三洋开发了自动清洗和漂洗的电动浴缸机器人。美国 Luvozo 公司的 SAM 看门机器人能够通过自动导航、远程监控和摔跤风险检测系统,为老年住户长期提供频繁的查房以及非药物类的护理服务。在新冠疫情传播得最为严重的时候,由 SingularityNET(SNET)和汉森机器人(Hanson robotics)两家公司合资成立的觉醒健康有限公司(AHL)推出了格蕾丝(Grace)——第一个拥有逼真的人类外观的医疗机器人。格蕾丝通过让病人参与治疗互动、接受认知刺激以及收集和管理病人数据,来提供急性医疗和老年护理。她是在世界各地的医院和老年护理机构工作的、日益增多的机器人护理人员中的一员。格蕾丝的上线被很多人看作应对全球日益加深的老龄化危机和由新冠疫情带来的社会隔离下的安全良方。①

---

　　① 安娜·罗米娜·格瓦拉(Anna Romina Guevara):《疫情下的机器人护理问题:算法中的种族与性别歧视》,龚思量译,参见公众号"澎湃思想市场",2021 年 8 月 16 日。

　　能够使用工具,进而能够开发技术,被看作人类能够超越于其他物种的关键手段。技术哲学家斯蒂格勒曾在《技术与时间:1.爱比米修斯的过失》一书中借柏拉图之口讲述了普罗米修斯和爱比米修斯的神话,粗心的爱比米修斯给每一种动物分配好性能后,发现没有性能留给人类了。因而,人的身体是天生有缺陷的,他不像动物拥有强大完整的谋生本领。不得已,普罗米修斯只好给人类盗火,借助这一外力,人类得以生存下来。[①]可见,人与动物的一个核心区别就在于人可以使用工具来完成仅靠身体无法达成的目标。随着 AI 技术的应用,这一隐喻在现代社会中实现得更为彻底,人类在现实生活中越来越多地依赖于人工智能技术完成物理的(自动驾驶)或认知的(路线导航)目标,甚至有人提出 AI 技术构成了人类延展的(extended)心灵和身体[②],帮助人类突破了仅靠人类身体活动可以掌控的界限。将 AI 技术应用到护理行业在全球范围内都是一个大趋势,一方面,很多社会老龄化的速度之快,导致对护理专业人士的需求缺口非常之大;另一方面,人们对 AI 护理技术发展的期待在于它的"人化",即希望 AI 护理机器人能够越来越像人,从而替代人完成人际间的交往活动。然而,一旦 AI 护理机器人具备的人类属性越多,对传统的家庭伦理、婚姻制度等产生的影响就越大。人类视 AI 护理机器人为工具、伴侣、朋友、仆人或者其他身份时,就会产生相应的伦理问题。

　　目前,AI 护理机器人可用于老年人护理的三种主要方式是:(1)协助老年人或护理人员帮助老年人完成日常生活护理;(2)帮助监控他们的行为和健康;(3)提供陪伴。在这些领域中的每一个领域,都有人担心机器人的介入会降低老年人的生活质量。但也有人认为这种影响并非不可避免,如果引入适当的 AI 护理机器人和机器人技术,可以解决老年人面临的一些生活难题。日常生活护理包括个人起居、饮食、排泄、睡眠、沐浴以及室内清洁和护理。医疗健康的监控包括身体健康指标的监测,提醒老人用药、康复肢体辅助等。提供陪伴的服务则更加多样:可以陪伴聊天、唱歌、跳舞、下棋、打球等。由此可见,AI 护理机器人的服务内容已经相当多元化。相比传统的

---

　　①　贝尔纳·斯蒂格勒:《技术与时间:1.爱比米修斯的过失》,裴程译,译林出版社,2012 年,第 203—204 页。

　　②　Andy Clark, David Chalmers, "The Extended Mind," in *Analysis*, 1998, 58(1), pp.10‐23.

人类护理人员,AI护理机器人具有以下优势:它可以提供24小时的服务;可以根据老年人的个人喜好和需求量身定制服务;作为机器人,它具有透明性和可预测性,从而便于使用者对其加以管理和监控。[①]

二、AI护理机器人的护理活动能够替代人类的护理活动吗?

在机器人伦理学(roboethics)这个新兴的门类中,护理机器人引发的伦理问题属于机器人应用伦理学,即对开发和应用智能机器人过程中产生的特定问题(如人的安全、尊严、隐私和自由等)进行反思。[②]对于使用护理机器人护理老人,当前最大的争议是关于安全性的,即它们是否足够安全,以至于在功能上能逐渐替代甚至超越人类护理人员。随着技术的改进,安全性和护理技术的可替代性也许可以逐步得以解决。因此,更重要的问题是,护理机器人是否可以在情感上替代人类,例如,替代医护人员的护理,或替代子女对父母的照顾。

在我们进入具体的伦理论争之前,现在请想象一下,你或你的家人出于健康原因需要进入一个由AI护理机器人主导的医疗机构,人工智能机器人完美地执行所有护理任务——或者至少比人类同行做得更好。一个友好的机器人在入口处迎接你,你得到了无可挑剔的诊断,你的生命体征得到完美的监控,并以毫秒为单位进行评估,并为你提供所需的一切舒适感。你甚至可以选择你喜欢的护理机器人的个性。当你饿了时,机器人就会根据你的口味为你送餐,你甚至不需要点菜。你身体上的传感器会通知集成系统你饿了,并向护理机器人发出信号。这顿饭是定制的,不仅可以满足你特定的营养需求,还可以满足你的个人味觉偏好。护理机器人为你洗澡,按时为你送药,为你更换衣物并喂食。当你感到无聊时,你可以在全息投影仪上观看你喜爱的电影和电视节目。你喜欢这样的AI护理机器人吗? 或者说,你愿

---

① 张颖:《"AI-阿铁"可以行孝吗? ——机器人护理对医学/生命伦理学的挑战》,《中国医学伦理学》2020年第7期。

② 林津如:《机器人伦理学的研究进程——基于英语文献的分析》,《东南大学学报》(哲学社会科学版)2021年第1期。

意接受它提供的护理服务吗？在这个想象的机构中，我们的医疗需求似乎得到了很好地满足，所有任务都被完美地执行。但我们大多数人都有一种模糊的直觉，我们认为其中缺少了某些东西：护理不仅仅是任务的集合，护理涉及关怀。事实上，关怀通常不是指一项特定的任务，而是一种完成任务的方式，并伴随着这一过程需要某些道德能力的内在态度和性格。

对 AI 护理机器人进入护理领域持反对意见的人认为，AI 护理机器人虽然能够帮助人类提供一些护理方面的服务，但它终究无法取代人类。凭借没有灵魂的算法，AI 技术专家能使机器人眨眼、唱歌，做出各种不同的智能动作。然而无论我们为机器人加入再多的智能化动作、语言，人们也只能从中得到略显怪诞的"关怀"。麻省理工学院的人工智能专家雪莉·特克尔(Sherry Turkle)，对以牺牲人与人之间的接触为代价来发展人机交互的技术深感担忧。①诺埃尔·夏基(Noel Sharkey)和阿曼达·夏基(Amanda Sharkey)在他们的研究论文中提出了六个涉及护理机器人的伦理担忧：(1)担心机器人陪伴将减少人类陪伴的潜在可能性；(2)担心机器护理让被护理者产生客体化和失控的感觉；(3)担心护理机器人让人类失去隐私；(4)担心护理机器人导致被护理者丧失人身自由；(5)担心护理机器人欺骗被护理人或导致其婴儿化；(6)不确定在何种情况下被护理者可以控制护理机器人。②

在这六个担忧中，他们最主要的两个伦理担忧的是：第一，使用 AI 护理机器人可能会减少老年人与人的接触；第二，如果使用不当，它可能会令老年人被客体化，并丧失对生活的控制感。③他们承认机器人能够完成诸如移动、喂食、清洁老人的活动，但认为完全将这些劳动交给 AI 护理机器人，将减少细致的和关怀的人际交往的机会。他们还指出，人际间的交往与互动可以降低一个人的压力水平，从而延缓其衰老程度，降低一个人患上阿尔茨海默病的概率，而这些优势不是把老人交给 AI 护理机器人可以获得的。此外，

---

① Sherry Turkle, *Alone Together: Why We Expect More from Technology and Less from Each Other*, New York: Basic Books, 2010.

② Amanda Sharkey, Noel Sharkey, "Granny and the robots: Ethical issues in robot care for the elderly," in *Ethics and Information Technology*, 2012, 14(1), 27-40.

③ Ibid., p.29.

对于阿尔茨海默病患者等老年特殊群体,如果完全交给 AI 护理机器人照顾,可能会加剧他们被客体化的风险。如果护理机器人像对待物体那样抬起和移动老年人,那么这些老年人的幸福感可能会降低。不过两位研究者也承认,带来人际接触的减少和增加客体化的风险是 AI 护理机器人可能对老年人生活产生负面影响的例子。如果使用得当,机器人技术仍有可能被用于改善老年人的生活。毕竟,不尊重老年人人格的人类护理者比比皆是。

反对者将 AI 护理机器人视为"工具",认为人机互动劣于人际互动。他们更担心的是,护理机器人无法满足老年人的社交和情感需求,使用护理机器人会大大减少老年人与真实的人类接触的机会,而这不利于老年人的福祉。[①]但在支持者的眼中,这些缺点恰恰构成了 AI 护理机器人的优势。他们承认,护理机器人无法与老人产生情感交流,更无法产生只有亲人才能提供的情感依托和温暖。但在面临失智失能老人出现的种种尴尬情况时,如口角流涎,咽不下饭食,排不出粪便,情绪不稳,大哭大闹,并且可能随时提出许多荒诞要求时,即便是亲人,也可能会崩溃,更不用说是雇佣来的护理人员。这时候,护理机器人的优越性就显露出来。机器人不会计较老人的不良情绪,也不会嫌弃老人的种种异常的生理状况,它们会基于程序设定,一如既往任劳任怨地护理老人,不会生气,也不会有情绪反应,更不会讨厌这份工作。这就使得护理机器人变得更加可靠,且无须考虑护理机器人自身不堪重负所引发的情绪问题。当护理机器人在事先设定的指示下监督老人用药、辅助他们行走、陪伴他们聊天时,老人无须承受人际交往的压力,可以轻松地信赖机器人。由于老年人的自尊水平并未随着其身体机能的下降而下降,不少需要照顾的老年人不愿意传统的人类护工帮助他们上洗手间、洗澡等,相比而言,AI 护理机器人的护理可能会让他们更舒服一些,因为机器人不会有人类的那种评判眼光,它只关心其工作内容和目标。也就是说,护理机器人不具有"人格",因此机器人的护理与人类的护理不同,它所提供的只是人类所需要的服务,而不涉及与人类建立关怀关系或情感关系。[②]也正

---

① Robert Sparrow, Linda Sparrow, "In the hands of machines? The future of aged care," in *Minds and Machines*, 2006, 16(2), p.141.

② 张颖:《"AI-阿铁"可以行孝吗?——机器人护理对医学/生命伦理学的挑战》,《中国医学伦理学》2020 年第 7 期。

因如此,护理机器人和老人之间的人机关系比传统的人际关系更为简单。简言之,由老年人控制的机器人技术可以赋予他们自主权,并增加他们的独立性。这降低了老年人由于其脆弱性而被恶意欺凌的可能性。在这些技术乐观派眼中,AI 护理机器人相比不合格的人类护理者反倒优势明显,也能基本满足体弱多疑的老年人对生活的基本需求。

我们看到,对于 AI 护理机器人是否应该进入传统的护理领域,正反双方的辩论主要围绕这一问题展开:对于老年人来说,到底是人格化的护理还是非人格化的护理更好? AI 护理机器人不具有"人格",机器人本身不懂得"尊重"或"不尊重"。它究竟能不能以让人感到尊重的方式对待人,取决于它的设计者是否将这一伦理原则写入其程序中,并教会它什么样的举动在人类看来是体面的,是被人类接受的。说到底它们只是被设定好的程序,能够完成一系列被人类制定的目标。在选择参照对象时,反对者将 AI 护理机器人与理想的人类护理者相对比;支持者则将其与糟糕的人类护理者相比较,这令双方得出了不同的结论。支持 AI 护理机器人进入护理领域的人看重的是机器人对人类护理劳动的替代,这在很大程度上可以减轻人类护理者的压力。AI 护理机器人也确实可以克服由于不当的护理或者说糟糕的人类护理者所带来的负面效应。但 AI 护理机器人无法与好的人类护理者相比,因为护理不只是帮助人类实现功能或完成任务。它涉及关怀,以及由良好的关怀关系所产生的正面效应。

这就涉及如何理解护理和关怀的本质:关怀本质上反映的是人与人之间的关系,是一个人对另一个人的需求做出敏感的反应,并以尊重对方的方式来满足这些需求,提升对方的福祉。关怀伦理学家内尔·诺丁斯(Nel Noddings)认为,关怀表现为关怀关系的建立。关怀者接近被关怀者,产生动机移位(motivational displacement);关怀者以关怀为冲动产生行动或内在行动承诺;被关怀者接受关怀者的关怀并给出回应。她指出:"承诺依据被关怀者(的福祉)行事,在适当的时间跨度内对他的现实保持兴趣,以及在这段时间内不断更新承诺是从内在观点看关心的基本要素。"[1]弗吉尼亚·赫尔

---

① Nel Noddings, *Caring*: *A Feminine Approach to Ethics and Moral Education*, University of California Press, 1984, p.16.

德(Virginia Held)则强调,关怀既是一种价值,也是一种实践。关怀实践向我们展示了"如何响应需求以及我们为什么应该这样做。它不是一系列个人行为,而是一种伴随有适当态度所发展起来的实践"①。从根本上说,关怀假定人们是相互关联和相互依存的存在。它需要建立一种私人关系,这种关系的建立有助于关怀者理解和响应被关怀者的需求,对其做出敏感的回应。与诺丁斯和赫尔德等人相比,琼·特朗托(Joan Tronto)虽然更强调关怀作为一种劳动而非心理机制的重要性,但她仍然指出,关怀这一实践过程需要关怀者投入专注力(attentiveness)、责任心(responsibility)、能力(competence)和响应力(responsiveness)。②尽管不同的关怀理论家对什么是关怀、应当如何提供关怀有着不同的见解,但他(她)们对于关怀有一些基本的共识。首先,关怀涉及道德主体之间的依赖关系和互惠关系。其次,关怀预设了一种道德认识论,它意味着"根据经验,并考虑到具体语境的差异,来进行自我反思并作出对情境敏感的判断"③。这些条件几乎将人工智能排除在关怀实践之外,因为目前的 AI 护理机器人无法实现这些条件。

　　机器当然可以帮助人实现一些功能,例如清洁和喂食,但从根本上来讲,被视为"工具"的机器人无法替代人类给予他人温暖和呵护。(1)陪伴机器人难以解决人类的孤独。孤独是个体自身与其他生命之间无法建立有意义关联的存在感受,它体现了人与人、人与世界的分离和异化。很多老年人不愿离开家、搬到养老院,正是由于养老院无法提供让人安心的"在家感",那种人们对自己生活的熟悉感和掌控感。(2)陪伴机器人也难以让人获得有温度的关怀,它无法真正取代我们的家人。尤其是老年人希望其子女、亲友给予他的那种关心,是基于对被关怀者人格的了解,是带有温度的、能唤起老人对过往经历的美好记忆的那种关心。这种关心能够给予人信心、希望和温暖,能够让人在身体条件不断变差的情况下依然感到活着是愉快的、

---

①　Virginia Held, *The Ethics of Care：Personal, Political, and Global*, Oxford University Press, 2006, p.42.

②　Joan Tronto, *Moral Boundaries：A Political Argument for an Ethic of Care*, Routledge, 1993, pp.127－135.

③　Tove Pettersen, "The ethics of care：Normative structures and empirical implications," in *Health Care Analysis*, 2011, 19(1), p.55.

有价值的和有意义的。这是人工智能机器人不能取代人类护理者的根本原因,因为机器人的劳动无法织入人类生活世界的意义之网。(3)由于老年人的性情可能会随着其身体机能的情况好坏而有所变化,要适应这种变化,让他获得安全感和信任感是一个仅仅按程序指令行事的机器人很难做到的。机器人更擅长的是在一个相对稳定的环境中完成一系列可重复的指令,它对不可预测的环境和复杂人事的应对能力相比人类是大为落后的。对那些因为疾病而性情变化的老人来说,他们最需要的关怀来自他们在生活中最依赖的那些人的关心。这种关心之所以效果最理想,是由于其关怀关系在长时段内的培养和发展。基于上述原因,我们可以得出结论说,AI护理机器人目前尚不具备独立护理失智失能或因患病而生活无法自理的那部分老年人的能力,它们至多能为一些相对健康的老年人提供类似于宠物的那种陪伴,或者在人类护理的前提下帮助人类完成一些辅助任务。

三、合作还是替代?

强调AI护理机器人不能完全取代人类护理,并不是要否定将AI护理机器人引入护理领域的必要性。一方面,我们需要意识到AI护理机器人与人类护理者之间的差异,这对于我们接下来如何使用AI护理机器人至关重要。另一方面,我们需要承认,提供好的关怀与护理即便对于人类护理者来说也不是一件容易的事。我们在要求护理人有耐心、有爱心,能够满足被护理者的需求时,常常会忽略护理者也是人,也有人的基本需求要满足,例如能够定期获得休息和食物。但对那些长期护理失能失智老人的家属来说,这些基本需求的满足都是困难的。长期陷入护理重担——不光是身体的,还有情感的重负——中的护理者,不仅身心疲惫,也可能会加剧自身的脆弱性,令自己暴露于疾病的风险中,甚至沦为需要他人护理的被护理者。在替代人做一些体力劳动和认知劳动方面,AI护理机器人的优势是不言而喻的。引入AI护理机器人可以明显改善护理者的生活,减轻他们的压力水平,令他们获得适度的休息和喘息,从而更有效地投入护理患病亲人的情感活动中。换言之,如果我们能让AI护理机器人参与到人类的护理活动中,依据人类护理者的要求分担一部分护理活动,那么这将极大减轻人类护理者的压力,令他们更有效地参与到护理的关怀实践中。

阿米泰·埃齐奥尼(Amitai Etzioni)和奥伦·埃齐奥尼(Oren Etzioni)认为,我们将 AI 引入护理的正确模型是将 AI 视作合作伙伴,而不是替代者,并应当根据相对能力即比较优势原则在人类和 AI 护理人员之间适当分配任务。他们指出,对于使用 AI 护理机器人,我们产生的很多伦理担忧是将其看作人类的替代者。但如果我们只是将其看作人类的合作者,很多担忧就会自然消失。例如,当小孩跌倒摔断腿的情况下,AI 护理机器人应该第一时间报告人类寻求帮助,而不是自己去处理这个问题。[①]评估人工智能是否适合某项任务的正确原则是比较优势:"人们应该容忍人工智能护理人员的广泛使用,只要他们不逊色于任何可用的人类护理人员。"[②]这种主张指出,合作模式优于替代模式,并表明我们应该让人类和 AI 护理机器人各自承担他们更擅长的事情。例如,当记忆和信息检索出现问题时,AI 护理机器人显然优于人类护理人员。因此,它们可以负责回忆患者服用了哪些药物,并提醒患者按时服药。它们还可以鼓励机能衰退的老年患者进行锻炼,陪伴他们定期从事康复训练。AI 护理机器人在从事养老服务时,可以与人类工作人员合作。它们可以单独完成一些任务(如提醒病人吃药、与他们聊天),但更多时候它们需要提醒人类工作人员应对许多其他情况(如病人离开了房间)。

埃齐奥尼等人令人信服地指出,让 AI 护理机器人与人类合作完成护理实践是一个比完全由护理机器人取代人类护理者更好的选择。然而,正如费利西亚·斯托克斯(Felicia Stokes)和阿米塔巴·帕尔默(Amitabha Palmer)看到的那样,"比较优势"这个概念是不稳定的:随着护理机器人变得越来越智能,在完成指定任务这一点上,他们相对于人类护理者来说优势可能会越来越大。如果护理仅被视为技能和任务的集合,那么,最终没有什么护理劳动是机器人不能取代的。[③]如果你认为护理只是没有灵魂的机械劳

---

① Amitai Etzioni and Oren Etzioni, "The ethics of robotic caregivers, Interaction Studies," in *Social Behaviour and Communication in Biological and Artificial Systems*, 18(2), 2017, p.182.

② Ibid., p.184.

③ Felicia Stokes, Amitabha Palmer, "Artificial Intelligence and Robotics in Nursing: Ethics of Caring as a Guide to Dividing Tasks Between AI and Humans," in *Nursing Philosophy*, 2020, 21(4), p.6.

动,你可能会得出这样的结论。然而,无论护理机器人在功能上变得多么强大,它始终无法表达人类护理者通过悉心照护所传达出的情感意义。正如哈佛医师凯博文所说,作为一种人性活动,照护讲述着人性苦难与疗愈的道德语言,它奠定了人类共同存在的基础。①因此,护理无法完全交给机器人去完成。

当然,这不是说"比较优势"是毫无用处的。在现阶段,AI 护理机器人相比人类护理者确实存在一些明显的优势,如前文提到的体能优势和认知优势。如果我们将"比较优势"原则保留下来,作为确定分工的技术性原则,那么如何确定人类护理者和 AI 护理机器人分工的伦理原则呢? 这才是最根本的问题。我建议我们参考关怀伦理学的思路。

(1)关怀伦理学认为,关怀作为一种实践涉及关怀关系的建立。在此关系中,关怀者基于被关怀者的需求做出敏感的回应,她以关怀的态度去满足这些需求,从而提升被关怀者的福祉。

(2)在关怀劳动中,AI 护理机器人可以基于其比较优势帮助人类去实现一些护理目标,例如,分担护理劳动中的一些体力劳动(辅助老人行走)和认知劳动(提醒老人定时服药)。AI 护理机器人的引入将大大降低人类护理者的压力水平。因此,将这部分关怀的劳动外包给 AI 护理机器人在伦理上是一个正确的选择。

(3)确定将哪部分劳动外包给 AI 护理机器人取决于被护理者的核心需求是什么。凡是涉及被关怀者核心需求满足的劳动,人类应尽量亲力亲为,不将其外包给 AI 护理机器人,因为人类相比 AI 护理机器人能更好地识别出什么是被护理者的核心需求,也只有人类才能与人类建立真正的关怀关系。因此,越是被护理者的核心需求,越应该由人类护理者来满足,因为护理或照护本质上是一种人性活动,而非任务的集合,它应当以关怀的态度来完成。

由于原则(2)服从于效能,原则(3)服从于需求,因此从价值秩序上来

---

① 凯博文:《照护:哈佛医师和阿尔茨海默病妻子的十年》,姚灏译,潘天舒审校,中信出版社,2020 年,第4—5 页。

讲,原则(3)应被优先满足。也就是说,我们首先要确保老人的核心需求由人类护理者来满足,再考虑根据比较优势原则将满足非核心需求的一部分劳动外包出去。按照这样一种关怀伦理的思路去行事,AI 护理机器人和人类护理者之间的分工可以是灵活多变的。从时间上来讲,白天和黑夜的划分对应于人类长久以来养成的作息规律,人类护理者可以在白天多陪伴有需求的被护理者,而在夜晚获得适当的休息,让 AI 护理机器人在夜间履行监护的职责。一旦 AI 护理机器人面临棘手的护理难题,可以拉响警报,求得人类护理者的帮助。更主要的是任务的分工。一些简单繁重的护理活动,例如帮助卧床的老年人上下床、翻身、如厕,常常让人类护理者感到吃力,但这些活动对于 AI 护理机器人来说是相对容易的,可交由它们完成。喂食和清洁是关怀活动的典型例子,并提供了通过触摸和在场传达关怀的机会。目前已经有能够给病人喂食和洗澡的人工智能机器人。随着技术的进步,未来它们甚至可能更高效、更安全地完成这些工作。但将这些活动完全交给AI 护理机器人是不妥当的,因为喂食和清洁涉及与一个人最私密的身体发生亲密的接触,并通过这种接触表达关心、爱与鼓励。对于一些身患重疾而需要有人喂食的老年人来说,让其进食可能就是他们的核心需求,那么在此情况下人类护理者仍应尽可能在场喂食和陪伴。怀揣着儿时从母亲怀中体验到关心记忆的人类,需要被人关注、关怀和照顾,这种感觉让人意识到自己是重要的、有人在意的,而不是无足轻重的。它唤起的是我们存在的意义。

正如前文所说,关怀和照护不仅仅是通过技能完成一系列的任务,更重要的是在完成这些任务时带有关怀的态度和情感。孔子对"孝"的阐释准确地捕捉到这一点,"孝"的真正内涵不仅在于提供物质供养,更在于以尊敬的态度来奉养父母。同样地,关怀不仅仅是帮助被护理者实现他的生活目标,提升他的福祉,它应当以一种令被护理者愉快的方式来达成这些目标。因此,决定将哪些劳动外包出去,取决于被护理者的需求和护理者的实际情况,尤其要考虑到被护理者的情感需求。当然,在护理过程中,几乎所有的劳动都可以成为情感劳动,带有人类情感的输入。但让 AI 护理机器人帮助老年人翻身或坐起,再由老年人的家人去喂饭,这种分工仍然是可行的。如果老年人能接受 AI 护理机器人喂饭,但要求一定要家人帮他洗澡,那么,后者就是他的核心需求,应该由人类来完成。可见,核心需求是一个因人而异的概念,它一方面与人的核心利益相关,另一方面取决于每个人是否愿意展露其脆弱性,愿意向谁敞开其脆弱性。一个不愿意保姆喂食的老年人在见到儿子以后开始吃饭,不是因为她不饿,而是因为她在意儿子的陪伴。好的关怀就在于护理者能够敏感地捕捉到被护理人的这些需要并给予满足。

有人可能会批评说,这一方案太过保守,认为机器人只能满足人类的一些功能性需求。如此一来,发展情感型机器人似乎毫无必要。承认 AI 护理机器人具有情感功能,并不等于承认它能填补人与人之间的情感联系。例如,对于患有阿尔茨海默病或其他认知障碍的人而言,由于他们与其他人的定期社交互动会有困难,机器人宠物反倒可以逗得他们开怀大笑,享受玩耍和娱乐的机会。但 AI 护理机器人提供的情感服务和人与人之间建立的关怀关系还是有本质上的区别。试想一位已经罹患重病将不久于人世的老人,他需要的是 AI 护理机器人 24 小时不间断的护理服务,还是他的亲人围坐在床前,抚摸他的双手,陪伴他走完生命的最后一程?这两种关怀对他而言可能都是有益的,但前者无法取代后者。原因很简单:只有人才可以给予人爱的希望、相互间的尊重以及信赖。人类存活的生存质量依赖于人类基本功能的实现,但人类存在的意义维度取决于人与人所建构的意义网络的维持,爱、关怀、尊重、信赖都是由人类存在和交往所生成的情感活动与意义联结。我们对亲情、友情和爱情的向往也是源自这种需求。对于脆弱的病患来说,他们的情感需要相比健康的普通人更强烈。对那些死亡近在眼前的人来说,能够获得和接受恰当的护理和充满关怀的照护,能与亲人分享余下时光中的快乐与担忧,为生命末期的存活创造了意义。虽然科学家正在研发与人类情感接近的"情感智能"(emotion AI)或"情感机器"(emotion machine),但近期来说我们还看不到它们取代人类的可能性。

四、余　　论

一些更值得关注的当前问题是,设计 AI 护理机器人应该遵循哪些伦理规范?如何来教会 AI 护理机器人尊重人的自主性,保护人的隐私与尊严?

例如,当老人拒绝 AI 护理机器人提供的某些服务时,机器人应当如何做出反馈,它应该尊重老年人的意愿,还是听从老年人的监护人的命令,抑或自身程序的指令? 又或者,当老年人做出伤害自己的举动时,AI 护理机器人能否直接控制老年人的身体? 对于评估 AI 护理机器人的安全性和可靠性,这些问题都是非常关键的。一些老年人表示愿意拥有一个护理机器人,并和它成为朋友。但也有许多老年人不喜欢机器人那装模作样的陪伴。他们害怕被监视和控制,更害怕因此失去人类的关爱。有的老人担心,使用机器人陪护会令他们受到歧视,使他们被认为不需要得到人类的陪伴,或者让他们的孩子认为有了机器人,自己的责任就被免除了。在马萨诸塞州养老院开展的机器人实验中,社会心理学家雪莉·特克尔(Sherry Turkle)发现:"当老人们可以选择是和机器人共处,还是和麻省理工学院研究团队的研究人员聊聊天时,大多数老人都充满感激地选择了后者。"①老人们指出,"机器人行动上可以照料我们,但心理上无法关心我们"②。关怀是一项艰辛的工作,它提供的不只是对他人的帮助和照顾,它还保护着我们的人性,维护着我们最重要的人际关系。如何让 AI 护理机器人更好地融入与人类护理者的合作中,才是我们应该思考的正确方向。

就此问题而言,机器人应用伦理学的推进还有赖于机器人伦理学的进展,即我们能否设计出符合人类伦理期望的机器人。汤姆·索雷尔(Tom Sorell)和希瑟·德雷珀(Heather Draper)明确提出,在设计护理机器人伦理框架时,必须促进被护理者的六个价值:自主、独立、能动性、安全、隐私和社交联系。③目前,人类开发的很多机器人都是单一目的的(如扫地机器人),因此多种价值目标的机器人在技术上如何实现是一个大问题,当这些价值相冲突时采取何种排序又是另一个棘手的问题。毕竟,对于如何理解和促进这些价值,人类也存在巨大分歧。当研究人员将他们理解的安全条款写入机器人的程序中时,它也带入了一部分人对于安全的理解。当这种对安全

①　雪莉·特克尔:《群体性孤独》,周逵、刘菁荆译,浙江人民出版社,2014 年,第 234 页。

②　同上书,第 236 页。

③　Tom Sorell, Heather Draper, "Robot Carers, Ethics, and Older People," in *Ethics and Information Technology*, 2014, 16(3), pp.183 - 195.

的理解与使用者对自主的要求相冲突时,被护理者或其监护人要有控制关闭机器人的权力。说到底,设计护理机器人的目的是要让设计框架能够保障被关怀者的利益,而只有人类才是对自身福祉最佳的判断者。因此,除了需要将伦理嵌入人工智能机器人,还需要人类的参与和监督,才能共同实现人工智能伦理,让安全、友好、值得人类信赖的 AI 护理机器人服务于人类生活。

第四节　超人类主义的希冀:技术可以克服衰老与死亡之惧?

电影导演伍迪·艾伦曾经开过一个玩笑:"我不想通过我的作品来获得不朽,我就不想死;我不想活在我的同胞的怀念中,我想要活在我自己的公寓里。"这句玩笑说出了很多人的心声。近年来随着人工智能、基因工程和纳米技术等高科技的发展,有人提出人类可以通过这些技术实现身体的永生,或者可以暂时通过人体冷冻技术将病人的躯体冷冻起来,等待未来医疗技术的发展克服目前无法治愈的疾病,来实现永生。如果你认为,人们之所以害怕衰老是因为它预示了死亡,那么克服死亡似乎是解决人类困惑的终极办法。然而,人类真的应该努力战胜死亡吗?

一、我们应该对死亡感到恐惧吗

对死亡的恐惧和对永生的渴望一直是人类文化中的一个主题。在伊壁鸠鲁主义者看来,恐惧死亡是人们无法获得安宁和幸福的一个重要原因。但死亡其实与我们无关,我们不需要恐惧死亡。伊壁鸠鲁的论点可以被称为"伤害论证"。根据他的主张,在我们活着的时候,死亡尚未来临,因而不能伤害我们;而当我们死去,我们已经不存在了,自然也不会被死亡伤害。所以,死亡在任何时候都无法伤害我们。伊壁鸠鲁认为,任何伤害都是可以感受到的,而死亡的时候我们已经不存在了,所以感受不到这种伤害。这一论证被罗马哲学家卢克莱修所继承。卢克莱修指出,生活的享受和满足是固定的和有限的。如果我们活得太久，我们将别无选择，只能简单地重复我们已经做过的事情，而这种重复将是无聊和徒劳的。人们试图延长生命主要是因为他们错误地害怕死亡。对死亡的恐惧总是笼罩着我们。在他的长篇哲学诗《物性论》(*On the Nature of Things*)中，卢克莱修写道："我们可以确信，没有什么能让人恐惧死亡，死亡对他而言意味着不再会有更多的痛苦，就像从前没有出生那样，死亡就是不朽的死取代平凡的生。"①卢克莱修提供了另一个论据来捍卫伊壁鸠鲁的立场。他指出，我们的死亡和我们出生前的状态似乎是形而上学的对称（"镜像"）：它们都是不存在的延长期。鉴于这种形而上学的对称性，我们似乎应该对这两个时期有对称的态度。根据这个观点，既然我们不担忧我们出生之前的时间，我们也不应该害怕死亡。此外，对于死者来说，死并没有什么可怕的。一旦死了，我们就完全没有感觉和知觉了。死亡不再可能成为任何形式的体验的主题。因此，人们现在担心未来冷冰冰地、孤独地躺在坟墓里，并为此感到害怕和遗憾是错误的，因为恐惧死亡而想要延长生命更是说不通的。

我们可以将卢克莱修的观点通过以下论证展示出来：

（1）一个事件对某人来说是好是坏，只有在该事件出现时，该人作为至少可能经历的主体存在，因此该人至少有可能经历该事件。

（2）一个人死后的时间是该人不作为可能经验的主体而存在的时间。

（3）因此，死亡对那个人来说并不坏。

（4）害怕未来的事件是不合理的，除非该事件发生对一个人不利。

（5）因此，害怕死亡是不明智的。

卢克莱修认为死亡不是我们可以体验之事，因为当我们死亡时，我们已经不存在了。这种看法没有重视人在死前所遭受的折磨和痛苦，以及人们对此的恐惧。塞缪尔·谢弗勒通过一个思想实验对此提出了反驳。想象一下，一个酷刑受害者正在遭受一个卢克莱修主义者丧心病狂的虐待，以至于他恳求施虐者杀死他。这位卢克莱修主义者回答说："你热切渴望的死亡，对你来说什么都不是，因为只要你存在，死亡就不会与你同在；而当死亡来

---

① Lucretius, *On the Nature of Things*, trans. John Selby Watson, Prometheus Books, 1997, p.137.

临时,你已经不存在了。无论你是活着还是死了,死亡都与你无关……"谢弗勒接着指出,施虐者的反应是"荒谬的"。①因为遭受酷刑者感受到的痛苦是真实的,任何受此折磨的人都希望它可以立即结束。如果酷刑还将继续,甚至持续很长时间,那么人们宁愿死亡。选择死亡并非因为"我"看重不存在的地位,而是因为"我"关心"我"未来的生活,想要避免可怕的痛苦。此外,卢克莱修的观点也没有考虑到死亡所带来的虚无感,或托马斯·内格尔所说的经验剥夺的问题。让我们很多人害怕的是作为活生生的存在,有一天会彻底消失,就像完全不曾活过一样。我们害怕再也无法见到自己的孩子,再也感受不到阳光照到脸上的感觉。另外,它忽视了死亡与时间的关系。例如,我们对一个9岁男孩的死和一个90岁老人的死的感受是不同的。前者的死亡之所以更糟糕是因为他去世得过早,没有体验到生命的乐趣。如果活着足够好,那么死亡就是糟糕的,因为死亡意味着所有可能性的终结。从这个角度来看,卢克莱修可能错误地估计了人们希望延长生命的原因。人们想要延长生命不仅是出于对死亡的恐惧,更多的是由于他们看重活着的好处。死亡不仅剥夺了我们可能拥有的东西,而且剥夺了我们已经拥有的东西——重要的人际关系、活动、兴趣、工作和快乐。它破坏了人们实现完整的人类生活的计划的可能性。当"我"想要得到什么东西,在其他条件相同的情况下,相比于得不到它的状态,"我"更喜欢得到它的状态。并且,"我"更喜欢设想一个得到它的未来,而不是得不到它的未来。换言之,当一个人具有某种重要的欲望(绝对欲望)想要实现时,死亡对他来说就是需要极力避免的情况,是巨大的不幸。最后,对每一个曾经存在过的人来说,他出生之前的不存在将会结束,但由死亡而导致的虚无是永久的。虽然出生前的不存在之后是存在,但死亡是所有生命可能性的永久终结。因此,死亡是一件彻头彻尾的坏事,因为它剥夺了人们进一步获得有意义的生命体验的可能性,这正是内格尔的观点。内格尔认为,死亡之所以是一件坏事,不是因为死亡带来了不好的经历(如恐惧),而是因为它剥夺了生活中美好的事物。②

① Samuel Scheffler, "Fear, death, and confidence," in *Death and the Afterlife*, ed. Niko Kolodny, New York: Oxford University Press, 2013, p.84.

② Thomas Nagel, *The Metaphysics of Death*, Stanford: Stanford University Press, 1993, pp.61-69.

二、追求长寿和永生是好的吗

死亡剥夺了生命之善，因此活得更长似乎总是好的，我们可以据此拥有更多的善。延长我们的寿命是所有那些爱惜生命的人每天都在做的事情。我们通过规律的生活习惯、良好的饮食和适当的锻炼来保持健康，以活得更长。帮助公民保持健康有时也是国家和社会的责任，它们通过颁布烟酒的禁令，推广医疗服务，宣传健康的饮食习惯来帮我们塑造好的生活。既然如此，一个对其公民负责任的国家或政府是否应该大力发展一些新兴技术如纳米医学、人工智能和基因技术，以帮助人们尽可能地延长生命，甚至实现永生呢？

虽然通过医学和技术的进步来提高人的预期寿命是人类社会一直以来孜孜以求的目标，但追求不朽即永生作为一种人类理想，却常常遭到哲学家的批评。道德哲学家伯纳德·威廉斯对永生提出过尖锐的批评。这一批评基于他对捷克歌剧《马克若普洛斯事件》中的女主人公伊琳娜·马克若普洛斯所处困境的反思。歌剧的开篇就宣示女主人公马克若普洛斯已经 342 岁了。更准确地说，她 42 岁了，但她已经在 42 岁这个年龄活了 300 年。作为16 世纪鲁道夫二世皇帝御医的女儿，她的父亲研制出了一种长生不老药，只要持续服用，就可以保持现在健康、精力充沛的状态一直活下去。但对她来说，真正的痛苦是精神上的折磨——所有的事物和人似乎都在不断地重复，再没有什么新鲜事能够激起她的兴趣。百无聊赖的生活让她饱受折磨。在药效快失效前，马克若普洛斯没有选择再次喝药，而是决定迎接快速的衰老和死亡。在围观者的抗议中，长生不老药的配方最后被一个年轻女人销毁。①威廉斯借这出歌剧想说，没有人能够忍受作为同一个人一直活下去。永生的危险是无聊，而且是无穷无尽的无聊。没有死亡，就意味着人生没有了尽头，因此再没有什么事情是重要的，值得去完成的。因为你有无限的时

---

① 　Bernard Williams, *Problems of the Self*: *Philosophical Papers*, Cambridge University Press, 1973, p.82.

间去体验任何事,直到感觉腻烦为止。你不用担心工作失败,也不用忧虑错过真爱,因为任何一份工作或一个爱人都不过是你无止境人生中的一段插曲。用不完的时间也稀释了你生命的厚度,让每一段经历都变得可有可无,无足轻重。如果你的记忆永远不会消失,那你的人生简直要不堪重负。威廉斯试图表明,任何一个永生的人,必然有足够的时间来满足所有可能的绝对欲望,当所有的绝对欲望因为被满足而消退,他终将会面临和马克若普洛斯一样的境遇——陷入百无聊赖之中。死亡并不必然是一种恶,它赋予了有限的生命以意义,相反,永生才是不值得欲求的。

　　除了威廉斯对永生持有负面态度,波伏瓦在小说《人都是要死的》中也表达了相似的看法。在这个虚构的小说中,主人公雷蒙·福斯卡在600多年的生命中,经历了很多事情,完成了许多伟业,但他的亲朋好友甚至敌人都离他而去,只有他还活着。最后他绝望地说:"我活着,但是没有生命。我永远不会死,但是没有未来。我什么人都不是。我没有历史,也没有面貌。"①没有死亡作为终点的人生不是福报,甚至是一个惩罚。在《格列佛游记》中,乔纳森·斯威夫特想象出一些长生不老者("斯特鲁布鲁格"人),他们过着毫无生气,也无目的的生活。倘若真能超越生死而不再有年龄,那么一个人将失去开端和终点,他随时都可以做一切事,但这些事都失去了重要性,因为它们可以被不断重复。正如拉兹在《价值、尊重和依系》中谈到的那样,人的必死性对我们的经验来说是极端重要的。我们在生活中能够实现的价值,可能多数情况下都依系于我们的必死性。②如果没有死亡,那么人类生存的意义体系也会被消除。

　　为了避免永生带来生活的无意义,还有一种活法,就是不断改变一个人的身份。在《这个男人来自地球》③这部虚构电影中,主人公一名历史学教授约翰在工作10年后选择了辞职,同事们前来送行并纷纷表示不解,故事由此拉开帷幕。在看似简陋的房屋内,凡·高的画、中世纪的弓箭、史前的石斧

————————

　　① 西蒙娜·德·波伏瓦:《人都是要死的》,马振聘译,外国文学出版社,1985年,第36页。

　　② 约瑟夫·拉兹:《价值、尊重和依系》,蔡蓁译,商务印书馆,2019年,第81页。

　　③ 《这个男人来自地球》(*The Man from Earth*)是一部2007年出品的科幻电影,由理查德·申克曼Richard Schenkman执导,杰洛米·贝斯拜(Jerome Bixby)编剧。

装饰其中,历史学家、宗教学家、生物学家、心理学家等一众知识分子齐聚于内,自称历经一万四千年岁月的约翰脱口而出一部缩略版的人类文明史,让这场最后的聚会从单纯的送别演变为一次颠覆众人信念的思想争辩。约翰到底是谁? 他为何要离开? 他的言说为何让人难以接受? 原来约翰就像那位不死的歌剧女王一样,从人类历史开初一直存活至今。为了掩盖身份,他不得不变换姓名、职业和住所,在不同的地方生活。历史上关于神和先知的那些传说竟然都脱胎于约翰本人经历的事迹,这令在场所有人的信仰崩塌,世界观被颠覆。约翰虽然不死,但也无法逃脱自己漫长人生中爱人和孩子相继过世的痛苦,这让他一次次感到心碎。为了隐藏身份而辗转世间的约翰看似摆脱了死亡的诅咒,却无法避免平凡的人生之苦。约翰虽然是剧作家虚构的一个人物,但作者借他之口所追问的是,不朽或永生真的是一件好事吗? 一个摆脱了死亡困扰的人难道就没有其他苦恼吗? 约翰作为一个不死者,反倒受制于意义的贫乏与永生的折磨。即便人类文明建立在每一代人经验和知识的累积之上,从而超越了任何伟大个体的有限生命,但在存在的意义上,每个人都平等地受制于生命的限度,死亡倒逼出了人类对生命意义的追求。威廉斯通过深刻的哲学反思提醒我们,人生是因为有限才可贵。死亡并不总是一件坏事,没有了死亡反倒可能是人类应该恐惧之事。

三、人类增强与超人类主义

暂且将关于永生的争论搁置在一边。寿命的延长看似不会陷入消除意义的危机,它会给我们更多的机会去实现有价值的选择。人类医学的进步延长了很多人的寿命,但同时也使他们患上了各种慢性疾病,产生了严重的依赖性。例如,阿尔茨海默病的发生,65 岁的人患病的可能性是百分之一,85 岁的人患病的可能性却达到了六分之一。因此,如何在延长人类寿命的同时增强人体机能、减缓老化成为技术创新的下一个目标。在很多科学家看来,随着生物工程技术、人工智能技术、纳米技术等一系列新兴技术的进步,我们可以乐观地期待老年人因生理机能衰退和神经性疾病所造成的独立性丧失可以通过技术手段来加以解决。科学家更大的期待是增强人的机能,使人类能够更长久地享受生命的快乐,尤其是提升人类有质量的生命时长。尽管永生难以逃避无聊的风险,但延长有质量的生命几乎不会遭到任何人的反对。况且它也是当前人类技术有希望企及的高度。超人类主义者(transhumanists)如牛津大学教授尼克·博斯特罗姆(Nick Bostrom)就支持这种观点。博斯特罗姆指出,超人类主义提倡采用跨学科的方法来理解和评估通过技术进步而改善人类状况和人类有机体的机会。它关注现有技术,如基因工程和信息技术,以及可预期的未来技术,如分子纳米技术和人工智能。[①]超人类主义者正在讨论的增强选项包括从根本上延长人类的预期寿命、根除疾病、消除不必要的痛苦,以及增强人类的智力、身体和情感能力。超人类主义者将塑造人性视为正在进行的一项工作,认为人类可以以理想的方式对此加以重塑。当前的人类不一定是进化的终点。这一运动不仅是一个简单的乌托邦、一种新的思想流派或一种时髦的意识形态,而是一个已经在进行中的科学和哲学项目,它使用最先进的新兴技术成倍地提高人类的身体、认知、感官、道德和情感能力。例如,通过增强带给人类更强的执行能力、自我控制能力、专注能力,增加人类应对压力的能力,实现更加有效的自我管理,等等。在超人类主义者看来,人类只不过是从猿进化到后人类的一个过渡的中间阶段,未来的后人类将在智能、信息、生命等各个维度超越人类。到时候,人不仅不再会有生理或心理上的痛苦,而且可以避免衰老甚至死亡,拥有无限快乐和持续进步的生活图景。超人类主义旨在突破不可逾越的自然极限,以创造一个比智人更进化的新物种,一个经过基因选择、设计和改进的特别有天赋的后人类物种。

以抗击衰老、延缓死亡为例,超人类主义者给出了两个建设性的提案。一是完全停止生物老化。实现这一目标的一种方法是阻止人类的生物过程,直到可以更好地控制衰老过程。为此,德盖瑞(de Grey)、库兹韦尔(Raymond Kurzweil)、摩尔(Max More)和莫尔(Natasha Vita-More)等超人类主义者提倡并据称签署了冷冻保存计划(Wikipedia Contributors 2015)。也

---

① Nick Bostrom, "Human Genetic Enhancements: A Transhumanist Perspective," in *The Journal of Value Inquiry* 37, 2003, p.493.

就是说,他们选择了"冻结",希望冷冻保存身体将成为一种有效的备用计划:如果死亡发生在预防死亡的技术可用之前,那就把自己冻结起来,等找到治愈死亡的方法时,它们将被解冻并复活。二是对人进行 DNA 操控,用基因增强的手段来克服人的生理局限,使人完全摆脱生物老化过程。剑桥大学的 SENS 项目有一个非常详细的计划来修复随着时间的推移发生在我们身上的所有类型的分子和细胞损伤。据说,这些修复的方法要么已经在临床试验中,要么基于已经存在并且只需要加以组合的技术。这意味着该项目的所有部分在短短 10 年内可以完全在老鼠身上发挥作用,而可能只需要再过 10 年就能让它们全部在人类身上发挥作用。[1]克服人类衰老不再是痴人说梦。一些人认为,人类和机器之间的相互作用以及日益模糊的区别使我们有可能将我们的意识"上传"到机器上。[2]这样一来,我们就能将脆弱的生物物质转化为坚不可摧的数字信息。从这一刻开始,我们永恒的思想可以自由地探索虚拟世界。又或者,我们可以选择将我们的思想下载到多种类型的身体形式中,无论是机械的还是生物的身体。这种想法的可行性取决于身体与意识的可分离性,以及两者再次结合的可能性。库兹韦尔就曾预言,到 2045 年,人类将成为生物和非生物的混合体。[3]即便技术上存在这种可能,麻烦的问题在于,存活下来的还被认为是"人"吗? 这也许不是超人类主义者所担心的问题。对他们来说,增强人类本就不必恪守现有的生物学人类的界限。但这一运动所具有的前景引发了两个重要的伦理学和哲学的担忧。其一是人类增强在伦理上是可取的吗? 我们是否应该通过增强来克服人类现有的种种局限? 其二是我们是否应该恪守人性这一限度? 因为人性包含了动物性、有限性、必死性等种种局限。我们是否应该追求超越人性(或生物学人类),以达至完美?

　　我们先来看第一个问题,即增强在伦理上是否具有可取性。生命伦理

---

　　[1]　Larry J. Temkin, "Is Living Longer Living Better?" in *Journal of Applied Philosophy*, Vol.25, No. 3, 2008, p.195.

　　[2]　Nicolas Agar, *Humanity's End*: *Why We Should Reject Radical Enhancement*, 2010, London: MIT Press.

　　[3]　理查德·大卫·普雷希特:《我们的未来:数字社会乌托邦》,张冬译,商务印书馆,2022 年,第 61 页。

学家大卫·格拉西亚指出,增强通常被理解为"旨在改善人类形态或功能的干预措施,它超出了维持或恢复良好健康所必需的程度"①。格拉西亚认为,通过生物技术进行增强本质上是有问题的。增强从两个方面危及了人的同一性:一是破坏了人的本真性(authenticity);二是破坏了专属于人的、不可侵犯的那些核心特质(inviolable core characteristics)。②一种强烈反对增强的意见认为,基因增强通过对基因进行裁剪、增加、复制和拼接等手段造成人的性状和能力的改变,人的基因序列被随意修改,颠覆了人类天然形成的自身进化规律,触犯了人的本质,损害了生命内在的价值和尊严,是违背伦理道德的。一旦"人"被视为可以随时得到增强的"基因工厂"中的产品,人就可能被物化,沦为"物品"甚至"商品"。基因增强会严重地影响代际关系,提升父母的权威,带来"设计婴儿"的伦理风险,伤害未来人类的知情权和自主权。由于它将现有的价值观强加于未出生的人身上,干扰了未来的人类作为其生活史的唯一作者的权威,破坏了他的自主性,使其沦为他人意志的产物。增强技术有可能从根本上改变自我,从而改变其同一性和本真性,将他转变为另一个人,而这种改变在道德上因其不真实而令人反感。它还可能进一步破坏社会价值的多样性,令人们的价值标准单一,威胁到宽容和谦卑的价值。这些反对意见的合理性在于指出,基因增强不成比例地增大了人类对后代的干预能力,从而可能破坏后代人进行自主选择的可能性。它也可能会影响人类社会的自然进化,带来价值系统停滞、封闭的风险。这些批评有其道理,但它们多多少少错误地预设了一种基因决定论。这种基因决定论理所当然地认为我们想要增强的特征,如智力、外貌、运动能力,都可以由特定基因决定。但事实上,增强基因并不必然会增强表现。我们的表型特征从来都不是大自然的馈赠。表型特征是基因组与环境相互作用的产物,因此智人本质上是文化和社会的动物。此外,人的自我也不是预先被决定的,有着不变的本质;相反,它总是在社会环境中通过与他人的互动而处于不断生成中。因此,认为增强技术一定会破坏了人的同一性和本真性是可疑的。

---

① David DeGrazia, "Enhancement Technologies and Human Identity," in *Journal of Medicine and Philosophy*, 2005, 30(3), pp.262 – 263.

② Ibid., p.262.

如果增强技术足够安全，人类能够平等地分享基因增强的红利，这只会提升"正常"的标准，而不会触发我们的那些担忧。很多研究衰老的专家预言，通过使用干细胞技术再生器官和组织，或者通过基因技术减慢甚至阻止细胞衰老的过程，生命的显著延长将最终成为可能。假设通过这些技术手段，人类寿命或可延长 30%，很难想象有人会反对这种增强。就目前而言，我们对基因增强的担忧更多是基于社会公平的考虑：我们担心基因增强技术的不规范使用会将现有社会的贫富鸿沟变为不可逾越的基因障碍，导致构成现代社会的基础价值原则如平等遭到破坏。以延长寿命为例，如果该技术的使用价格昂贵，那么它将产生新的生命政治问题。可以料想，这项昂贵的技术将使穷人的命变得更轻贱，反过来，富人生命的延长可能导致他们进一步掌控社会资源，令"人人生而平等"的现代想象彻底破产，社会出现由技术导致的基因等级制。赫拉利在《今日简史》中写道："迄今为止，能用钱买到的顶多是地位的象征，但很快就有可能买到生命本身。等到出现了生命延长、让身体和认知能力再升级的全新疗法，而这一切的代价又极其昂贵，可能就是人类整体分裂出生物种姓的时刻。"[①]赵汀阳对此同样悲观，他认为，"长生社会更可能是一个阶层和结构极其稳定的技术专制社会，而不太可能成为自由民主社会"[②]。由于寿命的长短从来都不是一个简单的生物学问题，这些担忧并非没有道理。此外，通过基因技术来延长寿命还会引发社会的结构性问题：首先，人们的死亡率降低这一事实可能会导致人口增长；其次，更多的人不死意味着一个老龄化程度更高的社会。社会的代际更替是通过年老一辈主动退出工作岗位，让年轻人占据社会职位来实现的。如果人们的寿命大大延长，社会势必重新考虑人们开始工作的时间和退出工作的时间。这带来的也许不是更充足的劳动力，而是更激烈的代际冲突。

我们再来思考关于人类存在的根本问题，即要不要超越人性。现代技

---

① 尤瓦尔·赫拉利：《今日简史——人类命运大议题》，林俊宏译，中信出版社，2018 年，第 71 页。

② 赵汀阳：《人工智能"革命"的"近忧"和"远虑"——一种伦理学和存在论的分析》，《哲学动态》2018 年第 4 期。

术社会以减少脆弱性作为价值指导,旨在消除所有脆弱性,即痛苦、异常、残疾和各种致命疾病,以创造完美的人类。这种技术乐观主义反映出一种不满足的人类心态,和追求"完美"的终极欲望。"它不再通过人性的、宗教形而上学的和美德训练的方式描述人类增强的伟大梦想,而是主要地通过人类基因工程、神经科学技术或脑技术、纳米技术、生物医学技术(包括药物学)的巨大的日新月异的进步,而逾越医疗功能,对健康人的身体或精神进行增强。"①人类希望摆脱一切自然桎梏,增强人类福祉,将人提升到"神"的高度。然而,技术本身是绝对安全的吗? 它是否可能带来新的不公正,并加剧特定人群的脆弱性,造成高风险呢? 在《反对完美》一书中,桑德尔指出,正是由于那些人类被自然赋予的差异和限制,我们才能保持谦逊和宽容,关心那些相对的弱者,形成一个团结互助的社会。"假如基因革命侵蚀了我们对人类力量和成就中天赋特质的感激,它将会改变我们道德观中的三大关键特征——谦卑、责任与团结。"②首先,如果大家习惯于基因上的自我改进,社会谦卑的基础会被削弱。我们不再会将"才能"视为自然的彩票或受惠的天赋,而会将其当作我们必须对其全权负责的成就。其次,基因改进使得"努力"和"奋斗"的意义被削弱,我们不再欣赏那些身残志坚的人,或努力改变其命运的人,我们只会将一切归责给技术,这反过来增强了人们做选择的责任,导致人们背负过重的责任负担。最后,基因改进还可能破坏社会团结,造成社会中不同群体(基因改进的群体和基因未改进的群体)的分裂甚至是敌视,令现代社会平等尊重的理想变得不可能。换言之,由于基因增强从目的上试图根除人类的有限性,因此它势必威胁到我们现有的人性,以及基于现有的人性所发展出的人类价值理想和社会制度框架。政治思想家弗朗西斯·福山对基因增强也表达了类似的担忧。他指出,现代社会的基本价值信念是"人人享有平等尊严",但这一信念将遭到生物技术的严峻挑战。当基因博彩被"有机会进行选择"所取代,将会出现基因的优越等级。当然,也可能出现与之相反的可能性,即通过同样的技术促使一个基因上更为平

---

① 田海平:《人类增强的完美悖论及其伦理旨趣》,《江苏行政学院学报》2021年第2期。

② 迈克尔·桑德尔:《反对完美》,黄慧慧译,中信出版社,2013年,第84页。

等的社会诞生。福山承认,目前我们无法获知究竟哪一种可能性会胜出,未来社会究竟在基因上会更平等,还是更不平等。①但由基因技术产生的风险会将人类社会既有的矛盾和冲突深化,使之变得更加复杂和棘手。

基因增强技术的出现是现代技术迅猛发展突破传统边界的一个典型案例。超人类主义对基因工程的依赖,代表了通过技术控制外在和内在自然的工具主义态度,这是现代性心态的一种典型反映。增强主义者认为通过特定的手段可以实现生命的无限延长,也就是长生不老。它背后反映的现代心态被一些研究者称为由现代技术导致的"技术性傲慢"②。这种傲慢看似复活了尼采的超人理想,却拒绝传统的人文主义形式,而采取了依托于技术来克服人类有限性的形式。抗衰老治疗、通过器官移植延续生命,甚至通过基因增强来寻求永生……人类失去了作为哺乳动物的本能,不知道应该如何适应自然,剩下的只是将人类改造成技术超人的幻想和野心。这一野心存在几个方面的问题:一是对存在意义的削弱。人类许多伟大的创造都源于对自身有死性的认识。正是被生命的有限性所激励,许多人通过创造伟大的成就以得到持久认可的形式来实现某种不朽。如果没有人的死亡,人类的生命和文明中最有价值的一些组成部分永远不会存在。我们对美的认识和欣赏,以及生活本身的意义,可能在某种程度上受制于并因此依赖于我们对自身有限性的认识。二是对技术的盲目乐观。通过技术来控制和重塑世界是现代性的一个特征。但世界是难以被控制的,生命也是如此。以抗击新冠大流行为例,病毒学和流行病学总体是有效的,但不能保证病毒可以被控制,因为人类行为不是完全可预测和可管理的。同样地,用于延长寿命的增强技术也会遭遇可控性问题。这些技术也许能延长人类的预期寿命,但谁能确保它们不会产生其他方面的风险? 三是来自社会公平的挑战。技术的开发和运用依赖一定的社会条件,当新技术应用于人类尚不能确保足够的安全性,以及现有的社会资源暂时无法让所有人平等地分享增强技术带来的技术红利前,我们对基因增强技术的开发和使用需慎之又慎。这

---

① 弗朗西斯·福山:《我们的后人类未来:生物技术革命的后果》,第158—161页。

② 杨庆峰:《人类增强的傲慢后果及其记忆之药》,《社会科学》2021年第9期。

种慎重既是对技术发展的可能风险保持足够的警惕,也源于对人类社会应对新兴技术的伦理智慧的不足有充分的认识。如果人类的脆弱性不仅源自肉身的有限性,同样也可能来自不公的社会条件,那我们就必须警惕权势阶层对技术的操控以及滥用技术给人类带来的反噬。因此,对人类有限性的技术改良必须在这种为不朽而奋斗的现代性逻辑和人类难以消除的脆弱性之间找到正确的平衡。作为有限命运的一种表达,从道德上接受人的脆弱性,对他人的脆弱性表示尊重,是我们这个时代伦理学的基础。①我建议我们在超人类主义者和生物保守主义者之间持有一种温和的技术人文主义的中间立场。技术人文主义坚持技术的发展服从于人类的福祉和人类社会的进步,对新兴技术的应用遵循严格的伦理审查程序,从而一方面令科学的发展和技术的进步成为可能,另一方面不必牺牲人类的尊严和自由,使得技术最终服务于人,而非人被技术异化。以增强技术为例,只有到某一天我们能对该技术进行风险评估,确保有足够的社会条件令该技术普惠于人,有利于社会的进步和人类价值的创造,我们才能有限度地运用该项技术。有条件的支持增强不是为了创造某类超人或制造新的等级制,而是为了促进人类社会向更加平等包容的方向迈进。总之,技术应以人类自身为目的,而非以操纵和控制人类为目的。当然,如何创新伦理机制以克服超人类主义者的技术性傲慢,是现代性的根本问题。

第五节　什么是好的死亡:西方生命伦理与儒家伦理的对话

什么是好的死亡(good death)?从字面上来说,好的死亡就是要死得好,提升死亡的品质。但如何死与如何生是相关的,因为死亡是生命的终结,是生命走向终末的结果。对好的死亡的思考存在于中国古代传统思想中。

---

① Jacob Dahl Rendtorff, "Basic ethical principles in European bioethics and biolaw: Autonomy, dignity, integrity and vulnerability—Towards a foundation of bioethics and biolaw," in *Medicine, Health Care and Philosophy*, 5(3), 2002, p.237.

《尚书·洪范》将"长寿、富贵、康宁、好德、善终"列为五福,其中"善终"作为第五福指的是没有遭遇横祸,自然地老死。中国古人并不畏惧自然死亡,反而将高寿老人的去世看作喜丧。这种对待生命的自然态度反映在死亡的问题上,表现为既不有意提前也不刻意推迟死亡的到来。①然而,随着现代技术的强势干预,死亡逐渐从一个自然事件变为一个技术事件,死亡的实践被转化为医学抢救的实践,"死"成为一种恶,是应尽可能推迟的事件。医生阿图·葛文德在《最好的告别》中指出,"现代科学深刻地影响了人类生命的进程。跟历史上任何时代的人比起来,我们活得更长、生命质量更好。但是,科学进步已经把生命进程中的老化和垂死变成了医学的干预科目,融入医疗专业人士永不言弃的技术追求。而我们事实上并没有做好准备去阻止老弱病死,这种情况令人担忧"②。我们常常将死亡看成是医疗失败的结果,但医学无法阻止一个生命有机体不可逆转地丧失。在医学的尽头,对临终患者来说明智的选择是终止徒劳无功的、以延长生命为目的地程式化抢救,而代之以减轻痛苦地姑息治疗,让患者在人生的最后阶段活得有质量,走得有尊严。这种关于好的死亡的思考在今天被称为"优逝"。"优逝"的界定除了以缓解症状取代积极治疗外,还包括临终者能够接纳死亡、迎接死亡,并与医护人员、家人、其他照料者一起完成一个有尊严且安宁,甚至是祥和的死亡过程。除了"优逝"以外,西方人常用"有尊严地死亡"(a dignified death)来表示一种好的死亡(a good death) ,还有一些与之类似的描述,如"适当的死亡"、"安然离世"和"健康的死亡"。这些概念的共同点是,它们认为在人生命走到尽头时仍需考虑存活的价值问题,如保持一个人自我形象的完整性、保护他的自主性和尊严,维护他的社会关系和情感纽带,总而言之,好的死亡涉及在生命的终末维持一个人的同一性,按照他所珍视的那些价值去存活。③

　　正是对死亡价值的思考让我们进入了伦理学。伦理学是一门思考何为

---

①　杨同卫、郑林娟、封展旗:《中国传统文化之于临终关怀的态度——以毕淑敏作品〈预约死亡〉为样本》,《中国医学人文》2021年第4期。

②　阿图·葛文德:《最好的告别:关于衰老与死亡,你必须知道的常识》,第7页。

③　Britt-Marie Ternestedt, "A Dignified Death and Identity-Promoting Care," in *Dignity in Care for Older People*, ed., Lennart Nordenfelt, Blackwell Publishing Ltd, 2009, p.148.

好生活的学问,而死亡作为生命的终点也应包含在我们关于好生活的思考中。事实上,我们所有人都有一些关于如何死亡的偏好。我们关心死亡的原因,死亡的时间和地点,死亡时有谁陪伴在我们身边,以及我们将如何经历死亡等。我们对自身死亡的偏好通常出于对自我的审慎利益的关注。因此,从伦理学的视角来看,我们可以去考察一些能称得上是"好的死亡"的规范性要素——即什么使得死亡变得更好或更糟,这正是本节将要探讨的主题。

接下来,我将从死亡观念的变迁入手,阐释我们思考死亡这一重大事件背后所隐含的"背景框架"(framework)。"背景框架"这个观念借用了查尔斯·泰勒对现代自我认同的分析,它表明我们任何一种有意义的观念及其实践都是在一个隐含的、未被明确表述的意义背景下才能获得理解的。[1]对死亡观念变迁的阐释有助于我们思考死亡作为一种观念以及一种实践是如何被社会塑造的,反过来又是如何影响社会实践的。在此背景下,我们可以更合理地评估今天的西方生命伦理学对优逝的规范性思考。西方生命伦理学对优逝的思考反映出当代人对于死亡价值的重视,这一重视背后体现了现代性所维护的一系列重要价值,例如减少痛苦、尊重自主性、维护人格尊严。与之相对,作为古典伦理学代表之一的儒家伦理更强调生死的一体性以及死亡的超越性。这一古典视角在现代社会虽有衰落,但我将通过论证指出,缺失了这一视角来思考优逝或善终的问题是不完整的,因为好的死亡是好的生活的一部分,我们的生命具有整体性。我们对人生意义和人生价值的追求也是一种整体性的寻求。我将尝试让西方生命伦理的优逝观与儒家的善终观进行对话,其目的在于促成不同文化视角下的死亡观念的相互充实,从而帮助我们获得一种关于死亡的更可取的道德观点。

一、西方社会死亡观念的变迁

关于好的死亡,流传着一些古老的观念。例如,我们应该按世代顺序死

---

[1]　Charles Taylor, *Sources of the Self*, Harvard University Press, 1989, p.19.

去,父母在孩子之前,祖父母在父母之前。我们应该聚集在我们临终的父母床前。最好的结果是我们已经实现了我们希望实现的大部分目标,因此可以平静地死去。我们希望死时没有痛苦,无论是身体上的还是情感上的(这种希望很少能完全实现),我们要么对此一无所知(在睡梦中死在家里),要么我们知之甚少,仅向我们所爱的人告别。尽管这些想法从古至今看似变化并不大,但死亡作为一种社会实践却明显受到历史变化的影响。基于欧洲社会的历史与实践,瑞典学者特纳斯特德(Britt-Marie Ternestedt)提出,欧洲人先后发展出关于死亡三种不同观点,即传统的死亡、现代的死亡和后现代的死亡。它们与不同的社会发展时期有关,既体现了不同历史阶段死亡观念的发展,也反映了与之相关的死亡实践的变迁。特纳斯特德认为,在传统的欧洲社会,人们的平均预期寿命很低,儿童的死亡率很高,很少有人能活到高寿。对疾病的认识受制于当时的医疗水平和认识水平,人们往往将死亡看作生命自然历程的一部分。因此,与今天相比,死亡在很大程度上是人的日常生活的一部分,很多人的出生和死亡都发生在家里。宗教或教会在欧洲社会发挥了极大的作用。许多人有宗教信仰,相信死后有来生。当有人患重病时,他们的灵魂必须得到安抚,因此牧师往往是第一个被召唤的,神职人员和教会是人们寄托期望的权威。在此背景下,传统的死亡被视为一起宗教事件。

从传统社会向现代社会过渡,医学和科学的进步征服了一些致命的疾病,人们的生活水平提高,儿童的死亡率下降,人均预期寿命逐步提高。死亡从日常生活的事件进入医学的范畴,成为医学关注的问题。医院被描述为新时代的殿堂,神职人员和教会的权威被医学和医生的权威所取代。护理的重点从对灵魂的安抚转变为对身体的治疗。尽管当治疗已经无能为力时,医学的专业人士可能会对病人的躯体失去兴趣。死亡从宗教事件变成了医学事件,这意味着死亡应该是被避免的。其结果是,临终、死亡和相关的仪式变得专业化和医学化。在医护人员、患者和家庭成员的关系中,前者的意见变得越来越具有权威性,相比,家庭成员认为自己是次要的,因为他们只能在固定时间探望病人,他们需要咨询医生的意见才知道如何照顾病人。仪式和例行程序旨在满足医疗保健系统的需求,而不是患者和家人的需求。病人病逝后会被迅速地推离病房,以减少对其他病人的影响。管理所有实际葬礼安排的殡葬业发展起来,这意味着普通人越来越少地参与塑造与死亡相关的仪式。

而随着工业社会逐渐被信息和知识社会所取代,个体主义在西方社会占据了主导地位,个体被视为其生活的最终决策者和独立参与者。如果牧师和医生以前被视为权威,那么现在,个人关于死亡的决定变得越来越重要。在20世纪60年代后期,现代临终关怀运动对西方的医学模式提出了挑战。这一挑战将关注点从医学治疗转向了对人类福祉的整体关怀。这种发展受到了后现代主义哲学的影响,在后现代主义的影响下,个体的同一性不被视为自然和静态的,而被看作人类在很大程度上自己负责创造的东西。在一个世俗化的社会中,缺乏仪式感和可以信任的人可能会在个人层面引起存在的孤独感和空虚感。死亡尤其如此。这意味着临终者应被视为权威,因为他既能够也应该被允许影响自己的死亡。死亡是一种独特的体验,只有临终者才能在内心深处知道什么是有尊严的死亡。我们每个人有能力决定如何在疾病所施加的限制下度过最后的日子。由于每个人都是独一无二的,有着不同的人生价值观和人生目标,所以我们所希望好的死亡可以有多种不同的形式。后现代的死亡观的特点是多元化和个性化,即根据每个人独特的生活方式和人生观来看待有尊严的或美好的死亡。①

特纳斯特德对死亡观念变迁的阐释让我们看到,随着神学的衰落,医学开始塑造人的死亡,而随着个人主义的兴盛,医学的实践又发生了内部变化,开始强调尊重患者的选择和感受。莎伦·考夫曼(Sharon Kaufman)的医学人类学研究也表明,医学在当代美国社会已成为一种笼罩性的文化框架,决定着人们如何理解身体与生命。在医院文化中,死亡从来不是注定的事情,人们必须持续不断地依赖医疗技术的干预来"对抗"死亡。在此情况下,不断使用昂贵的、侵入性的以及强力的医疗技术来对抗死亡、延长生命,成为新的实践理性与道德规范。当下中国社会的医疗实践呈现出类似的景

---

① Britt-Marie Ternestedt, "A Dignified Death and Identity-Promoting Care," in *Dignity in Care for Older People*, ed., Lennart Nordenfelt, pp.151–155.

象：在今天的中国，尽可能用先进的现代医疗技术来为家人延长生命，几乎成为规范性的道德律令，子女只有这样做才算是为长辈"尽孝"。然而，随着人们越来越重视生活质量和个体感受，临终前的医学干预被认为进一步加重了病人的痛苦，不利于病人的福祉。①生命伦理学家滕黑文（Ten Have）就指出，对于临终者，"应该优先考虑护理和沟通，而不是医疗干预，应该关注患者的独特性而不是身体机制"②。

二、当代西方生命伦理的优逝观

在医疗干预与生活品质两种诉求的角力下，当代西方生命伦理偏向于关注死亡的品质。它关于优逝的思考主要聚焦于以下几个方面：减轻不必要的痛苦，尊重患者的同一性和维护患者的尊严。减轻患者的痛苦是优逝关注的核心问题，也是近代以来功利主义思潮推动的社会观念变革的结果。对于临终者来说，他们感到的既有生理上的疼痛，也有心理上的痛苦。疼痛是痛苦的来源，它是感觉、解释和调节有疼痛反应的过程，常常伴随着现有的或潜在的组织损伤，是一种生理感觉；与之相对，痛苦是社会化的，它是一种特有的不幸状态，是由一个人的完整性、内在统一性或者总体性的丧失所导致的。当一个人觉察到他将失去自身的完整性时或丧失人格尊严时，他会感到非常痛苦；直到这种威胁消失，其完整性恢复，他的痛苦才能缓解。

疾病和痛苦对人的同一性施加的负面影响是巨大的，在临终阶段尤为如此。患者身体的疼痛得到有效控制，才能冷静地思考身后事的安排。除此之外，死亡还威胁到一个人生命的完成，即一个人是否已经度过了有意义的一生，因而可以了无遗憾地离世。由于人格同一性主要是一种叙事同一性（narrative identity）③，有尊严的死亡意味着临终者需要谈论和总结他的生

---

① 方洪鑫：《现代死亡的道德形构：社会想象与日常实践》，《社会》2021 年第 4 期。

② Henk AMJ ten Have, "Palliative care," in *The International Encyclopaedia of Ethics*, H. LaForllette ed., London：Blackwell, 2013, p.3787.

③ 叙事同一性认为人格同一性既非仅仅基于心理同一性，也非仅仅基于身体同一性，而是主要基于心理联系性和身体联系性基础上所持续进行的叙事整合。

活。基于个人传记的叙事可以增强一个人的同一性以及与过去的生活进行和解的能力。因此,对临终者的尊重意味着始终将其视为具有特定生活史的人,而不仅仅是一具客观的、有疾病的躯体。尊重主观的和活生生的身体要求医护人员尊重临终者的意愿及其人格尊严。对很多临终者的访谈表明,有尊严的死亡意味着直到最后都被允许成为那个他(她)所珍视的人(格)。[①]

死亡对归属感也提出了新的要求。当我们健康时,我们容易将自己想象为独立、自主的能动者,而疾病和死亡的威胁降低了我们的这种自信,让我们更容易看到生命的脆弱性,以及自身与他人的生命联结。很多人在死前重视亲属的陪伴,强调死后要回归故土都是试图将生命的起点和终点连接起来。对那些死亡近在眼前的人来说,能够获得和接受恰当的护理与充满关怀的护理,能与亲人分享日常生活中的快乐和担忧,为生命末期的存活创造了意义。被视为一个有价值的人并在死后被人们铭记,对于临终者来说是至关重要的,这意味着其生命并未因为肉体的消失而归于虚无。

借鉴西方生命伦理对死亡的思考,我们可以来评估一些学者对优逝的规范性条件的考察。香港中文大学的 Mui Hing June Mak 从临终者主体的立场出发探讨了优逝需要考虑七个方面的因素。

第一个方面是关于死亡的意识。关于死亡的意识要经历封闭、假装、怀疑和公开谈论四个阶段。病人得知自己患病后会经历复杂的情绪变化,一开始可能不相信自己会患病,进而情绪低沉、失控,最后可能求生意识渺茫。医护人员要通过控制患者病情的信息量,来控制病人的死亡意识。意识到自己即将死亡是实现优逝的第一步,因为病人带着这种死亡意识重新审视自己的生活,意识到死亡的临近,从而激发起一种有别于日常生活的意识,增强了对生命独特性的欣赏。只有当病人对他们的病情信息有自主意识,并意识到死亡的来临时,他们才能适应由于他们的疾病而发生的变化。

第二个方面涉及临终者的希望。首先,病人在获得了他们的死亡意识

---

① Britt-Marie Ternestedt, "A Dignified Death and Identity-Promoting Care," in *Dignity in Care for Older People*, ed., Lennart Nordenfelt, p.xvi.

之后,很可能会失去希望及对未来的控制感。这里的"希望"来自各个方面,譬如病人希望能够被治愈,他们希望寻求能够延长他们寿命的治疗,或者,他们的生活中还有一些未实现的愿望。其次,病人需要获得社会和情感的支持才能维持他们的希望。此外,对于有宗教信仰的人而言,死亡也许是进入下一个阶段的入口,这使得他们对死后的生活抱有期待。医护人员和家人需要对希望有全面的了解,以便他们可以帮助患者在生命的尽头尽可能地实现一些可实现的目标。

第三个方面涉及死亡时的感受。对临终病人来说,他希望以最小的痛苦离去。痛苦既有身体上的疼痛,也有精神上的折磨和摧残,这些是临终病人不可逃避的。即使他受到了悉心的护理,他肉体上、情感上和精神上的痛苦还继续存在,甚至一些病人会请求放弃治疗。这个时候就要求医护人员在征得病人及其家属同意的情况下,终止以延长生命为目的的程式化抢救,而代之以减轻痛苦的姑息治疗,让患者在人生的最后阶段能感到舒适,走得安详。

第四个方面涉及控制。在生命的终末期,临终者的自主性往往会受到威胁。失去控制会让他感到痛苦、绝望、孤独和丧失尊严。临终患者大多会顺从医生的权威或家属的意见,在此情况下,他往往对自身的处境缺乏发言权。临终者获得控制权将在一定程度上减少他对死亡的恐惧、焦虑、抑郁等情绪,从而能更坦然地面对死亡。这就要求尽可能地增加患者的自主权,接受他关于如何治疗的意见,让他以其期望的方式离世。

第五个方面涉及临终患者能够获得的联系与支持。牢固的家庭关系和情感支持会帮助患者做好死亡的准备。如果患者觉得自己的家人珍视他,他将更好地面对死亡,在死前感到安心和满足。牢固的家庭联系为垂死的患者提供了心理和精神上的安慰。

第六个方面涉及死亡前的准备。人们花时间为死亡做好准备,这些准备可分为个人的部分和公共的部分。个人的准备包括安排与个人相关的重大事务(例如,关闭银行账户,留下遗嘱和预嘱等),解决家庭冲突,留下道德训导,满足剩余的愿望并向自己珍视的家人和朋友赠送礼物。公共的部分主要指葬礼。葬礼是一个人离世的宣示,它是死者正式地向家人和朋友告别。许多临终者将葬礼安排视为重要的生活事件。好的葬礼是对逝者一生的回顾,是将逝者与生者的情感联系植入生者的记忆,从而令逝者以另一种方式留存于世。适当的死亡准备会强化临终者与其亲朋好友之间的社会联系,由此肯定他们的社会身份与人格尊严。

第七个方面是死亡的完成。为了使临终患者在死亡前有一种生命完成的感觉,他们需要在四个维度上感到自己的生命已经完成了它的使命。其一,他们已经完成了自己的社会角色,尤其是作为家庭成员履行了自己的伦理义务,从而度过了有意义的和负责任的生活。其二,他们活到了可以自然死亡的正常年龄(寿终正寝),因此这一死亡被认为是自然且良善的。其三,他们或许有一些宗教的或精神的信仰。这些信仰或信念可以帮助他们维持对死后生活的想象。其四,他们感到他们已经度过了有意义的一生,他们的离世已经了无遗憾。他们的家人珍视他们且为他们的离去感到悲伤。这样,他们可能会对死亡感到精神上的安慰和接纳。①

Mui Hing June Mak 从主体的视角对构成优逝的条件进行了细分,其中第一、二方面探讨了临终者的自我意识以及面对死亡时的恐惧与希望,这涉及临终者对本真性(authenticity)的渴望。本真性是一种现代的道德理想,它要求我们对自己真实,并基于这一真实的自我理解去生活。第三、四方面探讨了临终者减轻痛苦的需求和控制权的需求,这关乎临终者的身体完整性和自主性。我们希望自始至终保持对身体的控制权,这事关我们的自主性与尊严。第五、六、七三个方面探讨了临终者所需的情感支持,以及他对死亡的接纳和准备,这涉及临终者的身份认同和价值感。我们希望被他人认可和承认,希望我们的价值不会随死亡而消逝。这一研究紧扣生命伦理学的核心价值,通过表明这些价值如何在生命末期的不同场景中实现,向我们展示了获得优逝的构成性条件。它揭示出,接受死亡不是一个轻易的过程,它可能会经历否认、难过、愤怒、敞开、接纳等多个过程,在此过程中减轻临终者的痛苦,尊重其自主权,通过家庭成员的关爱和医护人员的支持,帮助

---

① Mui Hing June Mak, "Death: Good Death," in *Encyclopedia of Global Bioethics*, ed., Henk ten Have, Springer International Publishing Switzerland, 2016, pp.4 - 6.

其维持既有的同一性和人格尊严,让其生命能够完美谢幕,有助于临终者实现优逝。

Mui Hing June Mak 从主体视角出发来考虑优逝,因此她忽略了对优逝有所贡献的客观维度。相比较,史蒂夫·坎贝尔(Stephen M. Campbell)对优逝的讨论兼顾了主客两个方面。坎贝尔指出,优逝要考虑的不仅有主体的感受和态度,还需要一些客观的条件。从客观的方面来讲,人们看重:

死亡的地点:临终者会倾向于选择自己熟悉或喜欢的环境离世,比如在家里而不是在医院,在自己的国家而非在异国他乡。死亡的地点关涉到一个人临终体验的质量。人们可能会预感,如果他们处于熟悉的环境中,他们的死亡经历会更加平静,而不会那么疏远。在家死亡可能会被视为一种工具性的善,因为它被视为获得更积极心态的一种手段。但在某些情况下,这种积极体验背后的原因是,人们认为待在家里会直接带来更好的死亡,因为家是你的归属地,是你经历许多宝贵和亲密时刻的地方,它与你的自我认同或同一性有关。

死亡的原因:因何死亡在坎贝尔看来是优逝的重要条件。尽管很少有死因被看作好的(舍生取义除外),但是相比较下,有的原因比另一些原因更糟糕,例如,死于背叛、死于冒险或不谨慎的行为、死于不好的生活习惯、死于意外、死于惩罚等。我们之所以关注死亡的原因,因为它也会影响我们对死者的评价。出于不好的原因死亡会影响死者(及其家属)的声誉,改变人们对他生前的看法。不好的死亡原因会降低一个人死亡的可取性,就像其他原因可能会增强死亡的可取性一样。

从主观的方面来讲,人们在意:

死亡时有谁陪伴:一般来说,有亲朋好友陪在身边会让临终者感受到更多的支持和慰藉。正如人可以与某个地方产生特殊联系之外,人与人之间也存在特殊的关联。在新冠流行期间,很多患者在医院或家中孤独地死去,离世前没有亲人陪伴,这对死者和其亲属来说都是巨大的悲痛。人们往往将亲密关系看作生活中一种重要的善。同样,在一个人临终前,如果能够得到家人和朋友的陪伴,作为其生命终结的见证,临终者会走得更安详,其家属也会因陪伴他走完最后一程而减少遗憾。

面对死亡的态度：面对死亡是否做好了准备，是坎贝尔判断优逝的第四个条件。人们面对死亡时的态度各有不同，如果临终者接受了自己的死亡，安详且无痛苦地死去，对他本人来说是好的，家属也能承担更少压力；相反，如果他至死都未能做好死亡准备，无法接受自己将要离世的事实，他的忧伤、恐惧的情绪同样会影响家属，将死亡变为一件令人悲痛的事件。坎贝尔尤其指出，在一些西方社会，基于其社会文化传统，人们将死前保持幽默感看作一种好的死亡态度。这或许意味着一个人没有完全向死亡屈服。①

与 Mui Hing June Mak 类似，坎贝尔也认为，优逝应是一种好的死亡体验，因此减少痛苦，获得亲友陪伴，在理想的场所离世都是我们看重的优逝的要素。但他的研究还关注到死亡的社会性问题，如死因对死亡价值的影响。一个人因何原因离世以及他离世前是否体面都涉及一个社会对临终者的规范性期待和评价。这一要点牵扯出死亡与生存的关系问题。一个人活得好才可能走得好，一个人伦理生活的品质关涉到他死亡的品质。如果他出于道德上不好的原因死亡，那么，不仅没有人哀悼他的死，人们反而会对他的死拍手称快。由于西方学者对优逝的探讨免除了德性的要素，因此他们都略过了对生死问题的道德考量。就关注死亡的品质而言，两人都指出，优逝应该是一种有尊严的离世方式，在生命的终末期维护临终者的同一性，减轻其痛苦，为其提供情感支持都是有必要的。临终者尊严的丧失与外表的恶化，成为他人的负担，被动地接受治疗和无法控制的疼痛联系在一起，这里的每一个因素都会影响一个人对存活的体验，并影响其内在的价值感。他如果不能从外界获得肯定和接纳，得到帮助和支持，他就无法获得好的死亡。

三、儒家的善终理念

出于对个体的重视，当代西方的优逝理论关注哪些因素使临终患者走

---

① Stephen M. Campbell, "Well-Being and the Good Death," in *Ethical Theory and Moral Practice*, Vol.23, No.3, 2020, pp.609-612.

得更好,它们重视临终者的自主性与尊严,试图让临终者把控生命的最后一程,在死亡临近前做好安排与准备,确认其存活的意义,维护临终者的社会联系和认同。这些思考对于当下日益老龄化的中国社会而言具有重要的参考价值。但是仅就死亡品质本身来讨论优逝,忽略了生死一体性的问题,也就是生与死的关系问题。坎贝尔对死亡原因的讨论已经涉及对死亡的评价,但遗憾的是他没有更进一步探讨构成好的死亡的伦理要素。在中国的文化传统中,无论人们处于哪个等级层次,他们都希望在生命结束时获得社会、伦理的最高评价,并把这一文化事件称之为"善终"。[①]"善终"说明在中国人的死亡观中,对死亡的思考已被纳入了生存的伦理关系中。人们之所以看重死,是因为这关乎人一生的道德名誉。由此,当人们在思考如何死得其所时,会把对死的担忧与寄托转化为对生命过程的伦理要求。死亡的终极意义也因此与人现世的伦理生活联系在一起。[②]接下来,我将简要地梳理儒家的"善终"观对好的死亡的看法,凸显这一古典伦理视角与当代生命伦理视角的差异。我将指出,儒家所提供的善终观可以弥补当代西方生命伦理中所缺失的对生死关系的考量。反过来,西方生命伦理对个体感受的重视,对构成优逝的规范性条件的挖掘,对于补充中国传统的善终观也有所帮助。

　　儒家伦理给人的一般印象是不太重视死亡的问题,而更多强调应当如何去生活。孔子有云:"未知生,焉知死?"(《论语·先进》)由于关注在现世生活中实现人的伦理抱负,儒家发展出一套修身养性的功夫,希望将人的生命气象发挥到最充沛的境界。但重生并不意味着它不重视死。儒家对死亡的看法与它关于"命"的理解有关。儒家强调君子要知天命、畏天命、听从天命的安排。知天命不是一个简单的自然过程,而是一个人通过道德修身才能达到的境界。知天命的人才能明白自己的道德使命,并主动承担起这一重负。天命的实现必须经由君子的实践展开,君子通过承担起应尽的责任,来实现"仁"这一儒家的道义原则。孔子有关"朝闻道,夕死可矣"(《论

---

　　① 　李向平:《修身俟死与尽孝善终——死亡观念与儒学伦理的关系之一》,《探索与争鸣》1991年第2期。

　　② 　同上。

语·里仁》)的感叹,反映出儒家看重的不是生命的长短,而是生命的厚度或价值。一个人倘若得道,那么即便生命短暂,也不足惜;反之,一个人若只有生命的长度却缺乏价值,则是可悲的。天命难测,孔子也曾感慨"命"的不确定性以及一个人能否获得善终的偶然性。面对"伯牛有疾",孔子感叹道:"亡之,命矣夫!斯人也而有斯疾也!斯人也而有斯疾也!"(《论语·雍也》)对伯牛这等品格的人无法得到善终,孔子也深感遗憾。

在儒家思想中,道德是超越生与死的更高的价值。生本身并不是最高价值,在至高的道德价值面前,生物学生命只是实现道德价值的手段。①由于儒家将生命的道德价值置于其自然价值之上,因此,对生死与仁义的价值衡量中,仁义处于优先地位。孟子说:"鱼,我所欲也;熊掌,亦我所欲也,二者不可得兼,舍鱼而取熊掌者也。生,亦我所欲也;义,亦我所欲也,二者不可得兼,舍生而取义者也。生亦我所欲,所欲有甚于生者,故不为苟得也;死亦我所恶,所恶有甚于死者,故患有所不辟也。"(《孟子·告子上》)死亡并不一定是坏事,这要看为何而死。为义而死的君子才能无惧于死亡。在儒家的生死观中,死亡的价值要参考生命的价值来衡量,一个人只有实现了生命的价值,方能"死得其所"。因此,儒家较少讨论生理意义上的自然死亡,它的道德劝诫旨在提升人的道德意识,让其反思生命的意义,知晓生死的一体性。

那么,与西方的优逝观相对照,儒家的善终观有哪些特别之处呢?第一,儒家看重身体的完整性,包括逝者身体的完整性。但这不是出于个体自主性的要求,而是因为身体表明了一个人的来处,它是我们与父母之间的勾连。《孝经》记载:"身体发肤,受之父母,不敢毁伤,孝之始也。"②在儒家看来,保持身体的完整性是善终的条件,也体现了对父母之孝。孝是道德的根本,爱惜自己的身体,不让父母忧心,是行孝的开始。据《礼记》中记载,孔子曾说:"父母全而生之,子全而归之,可谓孝矣;不亏其体,不损其形,可谓全矣。"③这句话的意思是,父母完整地生下你的身体,你必须在死去的时候把完整的身体归还给父母,这才叫作孝。"全生全归"由此成为儒家经典中的

---

① 李亚明:《生命伦理学中人的尊严问题研究》,中国社会科学出版社,2019年,第276—277页。

② 皮锡瑞撰,吴仰湘点校:《孝经郑注疏:十三经清人注疏》,中华书局,2016年,第22页。

③ 胡平生、张萌译注:《礼记》(下),中华书局,2018年,第917页。

一项要求,保全身体的完整性直至死亡,对儒家士大夫来说是在日常生活中履行孝的一个基本义务。①但这里的保全反对的是对躯体的无谓损伤,而不是要求绝对意义上的整全。例如,一个人以自残的方式了结生命,就不能算是善终。相反,出于善行向亲属或陌生人捐赠器官,并不违背儒家的伦理。除了事亲,"孝"还体现于成就自身来服务于更大的社会,要对他人和社会有所贡献,才能在更大的范围实现人生价值。这样的人生才不是虚度,才可以坦然接受死亡。

第二,儒家对尊严的理解是基于德性而不是自主性的。"杀身成仁""舍身取义"不仅是儒家君子在仁义与生命之间做出的道德选择,也是其对人格尊严的捍卫。罗秉祥指出,在儒家伦理中,单纯的生物生命缺乏内在价值。当一个完整的生命不可逆转地降低到无法接受的低级或堕落的状态时,这种存在就不再有价值。这意味着对儒家而言,实现仁义高于保全自己的生命。儒家对生活品质的考虑始终是对道德生活品质的考虑。侮辱、屈辱、耻辱和堕落都是根据一个人的道德生活而不是一个人的生物生活来构思的。例如,宁为玉碎不为瓦全,不是根据一个人的健康状况来理解的,而是根据一个人的道德品质来理解的。在儒家的善恶论中,生物性的生命是一种善,但比起仁义还不是最高尚的善;生物性的死亡是一种恶,但比起道德堕落还不是最糟糕的恶。②由于儒家对尊严的考虑建立在其对道德德性的持守之上,因此,它与西方生命伦理将尊严丧失视为对自主性的伤害不同。

第二,儒家更青睐的死亡地点也是在"家"里。但儒家认为,人们看重"家"不仅是由于个体对安全感的重视,更是因为"家"是我们本体意义上的价值来源。对儒家来讲,"家"不只是物理意义上的,更多是隐喻性的。放到今天的社会,儒家同样会看重一个人死亡的时间、地点,死亡时有谁陪伴,是否做好了死亡的准备,死亡前的状态等要素,但这些考虑都与它对"家"的重视有关。例如,儒者会赞同,当死亡已不可避免时,与其在医院进行无效地拖延治疗,还不如回归家庭享受最后的天伦之乐。一个侵染儒家文化的人

---

① 陈来:《儒家的身体意识与当代器官捐献伦理》,《文史知识》2013 年第 1 期。

② Lo Ping-cheung, "Confucian Ethic of Death with Dignity and Its Contemporary Relevance," in *The Annual of the Society of Christian Ethics*, 1999, (19), p.321.

在死前反思自己这一生时，一定会考察自己是否完成了与其家庭角色相应的义务，是否帮助整个家庭顺利地运转，他的亲朋好友是否认同他所做出的贡献，等等。这些反思对于他接受自己的死亡而言至关重要，因为这涉及他能否认为自己度过了有意义的一生，从而安心地离世。因此，如果一个人通过反思对自己的生命做出了积极的评价，且他的亲朋好友表达出对他的尊重、不舍和留恋，通过悉心照顾帮助他在生命的最后阶段减少痛苦，遵从他的遗愿来安排后事，这些都将构成儒家所看重的善终应当具备的条件。

第四，儒家重视丧礼或葬礼，因为这些制度安排创造出超越性的空间，从而打通了生死的界限。肉体的消亡只是生理性的死亡，只要一个人还活在后人的纪念中，他就仍在象征的意义上存活。缅怀逝者的伦理要求产生出丧葬、追悼、祭奠等社会仪式和活动。孔子在回复樊迟何为仁时说："生，事之以礼；死，葬之以礼，祭之以礼。"（《论语·为政》）事死如事生，被儒家视为孝的体现。当弟子宰我认为三年之丧太久时，孔子批评说："予之不仁也！子生三年，然后免于父母之怀。夫三年之丧，天下之通丧也。予也，有三年之爱于其父母乎？"（《论语·阳货》）宰我无法感受到父母离世的伤痛，他的情感无法与父母相通，这是不仁，是品德的缺失。子孙祭祀祖先之所以重要，是因为在祭祀仪式中，死者得以再次复活，他们在场并参与生者的生活。这是祖先祭祀的关键，祭祀的目的在于维持纽带，跨越生死界限，同时保护生者免受死者的潜在威胁。对先人的缅怀使得祖先可以存留在后人的心中，长存于宗族的记忆中。纪念先人的方式还在于维护逝者所看重的价值。《论语·学而》有曰："父在，观其志；父没，观其行；三年无改于父之道，可谓孝矣。"这句话在今天常被做保守主义的解读，认为儒家对孝的要求不合理地限制了子代的自主选择。但做宽泛的理解，这种看法具有一定道理，它指出了代际之间的相互依存关系。现代人重视的许多东西的价值基于子孙后代将会继承它们的可能性。家风、家训的传承正是如此，如果已故先人的理想、价值观得以在后代那里延续，那么其生命就获得了超越生死的价值。

最后，儒家认为生死相异，死亡是人生的重大事件。但肉体的死亡并不意味着生命意义的消解，临终者能否坦然面对死亡与其信念或希望有关。个体可以通过践行儒家的道德理想来实现生命的价值，以"立德、立功、立言"或繁衍后代等方式来超越死亡,从而实现社会历史意义上的"不朽"。因此,儒家强调生死的一体性和死亡的超越性。这种超越在时空上有两个不同的发展维度:一个维度是横向的,即通过将个体的生命融入更大的共同体中来实现自我的价值。中国革命史上一个个为共产主义献身的先烈都是将生命融入共和国的伟大事业中而获得不朽的。另一个维度是纵向的,即个体生理性的死亡不能决定一个人的社会性死亡,只要他继续活在子孙后代的纪念中,活在其共同体的记忆中,他的生命就在历史的延续中获得了永生。纵向的超越方式存在于中国人祖祖辈辈的生育和传承的家庭实践之中。横向的维度与纵向的维度常常相互交织:一个将生命与更大的共同体融合在一起的人,能通过更大的共同体的目标实现而获得超越个体生命的意义,在历史的长河中留下自己的名字。袁隆平与吴孟超的离世之所以让举国悲痛,正是由于他们将其毕生的精力贡献给了国家和人民。

四、好的死亡为何重要?

我们为何要思考什么是好的死亡? 因为死亡是人生命的终点,死亡的品质涉及我们对一个人生活的整体评价。在前现代社会,由于死亡被视为一个人生命中的自然事件,所以对死亡的干预较少。儒家伦理劝导我们实现生活的道德价值,这样才能无憾于死亡。进入现代社会之后,医学的进展让我们对延长生命抱有了信心,也更加排斥死亡。然而,以无休止的医学干预的方式来延缓死亡不仅不能达到目的,还给临终者增添了不必要的痛苦。重视自主性与尊严的现代人希望能以体面的方式离世,能在临终前对自己的生活有所交代,能在死后继续活在自己所珍视的那些人的心中,关于死亡的这些偏好表明,人们对好生活的期望一直延续到了生命的末期,好的死亡意味着遵从自己一贯持有的价值去存活,意味着保有自主性与尊严,也意味着我们的存在对他人是有意义的,因而我们的离世也让他人感到悲伤。虽然何时死亡对大多数人来说是不可知的,但死亡作为一种确定性限定了我们生命的长度。因此,如何在有限的生命时段里实现我们的人生计划和价值都成为判断我们的生活是否具有意义的关键,也成为我们能否实现好的死亡的重要因素。

西方生命伦理学关于"优逝"的思考表明，"优逝"涉及死亡的品质，即哪些因素构成了好的死亡，好的死亡主要是一个从主体视角出发加以考虑的问题；儒家伦理则侧重从社会道德层面对死亡的可取性进行评价。儒家关于"善终"的思考强调生与死的关联性，好的死亡是好的生活的"终点"，善终首先要求我们能以道德的方式去生活，只有活得好才有可能死得好。这两种伦理视角对好的死亡的思考既有相似之处，也有明显的区别。这种区别一方面源于由于古今之别，今天人们对死亡的看法更注重个体体验和感受，另一方面也源于中西之别，中西方文化传统对"自我"（是个体的还是关系的）、尊严（基于德性还是基于自主性）等核心概念的理解存在明显的差异。尽管如此，这两种伦理视角未必不可相互补充。儒家虽然重视以符合德性的方式去死亡，但它同样不会认为饱受肉体摧残而死就是好的死亡，只是认为道德的堕落比肉体的折磨更糟糕而已。现代社会为人们提供了良好的生活条件和医疗条件，道德的功能从改善人性更多地转向关怀苦难，从而令我们更关注减少人的痛苦。与此同时，社会的进步也降低了普通人不得不在生命与尊严间进行抉择的可能性。在此背景下，儒家伦理完全可以吸纳西方生命伦理对个体意愿的尊重，将临终关怀与善终结合起来。反过来讲，减轻临终者的疼痛，维护其自主性和尊严，也不应将满足好生活的德性要素排斥在对死亡品质的考量之外。毕竟，死亡涉及对一个人盖棺定论的评价，一个人因何而死，如何去死，能否坦然接受死亡都与他曾经怎样去活，对生活做出了何种选择，是否实现了生命的价值紧密相关。追求生命的内在卓越对于现代人而言虽不是一个必须的选项，但若在有限的生命中实现了人生的价值，通过将个体的命运与共同体的目标相关联，也可以有效地对抗死亡对生命意义的消解。西方生命伦理如能借鉴儒家伦理对生死一体性的思考，关照临终者的精神需求和情感纽带，为其提供身心合一的照护服务，也会取得更好的效果。在此意义上，西方生命伦理可以与儒家伦理就什么是好的死亡进行有效的对话。对话的目的不在于证明哪一种观点更优越，而在于推动不同文化视角下死亡观念的相互补充，从而帮助现代人收获一种更全面、在道德上更具可取性的关于死亡的看法。

结语:我们应当如何应对人口老龄化的前景

——来自哲学伦理学的建议

变老意味着什么？它也许意味着身体的衰老,罹患更多重病的可能,意味着更少的收入和更沉重的照护负担。以此方式来思考人口老龄化,我们不可能不陷入普遍的悲观情绪中。然而,老龄社会是我们从未经历过的社会形态,人类社会在历史上往往是年轻的。我们缺乏应对老龄社会的经验,这可能是我们悲观的部分原因。应该看到,步入老龄社会意味着人类进入长寿时代,长寿是人类长久以来的梦想,其直接导致的结果必然是老龄化。人类寿命的延长是社会经济和政治进步、医疗技术创新以及社会治理水平提高的成果,但随之而来的人口结构变化要求我们发展出与之相适应的新的经济方式、社会组织方式和伦理文化。人口老龄化既是过去制度和技术发展之果,也是影响未来制度和技术变化之因。[①]因此,老龄化既是一种压力,也是一种要求人类文明开启转型的契机,其中孕育着机遇和挑战。

在社会学家的眼中,老年期和退休是联系在一起的,我们理解和安排老年的基础是"三段式"人生:成长学习期——工作期——退休期。领取

---

① 李佳编著:《安心老去:面对老龄化冲击的准备》,第9页。

退休金标志着一个人步入了老年。一个社会中领取退休金人口的比重变大意味着该社会的养老负担越重。在老年医学家的眼中,老年期其实包括了好几个阶段,从健壮到衰弱、失能,最终死亡的漫长过程。老年医学的目标是尽量延缓老年病的发生,延长健康的状态,从而缩短从失能到死亡的时间长度,提升人生命的整体品质。而在哲学家和伦理学家的眼中,老年是一个人生命的成熟期,它是人的主体性最为丰满的人生阶段。如果我们将老年看作人生的一个阶段而非仅是一种身体的状态,就像童年、成年那样,我们就会承认这一阶段具备特有的人生挣扎、理想抱负与精神成就。老年并不只有衰退与可悲,它还意味着生命的成熟与日臻圆满。老年人一方面直面死亡,有望从"向死而生"的绝境中倒逼出人的本真性,另一方面朝向过去,能够将人类的经验、智慧乃至教训加以传承。老年是人类伦理生活的一个重要阶段,人类对好生活的追求自然包括对好的老年生活的追求。

随着人类寿命的延长,人口结构的变化,我们需要思考如何建构一个有活力的老龄社会以适应人们对好生活的追求。正如樊浩教授所指出的那样,"当人类因寿命延长而出现老龄化时,它作为'人类文明进步体现'的重要表征之一,会给世界带来精神上的成熟,这是老龄群体和老龄化给文明也给世界带来的具有标志意义的文化礼物,可谓之'老龄化礼物'。重要的是,要将这份礼物作为新的文明进步的文化资源乃至文化资本,使老龄化'成为'人类文明进步的重要体现,从而在老龄化社会来临之际,进行老龄文明的能动的、积极的建构"①。老龄文明的建构需要一个从观念到制度、从理论到实践的系统性转变。以养老金问题为例,要解决社会的养老重负,并不能仅仅依靠推迟退休年龄。国家应该加大健康投入,增强人民体质,让人民提升其健康寿命。人们需要改变以往的工作模式,设计弹性工作制,智慧改造我们的工作场所,引入智能机器人,让人机合作,共同完成工作目标。这要求社会采取多样化的灵活模式来适应"人"的老龄化,而不是一味要求"人"去适应社会的节奏。老龄社会或老龄文明与其说是对社会中

---

① 樊浩:《老龄文明的伦理革命》,《探索与争鸣》2023 年第 1 期。

的老年群体提出了新的要求,不如说是要求社会转型升级,将老年群体的需求与发展纳入其制度设计中,以更包容和智慧的方式来寻求社会整体福祉的提升。

值得注意的是,老年人并非一个确定的称谓。不同阶段的老年人所面临的挑战和机遇并不相同:对于低龄老人来说,他们关注的是如何发挥余热,积极地参与到公共生活和家庭生活中;对于高龄老人而言,如何维持身体的基本健康,保证生活品质,是他们的主要关切,这又涉及养老方式的选择以及可获得的养老资源;而那些已经走到生命尽头的老人,他们关心的是能否遵从自己的意愿离世,如何处理身后的遗产,包括选择意定监护人等问题。不管处于哪个阶段,老年人都需要足够的实践智慧来应对身体的变化与生活方式的转变。在中西古典传统中,我们找到了应对老年的很多哲学资源。不管是以孔子为代表的儒家传统,还是以西塞罗为代表的斯多葛派,都认为良好的品格或美德是老年生活能否获得幸福的内在保障。西塞罗不仅反驳了针对老年的种种歧视,他还指出,只要我们能以明智的态度来对待老年,注重自身品行的修炼,一个人就不会认为老年难以忍受,而是能够幸福地安度老年,准备好人生的谢幕。孔子也认为,年龄不是决定一个人道德水平、生活境界的阻碍因素,如果我们恰当地利用生命的机缘来做修身的功夫,那么我们有可能在晚年达至心灵自由的幸福状态。这些隶属于不同文化传统的美德伦理告诉我们,要度过一个良好的晚年,良善的品格和美德必不可少。美德伦理重视获得良好生活的内部德性要素,然而对老年人来说,要过上一种好生活,还需要外部条件的充分支持。因此,我们走向了关怀伦理学。关怀伦理学号召我们重视老年阶段特有的脆弱性。老年人的脆弱性不仅体现为身体机能的衰退,随着社会关系的减少带来社交能力的退化,还包括对智能时代的不适应而产生的种种生活困难。这些脆弱性相互交织在一起,造成了老年群体的相对弱势地位,疫情防控期间为保护老年人的安全而实行的政策更是放大了这些脆弱性。当我们呼吁老年人以德修身来应对老年生活时,切不可忽视向他们提供足够的社会支持以确保他们生活的体面与尊严。关怀伦理指出,为老年人提供恰当的关怀——既包括制度性的关怀,也包括具体而微的关怀,不是否认老年人的自主性,而是为其施展自主性创造条件,让他们能够有尊严地享受老年生活。

重视老年人的尊严是迈向老龄社会向我们提出的重要的伦理要求。西方伦理学倾向于假设人们最看重自主和自决的能力,但这些价值观并不总是具有绝对的优先性。实证研究表明,随着人们年龄的增长,人们更看重信任、关怀和尊重的价值观。在西方的文化叙事中,尊严常常被简化为自主,自主能力下降的老年人被视作是缺乏尊严的。这种理解受到自由主义哲学传统的影响,它预设我们的道德行动者都是理性的、独立的成年个体。然而,人是一种拥有生命周期的具身性的存在。尊严不仅存在于人的道德自主性中,也存在于人的肉身性和脆弱性之中。在理解老年人的尊严问题时,自主性与脆弱性的相互依存性表现得更为明显,随着老年人自主能力的下降,他们对尊严的需求更强烈,这表明要维护老年人的尊严,恰是在保护其脆弱性的基础上提升其自主性。努斯鲍姆指出,重视老年人的脆弱性,并非仅仅将其视作被关怀者,相反,保护其脆弱性的目的在于提升他们的核心能力,让他们能够过上一种有尊严的生活。一个体面社会的任务是,为所有公民发展超过合理的最低门槛水平的能力提供社会条件。儒家伦理除了强调"孝"来解决老年人的依赖性,也号召老年人发展德性的尊严来化解年老带来的规范性困境。尊严不仅取决于人的行动能力,还取决于人对其能力的运用方式,以及整个社会如何去维护老年人的尊严。儒家的德性路径与努斯鲍姆的能力路径虽有不同,但对于维护老年人的尊严,都可以有所贡献。能力路径要求创造有利条件以帮助老年人发挥其核心能力,它强调老年人对自身的关怀,处理的是国家对个人的正义责任;德性路径则重视伦理关系的维护以支持能力衰退的老年人,它强调其他人对老年人的伦理关怀,处理的是家庭和社会对个人的关怀义务。

现代社会的技术进步在为老年人提供便利的同时,也由于使用新兴技术的门槛提高加剧了社会排斥和歧视,导致了一部分老年人自尊感的降低和能动性的受损。为了营造对老年人友好的技术环境,我们需要对老年群体的数字技能加以关注。为了提升老年人的自尊感,我们可以通过技术、模式创新降低老年群体使用智能技术的门槛,也可以努力发展适合老年人需求的科技辅助技术产品。譬如,帮助老年人与外界信息交流需要的信息和沟通技术;保障老年人独立地完成日常行动的独立生活支持技术;有效地防止老年人因腿脚无力与不便而导致跌倒的预防跌倒干预。另外,智慧之家系统能够使家庭能源和电器处在随时可操控的安全范围内;设备适应技术保障了失能者提高或替代身体功能的发挥。①帮助老年人在身体机能衰退的情况下保持自主能力,能大大提升他们的尊严感。我们的城市规划与道路设计应尽可能地对老年人和儿童友好。在公共空间增加无障碍通道的接入,为老年人预约公共场所提供便利,都能增加老年人的幸福感。面对不断增长的老年人口和养老服务的巨大缺口,政府应当发展健全的社会养老服务体系加以应对。其中,居家养老主要服务于身体状况较好、生活基本能够自理的老年人,提供的是到家服务;社区养老主要服务于家庭日间无力照护的社区老年人,提供的是定点定时服务;机构养老主要服务于失能、半失能的老年人,提供的是定点全时服务。②通过塑造尊老敬老的社会伦理文化,促使家庭成员履行养老责任,提供专业养老人员上门服务,整合医疗保健服务与养老服务,发展社区托老助老机构等,对于很多中国家庭来说是可以帮助他们把年长的亲人留在身边照顾的不可或缺的社会支持。对于那些选择在养老机构度过晚年的老年人来说,保护其隐私,尊重其意愿,尽可能满足其合理需求,维护其人格尊严和自主性,才是真正的关怀和照护。人口老龄化势必会带来更多的照护需求,即便有一天我们要大规模地引入 AI 护理机器人参与老年护理,也不可忽视人际互动对于老年人的重要性。因为关怀是一项人性活动,人类的生存质量依赖于人类基本功能的实现,但人类存在的意义维度取决于人与人所建构的意义网络的维持,爱、关怀、尊重都只能由人给予人。照护的科技化不能成为我们放弃伦理义务的理由。技术进步与经济发展不应将老年人抛在脑后,作为人类社会宝贵的物质财富和精神财富的创造者和传承者,他们应当获得该有的尊重。这不仅要求社会在养老制度和医疗政策上充

---

① 李桢、王华:《STS 观照下的老龄化:经验与启示》,《云南民族大学学报》(哲学社会科学版)2019 年第 3 期。

② 李佳编著:《安心老去:面对老龄化冲击的准备》,第 225 页。

分考虑其需求,也意味着智能技术、生物技术等新兴技术的发展要囊括他们的视角。①

面对人口老龄化的前景,我们还应提倡观念的转变。人类追求的不应该是绝对寿命的延长,而应是健康寿命的延长。长寿者的目标是尽可能延长健康和幸福的生活状态。这需要转变我们的观念,追求好的存活质量和好的死亡质量。要过好老年生活,重点在于激活人身体的、精神的,以及情感的和社会的能力。我们可以从儒家传统以及德国哲学家赫费所追寻的西方古典传统中找到一些应对老龄化的实践策略。更重要的是,社会和家庭要为老年人创造便利条件以使得他们可以通过运动、学习、社交和娱乐来保持人的以上能力。一个社会能否顺利步入有活力的老龄社会取决于这个社会中的老年人口的健康程度。对于大多数老年人来说,健康不是指完全没有疾病,而是指在带慢性病生存的条件下依然可以保持和运用以上核心能力,维持一种体面而又有尊严的生活。

尽管人的寿命延长了,死亡仍是所有人共同面对的结局。人类需要思考面对死亡的明智态度。"自衰老和死亡这两个问题在 20 世纪被医学化以来,医学已经将自身视为对抗死亡而非缓解死亡这一必然过程的手段。"②从伦理学的角度来看,死亡并不是绝对的恶,它是生命这一自然过程的终点,也是人类存活之所以有意义的限定条件。我们死亡,世界才能继续维系下去。就如葬礼上的悼词所说:"如果某个使者来到我们面前,提出要推翻死亡,但要以一个不可分割的条件来停止出生;如果现在的几代人有机会永远活下去,但要清楚地认识到,再也不会有孩子、青春或初恋,再也不会有新希望、新思想、新成就的新人;永远是我们自己,永远不会是任何其他人——我

---

① 日本在此方面进行了很多有益的探索。举例来说,由于新冠疫情爆发引发的社交隔离,日本政府发现,越来越多的日本老人孤独地在自己的住所死去。为了降低孤独死的人数,日本政府选择了利用可穿戴设备的健康监测服务来实现这一目标。这些可穿戴设备能够监测孤独老人的紧急情况并迅速联系他们就医,以降低未被发现的死亡率。参见 Eisuke Nakazawa, Keiichiro Yamamoto, Alex John London and Akira Akabayashi, "Solitary death and new lifestyles during and after COVID-19: wearable devices and public health ethics," in *BMC Med Ethics*, 2021, 22:89, https://doi.org/10.1186/s12910-021-00657-9.

② 路易斯·阿伦森:《银发世代》,第 216 页。

们的答案还会有疑问吗?"①死亡令个体生命终结,却使得代际更替得以持续,死亡孕育着新生。美国著名的生命伦理学家莱昂·卡斯(Leon Kass)曾指出,人类的自然生命周期具备有价值的方面,"我们的自然生命有其轨迹和形态,其意义部分源于我们作为世代链条中的一环而生活。因此,我们作为个体的繁荣在很大程度上取决于人类自然生命周期的美好,它大约是一代的三倍:一段走向成年的时间;一段繁荣、自我统治和自我更新的时间;以及一段享受生命和理解生命的时间"②。根据这种看法,老年对个体来说有其独特价值,衰老乃至死亡也是人类世世代代更替的必须。

　　作为自然给予人类的限定条件,人类不仅应追求好的生活,也应追求好的死亡。死亡的医学化表明,我们已经失去了接受死亡和痛苦作为生活有意义方面的能力。人们普遍认为,每一种死亡原因都是可以抵抗、推迟或避免的。然而,现实是,医疗是有局限性的,人的生命是有限的。将死亡看作一种疾病而非生命的自然过程,导致大多数人死在医院中。在医院度过最后的时间往往意味着接受高度医疗化的干预手段,这些干预手段并不能提升人们的生命质量,只是争取了更多的时间。现在,越来越多的国家正在避免让临终之人待在医院,而是让其在家中度过最后的时间,并且在有必要时给予临终关怀。③这些转变说明人们开始重视好的死亡,希望自己能有尊严地死去。在西方当代生命伦理学的理解中,好的死亡意味着重视临终者的自主性与尊严,帮助临终者在死亡临近前做好安排与准备,以确认其存活的意义,维护临终者的社会联系和认同。这些关于好的死亡的讨论非常"现代",它们融入了现代性的一些核心价值,如强调减少痛苦的优先性,重视人的人格完整性、本真性,尊重人的自主性和尊严。对于认可这些价值的现代人来说,这些价值非常重要,并体现在他们对好的死亡的反思性评价中。然

①　Larry J. Temkin, "Is Living Longer Living Better?" in *Journal of Applied Philosophy*, Vol.25, No.3, 2008, p.207.

②　Leon Kass, "Ageless bodies, happy souls: biotechnology and the pursuit of perfection," in *New Atlantis*, 2003, Vol.352, No.1, p.26.

③　米努什·沙菲克:《新社会契约:重系21世纪公民与社会的纽带》,李艳译,中信出版社,2022年,第147—148页。

而,在当代西方生命伦理的讨论中缺失了对生死一体性和死亡的超越性的探讨。这恰恰是中西古典传统所重视的。例如,斯多葛派的哲学家认为,坦然接受死亡的一个前提是我们已经度过了道德上的好生活,从而能够面对死亡。儒家传统也有类似的看法,它强调一个人要过上有德性的生活,才能无惧于死亡。儒家伦理对死亡的探讨聚焦于死亡的德性意义和超越价值。死亡不仅对个人,更是对家庭的一件大事,它不仅是个体存在的中断,也意味着一个人伦理义务的完成。在儒家文化的浸染下,我们中国人对好的死亡的看法与西方人有所不同,我们可以吸取西方现代文化中可取的部分,但不可丢失传统文化中有价值的成分。这两种视角一个更重视个体的经验性感受,一个更强调死亡的德性意蕴和超越性内涵①,在现代性的条件下它们可以展开对话,相互充实,以帮助现代人收获一种更全面的死亡看法。用德国哲学家赫费的话来说,相比外在的安乐死,人更应追求内在的安乐死。西方当代生命伦理学关注的是外在的安乐死,而儒家传统更关注内在的安乐死。内外都很重要,如果能找到两者融合的方式会更好,这就需要展开对话。死亡说到底涉及对人的终极关怀,随着中国社会步入老龄化的进程,对好的死亡的探讨显得紧迫而必要。

　　本书从中西哲学传统中有关老年的看法出发,挖掘了中西德性伦理对于过好老年生活的建议,剖析了为何对老年的伦理学理解在现代性的影响下式微。从老年人的生活体验、存在处境和伦理困境出发,本书试图从儒家伦理中寻找方法为化解老年人的意义危机提供伦理建议。尽管德性对老年生活是有益的,但从国家和社会的角度,我们不能忽视老年人特有的脆弱性。在此问题上,借鉴了能力方法的关怀伦理学可以为我们提供维护人类尊严的老龄关怀方案。它强调,一个关怀的政府应该通过向家庭、照护者和

——————————

① 社会学家景军在其关于"尊严死"的研究中指出,我们总是倡导对临终者的终极关怀,这是我们熟知的正向关怀,未能顾及临终者对他者生命的意义和价值,即对反向关怀的认识不足。反向关怀的途径很多,包括体贴自己的照料者,通过选择医疗方式节省公共资源,丧事从简,接受生态葬,捐献人体组织和器官,以及举办突破死亡话语禁忌并顾及他者的生前告别仪式等。简言之,反向关怀体现的是被关怀者的德性和境界,即便在生命垂危之际亦能在自我需求之中认识和照顾他人的需求。景军教授将反向关怀称之为"由己及他的人生之道"。我认为,反向关怀恰恰体现了儒家所说的死亡的德性意蕴,是临终者的德性表达。参见景军《尊严死之辩》,《开放时代》2022 年第 4 期。

社区提供支持，来开展关怀活动。本书还对人工智能技术进入养老领域的前景进行了一番预测，并从关怀伦理视角给出了一些伦理建议。针对运用基因增强技术延长寿命，乃至追求永生的尝试，出于对人的脆弱性的考虑，它提出了一些谨慎的保留意见。总体来说，本书倡导我们对老年持有一种积极乐观的态度。衰老并不必然是一种可怕的宿命。亲近自然、精简饮食和体育锻炼会延缓我们的生物衰老进程。以德修身，结交良友，保持学习的态度能够让我们即便进入老年依旧保持心灵充实，身心愉悦。当然，对我们每个人来说，能否健康地活到老年，进而在老年过上一种好生活，既取决于努力，也取决于运气。我所希望的是，我们的社会制度和伦理文化能够为每个人提供一个有益的环境，使我们个人的选择和努力发挥积极作用，不会因为年老体弱而丧失尊严，让我们有机会过上幸福的老年生活，从而不惧老去。

智慧的探索丛书

图书在版编目(CIP)数据

不惧老去：哲学伦理学视角下的老年关切/张容南著.—桂林：广西师范大学出版社，2024.5
（智慧的探索丛书）
ISBN 978-7-5598-6908-1

Ⅰ.①不… Ⅱ.①张… Ⅲ.①老年学－伦理学－研究 Ⅳ.①C913.6②B824

中国国家版本馆 CIP 数据核字(2024)第 081836 号

不惧老去：哲学伦理学视角下的老年关切
BUJU LAOQU: ZHEXUE LUNLIXUE SHIJIAO XIA DE
LAONIAN GUANQIE

出品人：刘广汉
责任编辑：刘孝霞
装帧设计：李婷婷

广西师范大学出版社出版发行

（ 广西桂林市五里店路9号　　　　邮政编码:541004 ）
（ 网址:http://www.bbtpress.com ）

出版人：黄轩庄
全国新华书店经销
销售热线：021-65200318　021-31260822-898
山东临沂新华印刷物流集团有限责任公司印刷
（临沂高新技术产业开发区新华路1号 邮政编码:276017）
开本：690mm×960mm　　1/16
印张：13.75　　　　　字数：211 千
2024 年 5 月第 1 版　　2024 年 5 月第 1 次印刷
定价：68.00 元